新・グローバル時代の英語教育

—新学習指導要領に対応した英語科教育法—

岡 秀夫 編著

飯野 厚 　　稲垣 善律 　　金澤 洋子

祁答院 惠古 　　小泉 仁 　　富永 裕子 著

新・グローバル時代の英語教育

―新学習指導要領に対応した英語科教育法―

まえがき

　2020 年はいろいろな意味で歴史に残る年になりそうです。一つには「東京オリンピック・パラリンピック」という世界的なイベントが日本で開催されます。（注：新型コロナウイルスのため 1 年延期され，2021 年に開催された。）また，学校教育においては，2014 年 12 月に「グローバル化に対応した英語教育改革実施計画」が発表され，それ以来議論されてきた新しい「学習指導要領」が，いよいよ 2020 年 4 月から順次実施されます。

　時が経つのは早いもので，最初の東京オリンピックが開催されたのは 1964 年，私が大学に入学した年でした。その年に東海道新幹線が開通し，日本が世界の先進国の仲間入りをしました。それを機に，「英会話」や「役に立つ英語」というようなブームを呼び起こしました。その後，日本は 1970 ～ 80 年代に大きな経済成長を遂げ，海外進出や国際交流が進むのに伴い英語の必要性も高まり，「帰国子女」ということばも生まれました。

　21 世紀に入ると，2002 年に「英語が使える日本人」構想が登場し，国際化に伴い「グローバル人材」が求められるようになりました。その結果，英語の必要性もただ単に日常会話だけでなく，生きた力として「使える英語力」が求められるようになってきました。英語を社内公用語とする企業も現れ，2011 年度には小学校に英語が導入され，"SELHi" に代表されるような英語教育の先進的な取り組み，英語でのイマージョン・プログラム，さらには国際バカロレア認定校，というような新しいものが次々に登場してきました。このように，時代はどんどん国際化の方に動いています。

　本書は，2020 年度から実施される新しい学習指導要領に合わせて（小学校 2020 年度，中学校 2021 年度，高等学校 2022 年度），将来英語の教員をめざす人たちのための「英語科教育法」のテキストです。前回の拙書（成美堂 2011）以後，さまざまな変化がありました。とりわけ，小学校英語の面で著しい進展が見られ，CEFR や CLIL というような新しい用語が飛び交い，「英語の授業は英語で」と謳われ，大学入試の英語 4 技能をめぐる議論が盛んになってきています。そのような変化や進展を取り入れて，本書は世界の言語事情と言語習得，英語の知識と技能，およびその指導と評価に関して 12 章にわたって扱います。

　英語教師は "夢を運ぶプロフェッション" です。「英語」は皆さんの世界と視野を広げてくれる夢のふくらむ教科です。世界に飛び立ち，さまざまな人々と接し，異文化と交わることができるのです。そのような夢を次の世代をになう生徒たちにも伝えて下さい。立派な教員をめざして夢と情熱を持って取り組み，英語教育における専門性を養って下さい。本書がその手助けになれば幸いです。

　本書は，私，岡が中心になり，小学校や中学・高校で教鞭をとった経験を持ち，大学院で英語教育学を専攻し，今は大学で英語や英語科教育法を担当している方々とチーム

を組んで作成しました。それぞれの章の担当に関しては，下記の一覧表をご覧ください。しかし，どの章も誰もで読み返し，意見交換しながら書き換えたりしましたので，本書全体は7人の共同作業の成果であると言えます。

　各章の構成に関しては，授業で使いやすく効果的に展開できるよう心がけました。まず，各章の初めに「イントロダクション」を掲げ，これから勉強しようとする内容を簡潔に紹介し，学生の関心を高めます。次に「Keywords」でその章に出てくる重要な用語をまとめました。これは復習にも利用できます。本文の最後には「研究課題」を設け，ただ理解するだけでなく，それをもとにさらに調べたり，発表したりアクティブに活動できるよう工夫しました。

　本書は，主に大学の学部レベルでの「英語科教育法」のテキストとして作りましたが，それ以外にも，現職の小学校，中学校，高等学校の先生方，またこの分野に関心をお持ちの大学の先生や大学院生の方々などにも参考になるよう，わかりやすい説明と具体的な事例を心がけました。広くご活用いただければ幸いです。

　最後になりましたが，本書の出版にあたっては，成美堂の佐野英一郎社長，および編集の萩原美奈子氏に大変お世話になりました。紙面を借りて心より感謝申し上げます。

2019年　新しい「令和」の時代を迎えて
2023年　その後の情報のアップデートを加えて

岡　秀夫

執筆者・担当一覧

岡秀夫	金沢学院大学教授・東京大学名誉教授	1，2章
飯野厚	法政大学教授	7，9章
稲垣善律	津田塾大学准教授	4，8章
金澤洋子	聖心女子大学教授	3，6章
祁答院惠古	法政大学兼任講師・小学校英語アドバイザー	12章
小泉仁	元・東京家政大学教授	5，11章
富永裕子	清泉女学院大学准教授	6，8，10章

‖ CONTENTS ‖

第1章

世界の中の英語

　この第1章では，まず世界の言語事情を概観し，今日の世界における英語の広がりについて理解を深めます。英語が国際共通語になった歴史的背景を探り，英語の多様性に関して地域的な違い，場面による使われ方の違いを見ていきます。そして，そのような英語に関する背景知識をもとに，わが国の英語教育に焦点を当て，日本の英語教育の歴史を概観し，学校での英語学習・教育がめざすものについて議論していきたいと思います。グローバル時代に生きる私たちを取り巻く環境を理解し，英語教育の意義についてしっかりと考えましょう。

Keywords

- マルチリンガル
- 複言語主義（plurilingualism）
- ESL － EFL
- World Englishes
- PC（political correctness）
- register（言語使用域）
- 正確さ（correctness）－適切さ（appropriateness）
- CEFR（ヨーロッパ共通参照枠）

1. 世界の言語

　世界の言語事情は複雑である。国の数は約 200 でしかないのに，言語は7千とも言われる[1]。国の数に比べて言語がこれだけ多いことから，一つの国にいくつもの言語が存在することがわかる。つまり，世界的には多言語（multilingual）が標準で，言語地図は国境線以上に入り組んでくる。例えば，スイスでは，ドイツ語（63.0％），フランス語（22.7％），イタリア語（8.1％），ロマンシュ語（0.5％）の4つの言語が併用されて

---

1)　現在の国連加盟国数は 193，言語の数は最新の Ethnologue（2019）によれば，7,111 とされている。

図1　スイスの言語地図

いる（出典：連邦統計局，2014）。そのような多言語状況では，小学校の中学年から隣接する地域の言語を，中学校から英語を学び[2]，誰もが多言語話者になる。

　もう一つ興味深いのは，言語によって母語話者の数が大きく違う点である。驚くべきことに，トップ10の言語で世界人口の半数を占めている。逆に，母語話者が10万人未満の言語は全体のほぼ7割，5千を超え，消滅の危機にさらされた言語もある（アイヌ語もその一つ）。話者数の多い順に中国語（13億人），英語（3.8億人），その次にスペイン語，ヒンディー語，アラビア語と続き，日本語は1.3億人で9位に位置する。話者数においては中国語がトップを占めるが，その広がりとビジネスや科学技術等における影響力が大きいのは圧倒的に英語で，今や世界の共通語としての役割を持つ。英語は単にイギリス，アメリカだけでなく，カナダやオーストラリア，さらにアジアではインドやシンガポール，アフリカではケニアやガーナなど，2014年現在，合計58の国で公用語となっている。

　インド，シンガポールの言語事情はその歴史，社会と密接に関連している。両国ともイギリスの植民地であったため，植民地政策の一環として宗主国の言語である英語が統治言語として用いられていた。インドでは800以上の言語が話されているが，植民地時代の名残で今も英語は公用語である。それと同時に，独立後の民族意識の高まりから，連邦政府レベルでの公用語はヒンディー語で，英語は準公用語とされている。また，シンガポールの場合，中国人（74%），マレー人（13%），インド人（9%）と多民族国家であることを反映して，母語もそれぞれ，マンダリン，マレー語，タミル語と分かれている。1965年独立国家となった時，特定の言語を選ぶとそれ以外の民族からの反発が強いため，「3言語＋英語」という形で4つの公用語が制定された。英語はどの民族からも等距離にあるので不公平感がない，という国家統一のためであった。

　最近のヨーロッパの動向は注目に値する。ヨーロッパは1993年にEU（European Union：欧州連合）として統一され，2019年時点で28カ国からなり，24の言語が公用語として認定されている。経済面では「ユーロ」（€）で統一されたが，言語・文化に関しては「統一の中の多様性」をキャッチフレーズに，それぞれの独自性を尊重している。24言語のうち，英語とフランス語が作業言語として使われる。そうすると，どう

---

2)　最近チューリッヒでは，小学校2年から英語を，5年からフランス語を学ぶ。これに対してはフランス語圏から猛反発がある。

いうことが起こるか面白い。例えば，マルタ語で演説があると，まず英語，フランス語，ドイツ語の主要言語に訳され，そこからギリシャ語とかチェコ語などへと訳されていくのである。これは「リレー通訳方式」と呼ばれるやり方である。

　EU の言語政策で注目すべきは「3 言語主義」である。つまり，21 世紀のヨーロッパ市民として，母語の他に近隣国の言語と国際コミュニケーションのための言語，合わせて 3 つの言語の運用力を持つことが目標とされる。しっかりした母語能力に加えて，さらに 2 つの言語を必要に応じて使うことができる「複言語主義」（plurilingualism）をめざすのである（吉島他 2004）[3]。

2.　英語の広がり
2.1　英語の歴史

　ここでは，英語がどのようにして今日のような広がりを持つに至ったのか，その歴史を探る。

　もともと大ブリテン島にはケルト語を話すケルト人が住んでいたが，4 世紀末に民族大移動で北ドイツからアングロ・サクソンが押し寄せ，ケルト人はスコットランドやアイルランドに追いやられた。そのアングロ・サクソンが話していた "Angles" から English と呼ばれるようになった。英語史では「古英語」（Old English：700-1150）の後，「中英語」（Middle English：1150-1500）を迎える。ここでの大きな出来事は 1066 年のノルマン征服である。フランス語を話すノルマンディー公ウィリアムが英国の王位を継承し，多くのノルマン人が移住してきた。その結果，その後 200 年間はフランス語が社会的・文化的に優位を占め，英語は一般庶民のことばにとどまった。この時期にフランス語から驚くべき数の語彙が入ってきた。例えば，料理（beef, pork, salad），ファッション（dress, fashion, petticoat），芸術（art, beauty, blue），政治・宗教（peace, liberty, cathedral）など，その数は 1 万語とも言われる。中でも面白いのは，生きた豚はアングロ・サクソン語で pig だが，食用の肉になるとフランス語から来た pork になる。

　その後，「近代英語」（Modern English：1500-1900）の時代に入るとシェイクスピア（W. Shakespeare）が登場し，多くの作品を英語で世に出し，英語が広がった。また，聖書はそれまでラテン語でしか存在しなかったが，ジェームズ 1 世の命で英語版『欽定訳聖書』（1611）が世に出され，一般の人々にとって話しことばでしかなかった英語に市民権が与えられた。

　英語が世界的な広がりを見せるきっかけになったのは，1620 年に清教徒（Pilgrim Fathers）が大西洋を渡り，1776 年にアメリカ合衆国 13 州が独立を宣言したことにあ

▷▷──◁◁

3)　「複言語」（plurilingual）は「多言語」（multilingual）とは違い，一人の個人の中に複数の言語が存在する状態を指す。

る。アメリカ社会の中核をなしたのは "WASP"（White-Anglo-Saxon-Protestant の頭文字語）と呼ばれる人たちで，そこでの共通語は英語であった。英語の歴史にとって重大な意味を持つのは，ウェブスター（N. Webster）の辞書 *Dictionary of the English Language* (1828) である。複雑な英国式綴りを簡略化し，発音に近づけるように改良したのである。例えば，colour → color, centre → center, realise → realize, programme → program などである。これが規範となり，アメリカ英語として確立された。面白いのはイギリスの「プログラム」の綴りで，普通のプログラムの場合は伝統的な綴りを用いるのに対して，コンピューターのソフトになるとアメリカ式の綴りを使う。英語の逆輸入である。

　20 世紀になると「現代英語」（Present-day English:1900-）の時代となり，英語がますます広がりを見せる。「太陽の沈まない国」と謳われた大英帝国，とりわけヴィクトリア朝時代の栄華，および第二次世界大戦後のアメリカの政治・経済力の影響で英語は世界中に広がり，今日では世界の共通語と言っても過言ではない。マスコミ，科学技術などあらゆる分野で国際語として圧倒的な強さを持つ。科学技術の分野では 2008 年に 82％に及び，ネットでは世界標準言語になっている。

2.2　世界の英語

　今や，英語は世界中に広がりを見せている。そうすると，英語を使う人たちもさまざまで，一様ではない。カチル（Kachru 1985）は世界の英語話者を次のように 3 つのグループに分類した。

　図 2 に見るように，同心円の中心から，内円，外円，拡大円の 3 つで表される。一番中心の「内円」に来るのがネイティブ・スピーカー（native speaker：母語話者）である。その周りの「外円」に来るのは，英語を第二言語（English as a second language：ESL）として習得し，公用語として使用する人たちである。前節で述べたインドやシンガポールの人々がこれに当たる。そして，一番外側の「拡大円」には，英語を外国語（English as a foreign language：EFL）として学習し，国際コミュニケーションで使う人たちが含まれる。国連人口基金の調査によると，世界人口は 2015 年に 73 億人と推計され，そのうち英語人口は 17.5 億人で，その内訳は母語話者 3.8 億人，非母語話者（ESL と EFL を含む）13.7 億人である。ということは，驚くことに 4 人に一人は英語を使っていることになる。しかもその大部分は母語話者ではない。

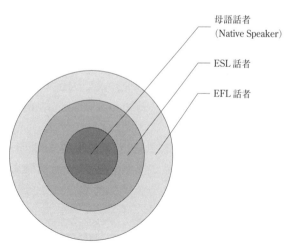

母語話者
（Native Speaker）

ESL 話者

EFL 話者

図 2　英語の広がり（Kachru 1985 をもとに）

　そのような広がりの裏では，当然ながら，英語の多様化，つまり地域的な差異も進ん
できている。英語を母語とする国の中でも地域差は大きい。例えば，［r］の癖の強いス
コットランドなまりや，母音を引き延ばす drawl に代表されるアメリカの南部なまりは
著しく，オーストラリア英語では［ei］が［ai］と発音される。また，ESL の国でもイ
ンド英語では［θ］の発音が［t］になったりするし，さらに EFL の国々ではそれぞれ
の母語に影響され，地域差はさまざまで，そのため "World Englishes" と呼ばれたりす
る。そのような状況を反映して，英語教育では従来ネイティブ・スピーカーを規範にし
てきたが，今日では English as a lingua franca（ELF）としてノン・ネイティブ中心の
とらえ方に変わって来た。ひと昔前には，標準英語として，イギリス英語では R.
P.（Received Pronunciation：容認発音）[4]，アメリカ英語では中西部で話される General
American が規範とされ，学習者はそれらをモデルとして練習を積んだ。最早そのよう
な規範的なアプローチは影を潜め，多様性を認める傾向が強い。しかし，どんな発音で
もいいというわけではなく，一定の基準がある。その基準になるのが intelligibility，つ
まり国際コミュニケーションにおいて相互理解できることが条件になる。例えば，日本
人は［θ］の発音が母語にないため［s］で代用することが多いが，そうすると think が
sink になってしまい，溺れてしまうことになる。［θ］と［s］は英語では全く違う音素
（phoneme）[5]であって，意味の違いをもたらす。それゆえ，この区別は重大で，代用パ
ターンにも国際ルールがある。［θ］の発音はネイティブの子どもにも難しく習得が一
番遅れ，いまだ母語習得の道程にいる子どもは［f］や［t］で代用する。

3.　英語の多様性
3.1　英語の地域的変異：イギリス英語とアメリカ英語
　英語にいろいろな地域的な違いがある中で，代表的なイギリス英語とアメリカ英語を
対比させてみよう。

---

4)　R.P. は教養のある人の話す英語を指し，別名 Queen's English, BBC English, Oxford English とも呼ばれ
る。
5)　「音素」は意味の違いをもたらす音の最小単位。言語によって異なり，英語では［r］と［l］は別の音
素で right と light は全く別物だが，日本語では「ライト」で一つ。

表 1　イギリス英語とアメリカ英語（岡 2018）

発音が異なるもの	ask：[ɑ́ːsk] – [ǽ(ː)sk] ／ can't：[kɑ́ːnt] – [kǽ(ː)nt] ／ car：[kɑ́ː] – [kɑ́ːr] ／ hot：[hɔ́t] – [hɑ́t]
綴りが異なるもの	colour – color ／ theatre – theater ／ realise – realize ／ travelling – traveling ／ programme – program
単語が異なるもの	エレベーター：lift – elevator ／アパート：flat – apartment ／地下鉄：underground – subway ／秋：autumn – fall ／行列：queue – line ／ガソリンスタンド：petrol station – gas station ／サッカー：football – soccer ／ごみ：rubbish – garbage, trash
意味が異なるもの	first floor：2 階 – 1 階 ／ pants：下着 – ズボン／ potato chips：日本で言うフレンチフライ（ポテトチップのことはイギリスでは crisps と言う）– 袋に入って売られているポテトチップ
語法が異なるもの	got – gotten ／ Have you（got）〜？（所有の意味で）– Do you have 〜？／ I shall go – I will go ／ 1st May, 2018 – May 1st, 2018（1/5/18 – 5/1/18）

※ペアで示しているものは初めがイギリス英語で，後がアメリカ英語

3.2　時代による変化：最近の英語の特徴

　上の 2.1 で英語の歴史を概観したが，ここでは最近の英語に焦点を当て，その特徴を見てみたい。中でも一番顕著なのは，社会の変化が反映されている点である。最近の社会変化の大きな特徴は，伝統や形式など堅苦しさから解放されて，社会全体がインフォーマル化し，カジュアル化傾向にある点と言えよう。典型的には服装にそれがよく表れている。このような社会的変化の発端になったのが 1960 年代の「ヒッピー」（hippies）に代表される若者の反乱である。"Hello!" と言う人が少なくなり "Hi!" が一般的になり，"Yes!" の代わりに "Yeah!" と言う人が増えた。最近の会話を聞くと you know を差し挟む人が多い。さらにアメリカでは first name の使用が増え，大学で教授を first name で呼ぶこともある。

　最近の英語の特徴と変化について，単語，文法，綴りに分けて見ていこう。

（1）　単語

　社会の変化を映し出した最も特徴的なのは，PC（political correctness）である。PCとは「社会的に弱い者に対する差別・偏見のないことば」を指し，対象は女性，身体障害者，虐げられた民族などである。この発端は 60 年代のアメリカでの公民権運動にある。"Black is beautiful!" のスローガンのもと，黒人に対する差別が攻撃され，Negro がBlack に変わり，さらに最近は肌の色も差別的とされ，African-American というハイフォン付き用語が用いられる。日系人の場合も Jap から Japanese-American になった。

　女性に対する差別反対運動は，70-80 年代の Women's liberation（ウーマン・リブ：女性解放）運動であった。-man のつく語が排斥され，chairman は chairperson またはchair に，policeman は police officer に変った。代名詞の使い方でも，以前は teacher を受けるのは he であったのが，男女同格に he/she と表記され，"he or she" と読む。今や小学校の先生の場合，女性が圧倒的に多いので she で受けることが多くなっている。

　身体障害者に関する表現は，deaf（つんぼ）はもはや死語で，hard of hearing とか

hearing-impaired（難聴，聴覚障害）と表される。また，ユーフェミズム（婉曲表現）も用いられる。日本語でも「年寄り」ではなく「熟年」と遠回しに言うように，英語でも senior citizen が一般的になった。

　時代の変化とともに新造語も生まれてきている。典型的なのが，日本のサラリーマンをもじった "workaholic" である。これは work+alcoholic の合成から生まれ，「アル中」ならぬ「仕事中毒」という意味で，悪いニュアンスを持つ。このように，英語が国際語になった背景には，こうした新造語を許容しながら他の言語からいろいろな単語を取り込んで豊かになっていることがある。日本語からの借用語として，昔は geisha, harakiri がよく知られていたが，最近では manga, tsunami などが広く用いられるようになってきている。

(2)　文法
　文法面ではそれほど変化は見られないが，「補語の位置に来るのは主格でなければならない」というラテン語文法に基づいた It's I. という表現から，It's me. が一般的な用法になっている。また，現在でも everybody, nobody を受けるのに they が用いられたり，用法に揺れがある。一例を上げれば，Nobody is happy about the situation, are they? という具合である。

(3)　綴り
　綴りに関しては，ウェブスターの辞書（1828）で話しことばに近い綴りが導入され，アメリカ英語として定着したが，さらにその傾向が進んでいる。看板に "Monday thru Friday" とあったり，漫画で "This is cos 〜" というような表記が見られる[6]。

　綴りの面で大きな影響を与えているのはメールである。スペースと時間の節約のためか，次のような表記が頻繁に見受けられる。4U, CU l8ter, asap, BTW などである[7]。また，Please e-mail me. とか I'll google it for you. というような新しい表現も使われるようになってきた。

3.3　社会言語学的多様性
　実際にことばを使う場合，重要になってくるのは文法的な正確さ（correctness）だけでなく，社会的な適切さ（appropriateness）を無視できない。いわゆる TPO により場面や相手にふさわしいことば使いが求められ，文法的に正しくても，社会的に適切でないと誤解を生んだり，相手の感情を傷つけたりし，コミュニケーションに支障をきたす。そのような言語使用の社会的側面をとらえるための枠組みが register（言語使用

▷▷──◁◁

6)　through, because の略。because ［bikʌz/bikɔ́ːz］の場合，くだけた口調では強勢のため［kʌ́ːz/kɔ́ːz］と聞こえるので，それに合わせて cos と表記するのである。

7)　それぞれ for you, see you later, as soon as possible, by the way の略。

域）という概念である。レジスターには「談話の領域・媒体・態度」[8]の3つの柱がある。

(1)　談話の領域（Field of discourse）
　「談話の領域」とは，どのような話題なのかにかかわる。専門分野の話と日常の話題とではことばの使い方は大きく異なる。前者ではラテン語系の堅い専門用語が多く，文構造も複雑になる。それに対して，日常会話では文も短くてわかりやすく，省略も多い。例えば，put off というくだけた句はラテン語系の堅い postpone という一語で表され，「実験を行った」ことを論文に書く時は I conducted the experiment 〜ではなく，The experiment was conducted というような受動態で表し，客観性を出す。

(2)　談話の媒体（Mode of discourse）
　「談話の媒体」とは，話しことばと書きことばの違いを指す。例えば，レポート提出に関して，教室では先生は口頭で "Please hand in your reports by Friday." と言うが，掲示板に張り出す時には "The reports must be submitted not later than Friday." となる。また，強調したい時，書きことばでは It was not I who broke the window. と強調構文で表すが，話しことばでは I didn't break the window. と I を強調して言う。同様に，Being tired, I went to bed early. というような分詞構文は堅く響くので，話しことばでは口語体で I went to bed early because I was tired. とか I was so tired I went to bed early. と言う。

(3)　談話の態度（Manner of discourse）
　「談話の態度」とは，話し手がどのような態度で話すかということで，相手との相対的な立場・役割関係とどれだけ親しいのかによって変動する。典型的な例は二人称の呼びかけで，フランス語では親称 tu と敬称 vous で区別する。英語でもシェイクスピア時代には thou-you の区別があったが，今や廃れている。
　相手との「社会的な上下関係×親密度」により，どれだけ丁寧な表現を使うのが適切なのかが決まってくる。書きことばにおいても，例えば手紙を書く際，相手が友達と先生とでは文体が違ってくる。一般に間接的になると丁寧さ（politeness）は増す。そのいい例が仮定法で，「もし〜していただければ」という具合に婉曲に表す。
　Leech（1983）は，本を借りたい場合の表現として，丁寧さの序列を次のように示している[9]。

1　Please lend me this book.
2　Will you lend me this book, (please)？
3　Would you lend me this book, (please)？

8)　「談話」（discourse）とは，2つ以上の文がつながって一つのまとまりをなしたものを言う。

4　Can you lend me this book, (please)？

5　Could you lend me this book, (please)？

6　I wonder if you could lend me this book.

7　I was wondering if you could lend me this book.

4.　日本の英語教育

4.1　日本の言語環境

　「第二言語としての英語」（ESL）という呼び名は，母語としての英語と大雑把に区別する用語で，ネイティブ・スピーカーに対して「ノン・ネイティブ」（non-native speaker：NNS）の人たち全ての英語を含む。ところが，2.2 のカチルの「英語の広がり」でも見たように，NNS でもシンガポールのような ESL 環境と日本のような EFL 環境では質的に異なり，その違いは重要な意味合いを持つ。最も根本的な違いは英語の持つ社会的役割で，ESL では英語がまわりの社会で使われ，実際的ニーズがあるのに対

表2　ESL と EFL の比較

	ESL	EFL
学習環境	まわりに豊富なインプット，アウトプットの機会がある。英語使用を求める社会的圧力のもとで習得する。	インプット，アウトプットの機会は限定される。学校の一教科として学習する。
学習時期	子どもの場合は，母語の学習により子どもの中に基本的な概念体系が形成されつつある時期に学習されるため，概念体系，社会的態度の発達とより深く結びつく。	母語習得の過程が一応完了した時点で，学習が開始される。
目的	学習者の社会的統合と社会的要請の充足という社会的性格を持つ。	学習者の視野の拡大という教育的性格を持つ。
話しことば	目標言語が実際に話しことばとして使用されている現実があり，重視される。	意識的に強調する必要がある。擬似コミュニケーション練習になりがちである。
語彙学習	使用される場面，事物との直接連合による。	母語との対比において学ぶ。
言語規範	英語国で話されている形ではなく，現地で実際に使われている形が規範となる。	世界的に標準化された形の目標言語が規範となる。

9）　1 は，please がついてはいるものの，命令文が示すように命令口調なので，丁寧さは落ちる。2 は依頼の用件が相手にとって当然すべき義務であるような時（目上から目下の者へ）に使われ，3 はもう少し丁寧に，業務用として用を頼む時（客から店員に対して）に用いられる。4 と 5 は押しつけがましくない態度でものを頼むことになる。つまり，2，3 が「してくれるつもりですか」と問うのに対して，4，5 は「できる立場にありますか」とやんわり尋ねる。4 は親しい間柄で informal，5 は最低限の礼儀をつくす気持ちで使われる。そして，6，7 はさらに控えめな態度でものを頼む表現になる。つまり，私が思っているだけであって，「してくれ」と頼んでいるわけではないのだが，という気持ちを表す。とりわけ，過去形だと「〜だと思ったのですが」と，さらに間接的で遠慮がちに響くので丁寧さが増す。

して，EFL では英語が学校の一教科にとどまり，教室外での社会的なニーズはない。そのため，英語教育・学習の目的や目標も大きく違ってくる。ESL では実践的な運用力が重視されるのに対して，EFL では教養・文化的側面が重んじられ，外国語学習を通しての知的・教育的価値を無視することはできない。ESL と EFL の違いを比較すると，前ページの表2のようにまとめることができよう。

4.2　ESL の英語

　ESL の国で英語が公用語として使われる国は，アジアではインド，シンガポール，アフリカではケニア，ガーナ，ナイジェリア，それ以外にフィージーやプエルトリコなど世界中に広がりを見せている。シンガポールの場合，1965 年の独立に際し3つの民族言語（マンダリン，マレー語，タミル語）に加えて，国家の統一のために英語は第4の公用語に制定された。その後，1980 年の新教育制度で英語がますます強調されるようになり，1987 年には全ての学校で英語が教育言語となった。英語ができなければ大学進学もできず，社会的成功はおぼつかない。そのように ESL では英語が広く使われる反面，誰もが日常的に使うため母語の訛りが強くなる。"Singlish" と呼ばれる地元訛りの強い英語の広がりを懸念して，2000 年から "Speak Good English" 運動が展開されている[10]。

4.3　EFL の教育制度

　世界に EFL の国は少なくない。アジアでは日本をはじめ韓国や中国など，ヨーロッパではほとんどの国で英語は EFL として教えられている。ところが，その教育制度は一様ではない。国際比較をしてみると，学習時間，学習開始年齢，クラスサイズ，教育言語などの面で違いが見られる。

　まず，TOEFL（Test of English as a Foreign Language）の得点結果をもとに英語力を比較してみると，被験者の数や質において違いがあるので統計的には厳密性を欠くかもしれないものの，デンマークやオランダなどヨーロッパの国々が上位を占める。ヨーロッパの国々は言語的な距離が近く，地理的，歴史的にも有利であると言えるかもしれないが，一つの指標としてこのテスト結果が示唆するところは大きい。アジアに限って2017 年の報告書を見ると，上位はシンガポールやインドが占め，日本は 36 カ国中，下から2番目という悲惨な結果である。

　お隣の韓国では英語教育に対して非常に積極的な取り組みが見られる。日本に先駆けて 1994 年に大学入試にリスニング・テストが導入され（日本は 2006 年），1997 年には小学校で英語が必修科目となり，今や3‐4年では週2時間，5‐6年では週3時間とな

10）Singlish の特徴は，発音面での訛りのほか，中国語からの影響で終助詞 "lah" が頻発される。例えば，"Ok, lah." というような表現がよく聞かれる。

10

っている（日本では，2011 年から 5‐6 年で外国語活動の一つとして週に１コマ導入されている[11]）。

　教育制度の中で，中学，高校レベルにおける英語の時間数に関しては，ドイツとフィンランドがやや多い以外，それほどの違いは見られない（大谷 1999）。日本と比べて目立つ点は，学習開始年齢が早い点である。従来もほとんどの国で 10 歳から，つまり小学校 5 年生位から英語が導入されていたが，最近ではそれが早期化し，3 年生から開始するのが一般的になり（韓国，フィンランド，チェコなど），中には 1 年生から始める国も少なくない（中国，イタリア，スペイン，ポーランドなど）。

　このように英語導入の低年齢化が，英語のインプットの量を増す一つの要因となるが，それに加えて英語力の伸びに影響を与えるのは，クラスサイズと教育言語である。一クラスの人数が少なければより手厚い指導が可能になり，英語を使って授業をすればインプットの量が増える。英語教育に関して驚くべきことは，日本の常識が世界的には必ずしも通用しない点である。特に，一クラスに 35 〜 40 人もいたり，授業のほとんどが日本語で行われていることは，世界の常識に反する。20 人以上では生きたことばの教育は不可能だと外国の人は考える。また，いまだに日本語を使って文法訳読式の授業が行われていることは，ヨーロッパの国々におけるラテン語などの古典語教育に相当し，現代語の教育ではあり得ないと言う。現代語を教えるにはその目標言語を使って教えるのが当たり前になっているからである[12]。

4.4　日本の英語教育のめざすもの

　日本では英語教育の目的に関して，これまで「実用か教養か？」という二分法で論議が進められてきたが，それでは問題は解決しない。2 者択一ではなく，EFL 環境であることと，世界において日本の置かれた状況を考え合わせると，実用面と教養面をいかに融合させるかが課題になる。Rivers（1964：天満訳 1987）は，外国語学習の目的を次のページの表 3 のように 6 つに分類した。

　資料としてはやや古いかも知れないが，これらの目的は包括的で，普遍的な価値を持つ。これらの 6 つの要素が基本となり，社会と時代のニーズが変化するのに伴い，重点の置き方が多少変わってくるのである。同じ EFL でもオランダと日本では社会的な諸条件が異なるので重点の置き方が異なろうし，また日本でも明治期と現在では社会の要求するものが大きく違ってくるのは当然であろう。英語が西洋の文明を吸収するためであった時代と，今や英語を介して世界とコミュニケーションすることが求められる時代との違いである。そのような変遷は，学習指導要領に表れた目標にも反映されることに

---

11) 2020 年からは 3‐4 年で外国語活動，5‐6 年で教科としての英語が始まる（⇒第 12 章「小学校英語」を参照のこと）。

12) 現行の高等学校学習指導要領，そして新しい中学校学習指導要領で「授業は英語で行うことを基本とする」と明示されている（⇒第 5 章参照）。

表3　外国語学習の目的

①知的能力を伸ばす
To develop the student's intellectual powers through foreign language study
②偉大な文学に触れ個人的教養を広げる
To increase the student's personal culture through the study of the great culture and philosophy
③言語の機能の理解を深め，母国語の理解をより深める
To increase the student's understanding of how language functions and to bring him to a greater awareness of the functions of his own language
④外国語で書かれたものを読んで新しい情報を摂取する態度を養う
To teach the student to read the foreign language with comprehension so that he may keep abreast of modern writing, research and information
⑤外国人の生活やものの考え方に対する共感的な見方を身につける
To bring the student to a greater understanding of people across national barriers by giving him a sympathetic insight into the ways of life and ways of thinking of the people
⑥外国人と口頭あるいは文字を介してコミュニケーションできる
To provide the student with skills which will enable him to communicate orally, and to some degree in writing with the people of another language

なる（⇒第5章1節参照）。

　現在の日本における学校教育の一環としての英語教育では，これらの項目をバランスよく取り込むことが求められよう。つまり，技能面での目標（表3の4，6）に加えて，文化的な価値（2，5），教育的な意義（1，3）を融合させることが大切になる。換言すれば，英語の技能を伸ばすと同時に，英語学習を通してことばや文化への認識を高め，学習者の全人的な成長に貢献するものとならなければならない。

　最近，世界的な広がりを見せている CEFR（Common European Framework of Reference：ヨーロッパ共通参照枠）[13] は，あらゆる言語学習に適用でき，世界基準になりつつある。その考え方は Can-Do 式に表記された能力記述文に表れているように，明らかに action-based（行動中心）な立場をとる。「ことばを使って何かができる」ことが求められており，knowledge-based つまり「何かを知っていること」だけで十分ではない。それがヨーロッパ市民の目標である「3言語主義」（母語プラス2）につながり，「部分的能力」（partial competence）を容認する態度に表れている。つまり，ネイティブ・スピーカーをめざす必要はなく，しっかりした母語の基盤を持った成人が，さらに第2，第3言語の能力も兼ね備え，相手と共有された言語によって文化差を乗り越えて意思疎通を図ることを想定している。CEFR の理念は表3で言うところの1，2，3をもとに，4，6で外国語を効果的に使い，5の異文化理解を通して EU 諸国の平和共存を目標とする，という風にとらえることが出来よう。これが EU の言語・文化に関する「統

13）吉島他（2004）参照のこと。CEFR は 2001 年に欧州評議会（Council of Europe）が世に出したもので，言語能力を4技能5領域に分け，A1 ～ C2 の6段階で示している。

一の中の多様性」という理念なのである。

　最近，日本では「グローバル人材」の必要性が
叫ばれているが，ことばだけの問題ではない。英
語ができるからと言って，則「グローバル人材」
とはならない。CEFR がめざすのは完全なバイリ
ンガルではなく，"plurilingual"（複言語）という
用語で表される。「複言語」とは，multilingual
（多言語）とは異なる。「多言語」は社会の中で複
数の言語が並存している状態を言うのに対して，
「複言語」は一人の個人の中に複数の言語が存在
することを指す。つまり，しっかりした母語と教
養に支えられ，必要に応じて機能させることがで

図3　英語教育の目的

きる英語力を備えた日本人なのである。そのためには，しっかりした日本語の力を土台
に，日本・世界に関する教養を備え，人間的にも豊かな人物であることが求められよ
う。それは，図3のような3重の円で図示できよう。

研 究 課 題

(1)　世界にはどれくらいの言語がありますか。国の数と比較すると何がわかりま
すか。

(2)　英語の広がりとの関連で，英語を使う人はどのように分類することが出来ま
すか。その中で，日本の英語学習者はどこに入りますか。

(3)　実際に英語を使うとき，社会的な側面でどのようなことに注意する必要があ
りますか。具体的な例をあげて説明しなさい。

第2章

第二言語習得

　第1章では，英語に関して，その歴史と広がり，最近の特徴や社会的変異などを見てきました。英語への理解が深まったことと思います。この第2章では，まず言語習得全般について考え，ことばはどのように習得されるのか検討します。その後，母語との対比で第二言語習得に焦点を当て，主要な SLA 理論を見ていきます。言語能力，特に外国語能力はどのようにとらえることが出来るのでしょうか。やや理屈っぽくなるかもしれませんが，外国語を教える教師として，ことばの習得および外国語の能力について理解を深めることは，この後の章で扱う効果的な指導・学習を考える上で必須になります。

Keywords

- 言語習得装置（LAD）
- 生得説
- 行動主義
- 刺激─反応（S-R）
- 過剰一般化（overgeneralization）
- 中間言語（interlanguage）
- 干渉（interference）
- インプット仮説
- アウトプット仮説
- 伝達能力
  （Communicative Competence）

1.　言語習得とは：生得説 vs. 環境説

　意思伝達をしているのは人間だけではない。ミツバチやイルカなどもコミュニケーションをしていると言われる。しかし，人の言語が動物のコミュニケーションと違うのは，"here & now" の原則[1]を越えて，抽象的なことを表すことができ，含蓄やユーモアなど言外の意を伝えることができる点にある。さらに，我々は文字言語も持つ。さて，

---

1)　人と動物のコミュニケーションを区別する特徴が "here & now" の原則である。つまり，ミツバチやイルカが伝達している情報は「今＆ここ」のことに限られる。つまり，過去のことや遠くの国での出来事などは伝えることができない。

それでは，人は一体どのようにしてことばを習得するのであろうか。

　母語に関しては，過度な虐待や狼少年のような例外[2]を除いて，誰でも一応習得する。それは，誰も生まれながらに「言語習得装置」（Language Acquisition Device：LAD）が備わっているからと考えられる。そのような生得的な能力のおかげで，どの子どもも１才前後に歩き出すようになるのと同じように，ことばが徐々に発達していくのである。その装置は前もってプログラム化されており，誰もほぼ同じコースをたどり，１才前後に初語が現れ，２才前後に２語文[3]が登場する。また，特定の形態素[4]が出現する順序も普遍的であるとされる。これが言語習得の「生得説」である。ここで忘れてならないのは，言語の発達は子どもの認知発達に伴うものであるという点である。そのため，まだ認知的に準備のできていない子どもに難しい文法的な説明をしても効果がない。いわゆる学習におけるレディネス（readiness）[5]の問題になる。

　上の言語習得に関する生得説も，言語習得のすべてを説明してはくれない。日本で生まれた双子の赤ん坊のうち一人を日本に残し，一人はアメリカに連れて行ったと想定しよう。アメリカに連れて行った方の子どもは，当然，そのうち英語を話し始めることになろう。つまり，言語習得における「環境説」である。生得的な言語習得装置も，それがある特定の言語データにさらされた時，その言語にあった文法を構築していくのである。このような言語習得の２つの面は，"nature vs. nurture"（生まれか育ちか）という図式でとらえることができよう。

　言語習得に関して環境説の立場をとった行動主義心理学は，言語習得を「刺激―反応（Stimulus-Response：S-R）理論」で説明する。いわゆるパブロフの犬[6]がS-Rで条件づけられていくように，人は言語の型を何度も繰り返し練習することによって習慣形成するのである。意識的に何度も反復練習や置き換え練習をすることによって過剰学習の域に達し，その型が無意識的な習慣として確立され，自動化される。これはスポーツなどにおいても，同じ動作を何度も繰り返すことによってそれが自動化され，考えなくても

▷▷ ─── ◁◁

2)　過度の虐待例として，1970 年カリフォルニアで 13 才で発見されるまで全く外界との接触を閉ざされて育った少女 Genie は，その後，語彙の習得は進んだものの，完全な文法を身につけることはできなかった。また，狼少年の事例はインドに多いが，何らかの理由で狼に育てられ，発見当時，推定 10 才位でも四つん這いで走り回り，人のことばは全く話せなかった。

3)　２語文とは「ママ，ネンネ」のような２つの語からなる文を指す。ただし，英語の２語文 "mama-sock" の場合，This is Mama's sock. なのか Mama, give me my sock. なのか，またはそれ以外の意味合いなのか，これだけでは決めがたい。意味解釈はコンテキストによる。

4)　「形態素」とは，意味を持つ最小の言語単位。例えば，songs, talked の場合，song-s, talk-ed と，２つずつの形態素に分けられる。

5)　「レディネス（readiness）」というのは，発達心理学的に準備ができていることを指す。学習者が特定の事項を学習するにあたり，その習得に必要な条件が整っている状態を言う。

6)　ロシアの生理学者パブロフ（I. P. Pavlov）は，犬を使って条件反射の実験を行なった。メトロノームを聞かせると同時に餌を与えると，犬は食べながらつばを出す。それを繰り返すと，犬はメトロノームの音を聞いただけで唾液を出すようになる。

できるようになるのと同じである。

　しかしながら，言語習得の全てが記憶や反復ではない。子どもが実際に接する言語デ
ータは限られており，それで全てをカバーできない。ところが子どもに生まれながら備
わっている LAD のおかげで，限られたインプットをもとに無限の文法を構築していく
ことが可能になる。その結果，これまでに聞いたことのない文が理解でき，言ったこと
のない文をも産出できるのである。LAD にはそのような創造性が秘められていて，
徐々に大人の文法へと近づいていく[7]。

　子どもは，一生懸命歩く練習をするのと同じように，文法を構築しようとたゆまず無
心に努力する。そして，その過程で，転ぶのと同じように誤り（error）もおかす。子
どもが *goed とか *breaked という表現を発した場合，これは大人の模倣では説明がつ
かない。子どもなりに過去形のルールを模索した結果，過剰一般化（overgeneralization）
した誤りである。つまり，大多数の動詞が過去を表すのに「原形＋ ed」と規則変化を
することを感知し，子どもながらにそのルールを当てはめたのである[8]。このような誤
りは子どもの言語習得への積極的な取り組みを表しており，このような中間言語
（interlanguage）[9]の過程を経て，徐々に大人の文法に近づいていくのである。

　生得的な LAD と周りからのインプットをもとに，子どもは大体小学校に入学するま
でに，母語の音声体系を身につけ，基礎的な文法を確立する。ことばの発達の上で小学
校の役割は，まず文字つまり書きことばの導入と，社会的な側面の意識化になろう。子
どもの社会性の発達に伴い，日本文化では特に敬語など，相手や場面による使い分けが
課題になる。「先生が言った」とか「先生が来た」では社会的に適切でないことに気づ
くようになる。また，文字体系ではひらがな，カタカナに加えて，徐々に難しい漢字を
学ばなければならない。さらに重大な点は，小学校の中学年から教科の学習で要求され

7）　この背景には，チョムスキー（N. Chomsky）の生成文法の考え方がある。つまり，人間が言語を習得
するのは，生得的に「普遍文法」（universal grammar）が備わっているからだとする。この考え方に基づい
た「認知学習理論」（cognitive code-learning theory）は，機械的な「オーディオリンガル習慣形成理論」
（audio-lingual habit theory）を批判し，認知力を活用して文法構造を演繹的に提示し，それを内面化させる
ことを強調した（⇒第3章参照）。
8）　同様に，日本語の習得過程で多くの子どもが「きれいくない」と言うが，この誤りはどうして起こる
のであろうか。それは，たくさんある形容詞（「美しい」など）の変化を形容動詞の「きれい」に当てはめ
た過剰一般化による。
9）　「中間言語」（interlanguage）とは，第二言語学習者のまだ発展途上の言語体系を指す。中間言語に見
られる誤りは，以前は回避すべきものとされていたが，このような誤りは第二言語学習者が大人の文法に
近づこうとする積極的な取り組みを表していると考えられるようになった。例えば，子どもの break の過
去形を調べてみると，面白いことにまず broke が現れ，その後 breaked となり，最後に broke で定着する
というプロセスを通る。上の breaked の頭の ＊印は誤りを意味する。
10）バイリンガル・プログラムで，第二言語として英語を学ぶ子どもが日常会話で流暢になっても，まだ
学業についていけるだけの英語力が身についていないことが多い。そのようなギャップから，「生活言語能
力 vs. 学習言語能力」の2つが区別されるようになった。BICS と CALP（Basic interpersonal
communicative skills vs. Cognitive/academic language proficiency）と呼ばれる（Cummins 1984）。

る言語がそれまでの「生活言語」とは異なり，認知的に高度な「学習言語」[10]，つまり抽象的で論理的なことば使いになる点である。算数や理科などで，教科内容が具体的なものを離れて，記号や関係式による抽象的思考や推論，演繹的思考が要求されるようになるため，それまでの生活言語レベルだけでは教科の学習に対応できなくなる（⇒第12 章参照）。

2.　第二言語習得

　母語習得はほぼ誰もが成功するのに対して，第二言語になると全く様相が異なる。なぜ第二言語習得（Second Language Acquisition：SLA）はうまく行かないことが多いのであろうか。SLA は母語習得とはいくつかの点で異なる。その違いは学習者要因と環境要因に分けられる。

　学習者要因で一番大きな違いは，年齢である。一般的に母語習得は 0 才から始まっているのに対して，SLA はそれより後からになる。幼少期からの場合もあり，大人になってからの場合もある。共通するのは，母語の存在と認知の発達である。そのため，母語からの干渉（interference）を避けることができない。

　年齢の影響に関しては「臨界期」（critical period）仮説が唱えられている（⇒第 4 章「学習者要因」参照）。これによれば，12-3 歳の思春期を過ぎると言語の自然な獲得は難しくなると言われる。とりわけ発音の習得においては，発声器官の柔軟性から若い方が有利である。逆に，文法的な説明になると，年長者の方が認知的に発達しているので理解が早い。が，その反面，年長の子どもは機械的な反復には退屈してしまう。

　環境要因が重要になるのは，その言語に触れる機会と触れる量，つまりインプット（input）が大きく異なるからである。母語の場合，四六時中その言語に浸された状態であるのに対して，SLA の場合には限られてくる。とりわけ，日本のような EFL 環境では，英語に触れるのは英語の授業時間だけで，母語とはインプットの絶対量において雲泥の差がある。それを少しでも克服するため，中学校，高等学校の新学習指導要領では「英語の授業は英語で」と謳われている（⇒第 5 章参照）。

2.1　クラッシェンの「インプット仮説」

　上述のように，SLA は学習者要因・環境要因において母語とは大きく異なるが，どの程度 LAD が働くのであろうか。クラッシェン（S. Krashen）は，インプットこそが大切で，それがあれば LAD を通じて無意識的に言語習得は進むという立場をとる。彼の仮説は「インプット仮説」と呼ばれ，次の 5 つの仮説に基づく（Krashen 1982）。

（1）　習得−学習分離仮説

　子どもの母語習得と異なり，成人の第二言語発達には，自然に身につける「習得／獲得」（acquisition）と，意識的に学んで知識を得る「学習」（learning）の 2 つの方法がある。この 2 つは全く異なるもので，学習は習得に結びつかないとされる。

（2）　モニター仮説

　意識的に学習された知識は，発話の前後にその文法的正確さをモニターする役割しか果たさない。このモニターは，学習者が文法規則を知っていて，規則を意識してモニターする時間の余裕がある時にだけ働く。つまり，意識的に学習した文法知識は，言語形式の正しさをモニターする機能しか果たさず，自動的に使用できる技能にはならない。

（3）　自然順序仮説

　文法の形態素は，年齢，母語，学習環境によらず，一定の予測可能な順序で習得される。例えば，動詞の進行形は早い段階で習得されるが，三人称単数の -s や所有格の –'s はかなり後になる。

（4）　インプット仮説

　目標言語の適切なインプットがあれば，文法は自然に獲得される。学習者の言語習得を促すには理解可能なインプット（comprehensible input）が求められ，学習者の発達段階（現在のレベル "i"）を少しだけ超えたレベル，いわゆる "i+1"（アイ・プラス・ワン）の文法を含んだインプットが与えられることが必要である。

（5）　情意フィルター仮説

　個人差を説明する要因として，学習を阻害する不安などの情意フィルターを想定する。情意フィルターが高い学習者は，正確さを気にしすぎたり，恥ずかしさのあまりインプットを取り入れる割合が低くなる。一方，情意フィルターの低い学習者は，通じればいいという態度で間違いを気にしないので，インプットに注意を払う割合が低くなる。それゆえ，習得のためには情意フィルターが適切なレベルにあることが求められる。

2.2 「アウトプット仮説」と「インタラクション仮説」

　クラッシェンの「インプット仮説」以降インプットに焦点が置かれていたが，スウェイン（Swain 1985）は，豊富なインプット環境の中にいるはずのカナダのイマージョン・プログラムの子どもたちの発話能力の伸びが十分でないことに注目した。彼女はその原因がアウトプット（output）の機会が少ないためであると結論づけ，アウトプットの重要性を強調し「アウトプット仮説」を提唱した。アウトプットを通して，実際に言いたいことも言えないことがわかったり，相手に通じるかどうか試したり，文法・語彙や談話構造などの形式的側面にも注意を向けるようになり，また，使うことによってすらすらと言えるようになるなどの効用があるとする。

　さらに，ロング（Long 1990）は，理解可能なインプット "i+1" を可能にするにはインタラクション（interaction：やり取り）が大切であると主張し，「インタラクション仮説」を提唱した。学習者は他者と交わる中で繰り返し，聞き返し，言い換えなどを通

して「意味の交渉」（negotiation of meaning）を行うことによって，より理解可能なインプットを得，それによって言語習得が促進されると考えたのである。

2.3　生得主義から社会文化的アプローチへ

　2000 年代に入り，心理学的な立場からトマセロ（M. Tomasello）は子どもが言語を習得するまでには，実は"貧困なインプット"どころか長時間の大量のインプットにさらされているとして，チョムスキーの生得主義の考え方を批判し「用法基盤モデル」（Usage-Based Model）を提唱している。このモデルでは，実際に言語を聞いたり使用したりすることでことばの習得が進むと考え，コミュニケーションを重視し，生まれながらに持っている LAD の働きにより言語が習得されるのではなく，生まれた後に他者とのコミュニケーションによって言語の習得に至ると主張する。

　社会文化的アプローチは，社会文化的環境と学習者とのインタラクションを重視する立場をとる。中でも，ヴィゴツキー（L. Vygotsky）の ZPD（Zone of Proximal Development：最近接発達領域）という考え方が，社会文化的影響と認知的発達との関係を掘り下げた枠組みとして注目を集めている。ZPD とは，「学習者が現在いる段階より上の段階で，一人ではできないが他者の助けがあればできるレベルの領域」を指す。学習者は他者と協働することによって知識やスキルが内化し，次第に独力でできるようになり，言語発達が促されることにつながるとする。従来の学習理論では，刺激（行動主義）やインプット（認知主義）に頼っていたが，ZPD では他者が存在する社会的な場における相互行為によって学習や発達をとらえるのである。学習者は他者と関わることでさまざまなコミュニケーション能力を獲得していくと考えられるため，教育者としては学習者の学びやすい環境を整え，それぞれが協働できるような適切なタスクを工夫することが求められよう。

3.　第二言語能力

　構造主義言語学では，言語能力を「言語要素（発音／文字，語彙，文法）× 4 技能（リスニング，スピーキング，リーディング，ライティング）」という格子形でとらえた（⇒第 5 章，第 6 章参照）。ところが，そのような discrete-point（個別項目）的なアプローチでは，個々に分析された力を総合してもコミュニケーション能力にはならないことが認識されるようになった。また，生成文法理論ではチョムスキーが competence / performance（言語能力／言語運用）という二分法を提唱し，言語能力を抽象化された知識の体系ととらえ大きな反響を呼んだ。しかしながら，それでは実際に言語を使用する場面を考えた場合，何かが欠けていることが指摘されるようになった。つまり，知っていることと使えることにはギャップがあり，知っていても必ずしも使えない。それゆえ，第二言語としての英語力を考えるときには，理論言語学でいう「言語能力」だけに限定せず，社会的な場面における人の言語使用に焦点を合わせ，伝達活動としてより広い角度からアプローチする必要が出てくる。

そこで，実際の状況の中で適切にことばを使用する能力として "Communicative Competence"（伝達能力：CC）という新しい概念が提唱されたのである（Hymes 1972）。CC は，次のような4つに分類することができる（Canale 1983）。つまり，それまでの文法中心の言語能力（これを「文法能力」と呼ぶ）に加えて，社会言語能力，談話能力，方略能力が含まれる。

3.1　文法能力

　ここで言う「文法能力」は統語的能力のほか，語彙や発音／正字法というような言語要素に関する知識も含む。これらは文法的に正確な文を作るのに必要な基礎的な能力となる。例えば，[r] と [l] の発音は英語では別の音素なので，区別しなければならない。right と light では全く意味が異なる。また，think を [sink] と発音したのでは，意味が正しく伝わらない。これらは守るべき基本的なルールになる。

　文法の面では，英語では語順は極めて重要で，A loves B. という語順に表された2人の関係は，その逆は必ずしも正しくない。主格と目的格の役割が違うからである。また，「本を読むのが好き」を I like reading a book. と言ったら，Which book? と問い返されかねない。特定の本ではなく読書全般を表すには I like reading books. と複数でなければならない。このほか時制も大事で，When I got to the station, the train had left. は間に合わなかったことを含意する。

3.2　社会言語能力

　CC の新しい側面は，実際の言語運用能力をとらえるのに上述の「文法能力」だけでは不十分だという考え方である。文法的に正しい（correct）としても，必ずしも社会的に適切（appropriate）とはならない。ことばが使われるのには社会的なコンテキストがあり，それに適合していなければならない。

　現実のコミュニケーションでは，まず音声面で強勢やイントネーションに注意しなければならない。と言うのは，これらの要素が文字通りの文法的な意味合いを打ち消すことがあるからである。強い口調で "WHAT are you doing?" と言われたら，"I am doing ～" なんて答えないで，「お前，何やってんだー！」と叱られているのだから "I'm sorry." と謝った方がいいだろう。また，I beg your pardon. という文は，イントネーションによって意味が異なり，上昇調で言うと Could you say it again?，下降調だと I'm very sorry. の意味合いになる。

　また，文の文字通りの意味は，必ずしもその発話が持つ社会的な働きと一致しないことに注意しなければならない。例えば，食事の場面で "Can you pass me the salt?" に対して，can は「能力」を表すからと言って "Yes, I can." と答えて，何もしないのは話し手の意図に合わない。話者は can で能力を尋ねているのではなく「依頼」しているのだという発話の機能をくみ取り，"Here you are." と塩を渡してあげることが期待される。同様に，相手が "It's cold in here." と言ったら，ただ寒いと陳述しているだけでなく，

涼しくて気持ちがいいと言っているのか，それともストーブをつけて欲しいのか，聞き手はコンテキストから話者の意図を推論しなければならない。

　言語使用の適切さに関しては，register（言語使用域）という枠組みでとらえることができる（⇒第 1 章 3.3 参照）。Register には「談話の領域，媒体，態度」の 3 つの要素が含まれ，どのような話題か，話しことばか書きことばか，相手とどのような関係にあるのか，によって適切さは変動する。

　例えば，中学生が習いたてだからと言って，女性の ALT の先生に "How old are you?" と質問したのでは失礼になってしまう。また，英語を母語とする子どもが母親に "I want juice!" とぶしつけに言うと，母親が "Say please." と諭すのは，人に頼むときは丁寧に，という社会的な礼儀を教えているのである。同じ依頼でも，相手によって Open the window. から，please をつけ，さらに Will you 〜 → Would you 〜 → Would you mind 〜とだんだん婉曲になり丁寧さは増していく。丁寧さの尺度が，相手との相対的立場と親密度によって変動するのである。

　また，書きことばでも，学校や会社宛に手紙を書く場合，友達に書くのとは大きく異なり，パンフレットを送ってもらいたいという依頼をするのに I would appreciate it very much if you could 〜とか I would be grateful if 〜というようなフォーマルな文体が求められる。

3.3　談話能力

　いくつかの文がつながって一つのまとまりを構成するものを談話（discourse）と呼ぶが，談話として機能するためには「文法的な結束性」（cohesion）よりも「意味的な一貫性」（coherence）が必要になる。例えば，Why 〜？と尋ねられたら，Because 〜で理由を述べるのが談話としての一貫性を保つ。興味深い例として，"That's the telephone. → I'm in the bath. → O.K." という夫婦の談話（Widdowson 1978:29）には文法的な結束性は見られないが，意味的には一貫している。つまり，"That's the telephone. (Can you answer it?)　→　(No, I can't answer it because) I'm in the bath.　→ O.K. (I'll answer it.)" というように，言わなくてもわかる部分が省略されているのである。

　英語のスピーチでは，最初に "English is important for three reasons." と命題を述べ，その後 "First, 〜" という形で説明していく。このように英語では先に結論を提示し，その理由を述べていくのに対して，日本語では回りの状況説明から入り，結論は最後にならないと出てこない。そのため，日本式の論述では一体何が言いたいのかはっきりせず，英語のネイティブ・スピーカーはイライラすることがある。

　また，英語の会話のやり取りは，もらったボールを投げ返すという形でキャッチボール式に進むのに，日本人の英会話ではどうしても I see. とか By the way, 〜というような表現が多くなり，受身的になりがちで直線的に進まない（Kaplan 1966）。

3.4　方略能力

　外国語の場合，言いたい単語がわからなかったり，聞いていて意味が十分につかめなかったりすることがよくある。そのような問題点に直面した時，どのように対処すれば良いのであろうか。そこで黙り込んだり，諦めたりせずに，会話を維持するよう努めることが大切になる。そのための方略（ストラテジー）として，スピーキングではジェスチャーやパラフレーズを用いたり，リスニングでは "Sorry, I couldn't quite catch. Could you say that again?" と聞き返したり，コンテキスト全体から推論するなどが考えられる。

　未知語に遭遇した時，場面や前後の脈絡から意味を類推するのは，重要なコミュニケーション・ストラテジーになる。会話している場面で辞書を引くわけにいかないし，当てずっぽうするのではなくコンテキスト全体から知的な推測をするのである。"For here or to go?" というような非文法的な文も，ファーストフード店であれば何が求められているのか場面から推測できよう。リーディングでも同様で，A big storm hit the area. Therefore, all the ferry services were suspended. の場合，therefore の論理性を考えると「フェリーは欠航したのだ」と推論できよう。

　また，言いたい単語がわからない場合，例えば「膝が痛い」なら，膝を指差しながら I have a pain here. と言えばわかってもらえるし，大工仕事をしていてペンチ（pliers）という単語がわからない時には，"a tool to pull out nails" とパラフレーズすれば伝わる。

　自分の言語知識（語彙力，文法力）の足りないところを埋め合わせることにおいて，知識・教養は大いに役立つ。ニュースや講義を聞いていても，すでに知っていることはわかりやすい。知っている知識を活用して推論することによって，言語的に欠けている部分を補っているからである。逆に，なじみのない分野の話になると，英語力以前の問題として，背景知識の欠如から理解するのが難しくなる。

　このように，第二言語能力は単に文法や語彙の力だけでなく，CC として 4 つの要素でとらえることができるが，実際のコミュニケーション能力，特にグローバル人材に求められる資質を考えると，狭い意味での言語能力だけでは十分ではないことにも気づかされる。いくら英語力があっても，知らないことは言えないし，もし言えたとしても，伝えようという意欲がなければコミュニケーションは成立しない。それゆえ，言語能力の背後には豊かな知識・教養が必要となり，さらに，それを積極的に生かす態度，人間性が求められる。つまり，我々のコミュニケーション活動にはこれら全てが総合され，全人的な活動となるのである。

3.5　自動化の問題

　上の 3.1 ～ 3.4 において第二言語能力を CC の概念でとらえ，4 つの構成素に分類した。しかしながら，それは結局のところ外国語の能力を 4 つに分けて平面的に記述したモデルでしかない。それらのコンポーネントが実際の場面でどのように有機的に関連し

あって運用能力に結びついていくのか，コミュニケーションのダイナミックな側面はまだ明確ではない。

第二言語の場合ここに大きな課題が潜んでおり，「自動化」（automatization）の問題を無視することはできない。つまり，第二言語学習者の場合（少なくとも初心者は），全てが母語を介して行われるので母語からの干渉が避けられず，時間がかかってしまう。解読や産出に要求されるさまざまな要因を統合するのに時間がかかるのである。例えば，リスニングでは音声を聞いて意味に至るのに，語彙や文法などの解読作業に時間がかかるのでインプットの速度に対応できない。また，スピーキングでは語彙力と文法力をもとに頭の中で文を組み立てるのに時間がかかり，なめらかなやり取りができない。それゆえ，一番の課題はそれらのプロセスをいかに滑らかに「自動化」するかということになる。

自動化に関しては，Andersen（1983）が「宣言的知識」を「手続き的知識」に変えることを提唱している。つまり，知っていることを使えるようにすれば良いのであるが，それはいかに達成できるのか考えてみたい。

自動化をめざして，これまでも英語教授法の歴史においていくつかの指導法が提案されてきた（⇒第 3 章参照）。典型的には，行動主義の学習理論が唱えた S-R 式の習慣形成という考え方である。Mim-mem や pattern practice のような模倣・反復練習や置き換えドリルなどを通して，新しい L2 の習慣を形成し，無意識に産出できるようにすることが強調された。このような行動主義理論に基づいたオーディオリンガル・アプローチは，機械的なドリル練習を繰り返すことよって自動化をめざした。しかし，対象となったのは挨拶や定型表現など日常会話レベルや固定化した文型にとどまった。思考が要求されるような難しい内容にはどう対処すればよいのだろうか。

私たちの情報処理能力には限界があり，形態と内容の間にはいわゆる「トレード・オフ」（trade-off）と呼ばれる現象が避けられない。どう表現したらいいのか，語彙や文法レベルの操作に気を取られすぎると，メーセージがおろそかになり，思考が深まらない。逆に，内容に注意を払いすぎると形態面がおろそかになり，文構造がめちゃくちゃになってしまう。それゆえ，形態面がある程度自動化された段階に達していないと，内容面に注意を向ける余裕はない。このような経験は外国語学習者の誰もが体験するが，この苦しい段階を乗り越えなければ，なめらかな運用のレベルに達することはできない。それゆえ，英語教育の目標は L2 の処理過程をできるだけ自動化し，素早く L2 へ，できれば L1 を介さず直接 L2 にアクセスすることになる。具体的には直聴直解，直読直解というような形で，英語でそのまま理解するのである。産出においては，直接英語で考える "thinking in English" をめざすことになろう。それを達成するためには，形態中心のドリル練習から意味中心のコミュニケーション活動へと段階的に練習を積み重ねることが重要であり，これにより徐々に自動化され，なめらかな運用能力が育成されていくことになろう[11]。

研究課題

(1) 言語習得に関する2つの立場を説明しなさい。それぞれの事例をあげなさい。

(2) クラッシェンのインプット仮説についてどう思いますか。また，「英語の授業は英語で」行うことについて，この仮説からどのようなことが言えますか。

(3) Communicative competence はどのような構成要素から成り立っていますか。それぞれの例をあげて説明しなさい。

11）この辺りの具体的な活動や指導法に関しては，第6章「言語要素の指導」，および第7章「4技能の活動」を参考にされたい。

第3章

外国語教授法

　この章では，さまざまな外国語教授法を概観し，その特徴や問題点を理解することを目的とします。各教授法はその時代の言語観や学習理論を反映しています。この章ではまず各教授法の歴史と理論的背景を概観し，次にそれぞれの指導法の特徴，そして活用法と問題点を検討します。

　昨今ではコミュニケーションスキルの育成が最重要課題となっており，目標言語を使ってコミュニカティブな授業をすることが求められる一方で，伝統的な方法も根強い支持があります。

　どの教授法にも一長一短あり，唯一の絶対的な外国語教授法はありません。従って，一つの教授法に偏ることなく，それぞれの長所と問題点を把握し，教える側がそれぞれの場面に最適な指導法を組み立てることが大切になります。

Keywords

- ・文法訳読法
- ・直接教授法
- ・オーラル・メソッド
- ・オーディオリンガル・メソッド
- ・コミュニカティブ・アプローチ
- ・ナチュラル・アプローチ
- ・タスク中心教授法（TBLT）
- ・内容重視教授法（CBI）
- ・CLIL（内容言語統合型学習）
- ・フォーカス・オン・フォーム
- ・サイレント・ウェイ
- ・サジェストペディア
- ・全身反応法（TPR）

1．伝統的教授法

　伝統的な教授法は，言語の文法，語彙，音声などの項目を分析的，個別的に切り分け，意識的に学習することを基本とする。教科書で提示させる項目の順序は決められていて，それらの規則を正確に暗記し，練習することによって外国語を習得することをめざすものである。

1.1 文法訳読法（The Grammar Translation Method）

（1）背景

　古くからヨーロッパでは，共通語として用いられていたラテン語の理解が知的鍛錬の目的で重視されており，内容の解読を目標とし，文法規則の理解とテクストを忠実に母語に翻訳する技術が磨かれた。その後，ラテン語の教授法が「現代語教育」にも継承され，最も普及したアプローチといえる。

　日本では，江戸時代まで漢学や蘭学の勉強法が解読中心で，この教授法に類似している。明治期の欧化政策においては，西欧の文明知識吸収と知的鍛錬を目的としたこの文法訳読法が取り入れられた。このような背景から，この教授法は現在に至っても日本で根強く行われている。しかしながら，実際に外国語を使って世界の人々とコミュニケーションする能力への要求が高まっている現代では，この文法訳読法一辺倒ではコミュニケーション能力が育たず，批判を受けることが多い。

表　教授法の流れ

年代	指導法	歴史的・理論的背景
1800	• 文法訳読法	• ラテン語学習
1880	• 直接法	• 音声学（国際音声表記）
1920	• オーラル・メソッド	• パーマー（H. Palmer）来日
1940	• 陸軍特殊訓練計画（ASTP）	• 第二次世界大戦
1950	• オーディオリンガル・メソッド	• 構造主義言語学，行動主義心理学が1960年代まで一世を風靡
	• 認知学習理論	• チョムスキー（N. Chomsky）言語生得説
1960	• サイレント・ウェイ	• 第二言語習得（SLA）研究が始まる
	• イマージョン	• カナダのバイリンガル教育（1965）
	• 全身反応法（TPR）	• 概念・機能シラバス
	• サジェストペディア	• ハイムズ（D. Hymes）：communicative competence論
1970	• コミュニカティブ・アプローチ（CLT）	• 社会言語学，談話分析，語用論の発展
1980		• ヨーロッパ協議会による「unit/credit制度」
1990	• ナチュラル・アプローチ	• クラッシェン（S. Krashen）インプット仮説
	• タスク中心教授法	• ロング（M. Long）インタラクション仮説
	• 内容重視の教授法	• スウェイン（M. Swain）アウトプット仮説
2000	• 内容言語統合型学習（CLIL）	
	• フォーカス・オン・フォーム（FonF）	

（2）指導法の特徴

　授業は母語で行われ，目標言語のテキストを母語に訳すことが活動の中心となる。教師は和訳しながら英文を読み進める中で，文法や語句の解説を行い，文法に忠実な和訳を求める。生徒は，読みながら和訳していき，一通り読み終えた後は，目標となる文法規則の定着を促す演習として，英文和訳あるいは和文英訳が課され，訳の正確さが理解の指標とされる。

(3)　活用法と問題点

　複雑な文法構造を解読したり，難しい意味内容を母語で解説したりするため，高度な教材を扱うことができる。このため，知識や教養を高める知的訓練活動として，大きな役割を果たしてきた。２つの言語を比較対照できるので，言語に対する分析力を高めることもでき，比較的学力の高い学習者には有効な面もある。総じて教師中心の指導法なので，大人数のクラスでも実施しやすい。

　問題点として，文法構造の解説と母語（日本語）の翻訳にとどまることが多いため，音声の指導，目標言語を使った言語活動が軽視されがちである。学習の評価は，文法規則にのっとった和訳，和文英訳などの書き換え問題，語句の丸暗記などによるので，英語そのものを使う能力が育たず，自分が言いたいことや書きたいことを英語で表現することができない。リスニングやスピーキング能力の育成も不十分となり，実践的コミュニケーション能力が身につかないことが大きな批判の対象となっている。また，文法概念の理解と和訳，語句の定着などが同時並行で求められ，認知的に負荷の高い学習法であるため，基礎学力と動機づけが高い学習者には有効な学習方法であろうが，授業でこの教授法を用いると学力差が広がる可能性がある。

　読解指導における母語の使用は，単なる英文の理解の補助と考えれば，それを用いることで理解を促し，さらに他の活動に従事できる。例えば，全訳を前もって渡すことにより内容理解を手早く確認し，言語活動や文法指導により多くの時間をあてることも一案であろう。定着の段階で和文英訳ドリルを使用することにより，理解と定着を図ることもできる。

　「訳すこと」の有効活用として，発信を想定した活動の中で行うことが考えられる。生徒が言いたいことの概要をまず日本語でしっかりと組み立てた上で，それを英語に直すことは，コミュニケーション活動につながる「訳」の活用ともなろう。

1.2　直接教授法（The Direct Method）

(1)　背景

　19世紀後半，音声学が起こり国際音声記号[1]が登場した時期と呼応し，文法訳読法に対する批判から，母語を使用せず目標言語のみを用いて教える教授法が「直接教授法」として，フランス，ドイツ，そしてアメリカにおいて提唱された。フランスでは，グアン（F. Gouin）が「グアン・メソッド」（Gouin Method）として，動作とことばを結びつける方法を考案した。ドイツでは，フィーエトル（W. Viëtor）が文法訳読法を痛烈に批判，発音指導の必要性を主張し，音声中心教授法（Phonetic Method）を提唱した。このような音声面を重視する教授法は多くの支持を受け，イギリスの言語学者スウィー

---

1)　国際音声記号（International Phonetic Alphabet: IPA）は，あらゆる言語の音声を文字で表記すべく，1888年に国際音声学会が定めた音声記号である。

ト（H. Sweet）やデンマークのイェスペルセン（O. Jespersen）らによりさらに発展を
みた。

　さらに，ドイツで生まれアメリカに渡ったベルリッツ（M. Berlitz）も，子どもが母
語を習得するように学習すべきだとしてナチュラル・メソッド（Natural Method）を提
唱し，語学学校ベルリッツ・スクールを設立した。このように音声面を重視し，全てを
目標言語で指導することを強調した直接教授法は，1920 年代までヨーロッパやアメリ
カにおいて主流となった。

（2）　指導法の特徴
　教師は母語を一切使用せず，動作や実物，絵などで意味を表現しながら目標言語のみ
を使って生徒とコミュニケーションを行い，生徒が目標言語で考えることができるよう
になることをめざす。
　文法規則の習得に関しては，体系的ではなく，多くの例を提示することによって生徒
が規則を帰納的に学ぶ指導を重視する。読み書きよりは，聞くこと，話すこと，特に日
常生活の語彙と表現を学ぶことが中心的な指導となる。
　音声を重視し，特に教師は母語話者並みの正確な発音，発話ができる能力が求められ
る。入門期の生徒には，英語を音声から意味に結びつけて学び取らせることができる。

（3）　活用法と問題点
　目標言語で授業が行われることは推奨されるべきことであり，新学習指導要領でも中
学，高校では英語で教えることがすでに求められている（⇒第 5 章参照）。教室英語を
含め，英語で運営する習慣をつけると，生徒は英語を聞く習慣が身につく。問題点とし
ては，母語の使用を認めず，体系的な文法指導を行わないというやり方は，生徒がせっ
かく持っている母語と認知力を利用しないことになる。その結果，生徒の理解できる語
彙や文法が限定されるので，初歩的な段階においては適した指導法となる。初期段階で
は実物を提示するなどして理解を促し，英語のインプットに慣れさせることができる。
しかし，学習者の年齢やレベルによっては，極端に母語を排除するのではなく，抽象的
な語彙の説明に母語を用いたり，心理的なフォローアップとして多少の母語を導入した
りするなどの折衷的な方法も必要になろう。

1.3　オーラル・メソッド（The Oral Method）
（1）　背景
　広く口頭で行う教授法全般を指すこともあるが，特に日本ではパーマー（H. Palmer）
が提唱した外国語教授法を指す。パーマーは，日本の英語教育改善のため 1922 年（大
正 11 年）に文部省英語教授顧問としてイギリスから招かれ，翌年英語教育所（現在の
「語学教育研究所」（通称「語研」）の初代所長に就任した。1936 年に帰国するまで，そ
の後 14 年間オーラル・メソッドの普及に貢献し，日本の英語教育界に大きな影響を与

えた。パーマーは当時，ヨーロッパで提唱されていた直接教授法を日本に応用する形で，極力教師が英語を使って指導を行う「パーマー・メソッド」とも呼ばれる指導法を広く紹介した。この教授法は日本の英語教育に大きな影響を与え，その影響はオーラル・イントロダクションや反復練習の方法，定型会話の活用など脈々と現在にまで及んでいる。

(2)　指導法の特徴

　音声面を重視した教授法で，既習のことばでその課の内容を導入するオーラル・イントロダクション（oral introduction）とその後の英問英答に特徴づけられる。言語の文法知識よりも運用を重視し，言語の４技能のうち音声言語による「聞く・話す」技能を第一次言語運用，文字言語による「読む・書く」技能を第二次言語運用とし，音声による第一次言語運用を優先させている。そのため，入門期の約６週間は音声のみによる指導に集中し，文字を見せない期間を設ける。また，外国語学習の指導原理を「了解→融合→活用」の３段階に分け，目標言語と意味を結びつける方法を提示している。その３段階の詳細は，以下のとおりである。

A.　了解

　目標言語の音声を聴き，実物，絵，動作などを用いたり，文脈を示したりすることで，日本語を用いずとも意味がわかるようにする。

B.　融合

　反復練習により外国語の形態と意味が融合し，聞いてすぐに意味がわかるようにする。了解から融合に進むために必要な活動として，パーマーは，次の「言語習得の５習性」（The Five Speech-Learning Habits）を挙げている。

　①聴覚的観察：音の連結，強弱などを注意して聴く。

　②口頭の模倣：聞き取った音声を口頭で真似る。

　③口慣らし：よどみなく言えるように真似たことを反復練習する。

　④意味づけ：音と意味を融合する。

　⑤類推による作文：置き換え（substitution）や転換（conversion）により文を作る。

C.　活用

　前の２つの段階で自動的に出てくるようにした文を実際のコミュニケーションで使用できるよう，さまざまな場面に適用させる。

　「融合」における５習性を育てるための練習方法として，パーマーはさらに「耳を訓練する練習，発音練習，反復練習，再生練習，置換練習，命令練習，定型会話」の７つの練習活動をあげている。これらの方法は，後述するアメリカのフリーズ（C. Fries）によるオーラル・アプローチの理論に影響を与え，とりわけ置換練習は，パターン・プラクティス（pattern practice）の先駆けとなった（⇒本章 1.4 参照）。

　パーマーは翻訳を完全に排除せず，意味理解のための文脈を与えたり，教師が実演したりする方法と同時に，母語で訳や説明を与える方法もあげている。ただし，どの方法

を選ぶかは教室の学習者の条件によるのであって，容易に翻訳に頼ることは戒めている。

(3)　活用法と問題点

　その課の導入として「オーラル・イントロダクション」，英文英答の活動として連続した動作を命令し，実際に生徒に動作をさせる「命令練習」，教師から生徒に一定の決まりに従って答えさせる「定型会話」は，現在でも広く教室で使える技法である。定型会話は，基礎的な言語習慣の形成を助長・促進するもので，一定の約束に従って行われる。例えば，Do you like English? に対する答え方には，① Yes　② Yes, I do.　③ Yes, I like English. が考えられるが，パーマーはその内②を推奨している。定型会話は，教師の問いかけや指示と生徒の応答の連続群からなり，次のような連続したドリル形式で行われる。

T: Do you use a pen when you write?

S: Yes, I do

T: Do you use a knife when you write?

S: No, I don't

T: What do you use when you write?

S: I use a pen.

T: When do you use a pen?

S: I use one when I write.

このように生徒と教師のやり取りによって，生徒の聞き取りの力と話す力が養成される。一方，上記のような口頭作業が授業の中心になるので，生徒は問いに含まれる文型や語句を用いた回答に終始することになり，創造的な会話にまでは至らない。

1.4　オーディオリンガル・メソッド（The Audio-lingual Method）／オーラル・アプローチ（The Oral Approach）

(1)　背景

　この教授法の確立にとって，背景として構造主義言語学（structural linguistics）と行動主義心理学（behaviorism）からの知見が大きな影響を与えた（⇒第2章参照）。

　それをもとに，陸軍特殊訓練計画（The Army Specialized Training Program: ASTP）が実施された。これは1943-44年第二次世界大戦中，アメリカ陸軍が軍事目的で，短期間に外国語の会話能力を習得させる必要性から開発したプログラムである。その内容は，目標言語の音声を中心として，1日10時間，週6日，90日間という短期間に，集中的に反復ドリルを行い，新しい習慣形成を目ざすもので，大きな成果を示した。

　この成功の背景には，言語学および心理学的な裏づけがあり，集中度の他に教師，学習者，学習環境などの条件が整っていたことがある。ネイティブ・スピーカーの drill master と呼ばれる informant を用い，高い適性と，学習成果が昇進に結びついていたた

め強い動機づけを持った受講生を対象にし，各クラスの受講生は10人程度に限った。

　戦後，アメリカに留学する外国人学生が増えたため，アメリカ国内では第二言語としての英語教育に多くの言語学者が関与するようになった。特にミシガン大学では構造主義言語学者フリーズが，当時隆盛であったスキナー（B. Skinner）の唱える行動主義心理学を応用して，革新的な英語教授法を考案した。この教授法は，言語の「構造」である文法を，基本文型のドリルによって身につける指導法で，特に口頭による文型練習に重きがおかれた。構造中心の言語観から「ストラクチュラル・アプローチ（Structural Approach）」とも呼ばれる。この教授法は1960年代に最盛期を迎え，パターン・プラクティスを支援する個別学習の教具として，LL（language laboratory：語学実習室）の普及ももたらした。

　1960年代，認知学習理論（Cognitive code-learning theory）とチョムスキー（N. Chomsky）による変形生成文法（Transformational generative grammar）が理論的潮流として台頭したため，オーディオ・リンガリズムは1970年代には衰退したが，この方法に基づいた指導法は，日本ではLL練習というような形で70年代に盛んに取り入れられた。

(2)　指導法の特徴

　学習は，「刺激→反応→強化」という3要素からなり，言語の習得は「刺激（教師によるキュー）―反応（学習者の応答）」（Stimulus-Response）という形で，習慣形成によりなされるものと考えられた。そのために，対話の暗記，反復練習，また，代入，拡張，変形，応答練習など文型の機械的ドリルが用いられた。学習者の新しい言語習慣を形成させるため，誤りは厳しく訂正された。

　教材としては，構造主義言語学から得られた知見をもとに具体化された。基本的な原則は，次の2点である。

　①予測される学習困難点は，母語と目標言語の相違点であるとし，対照分析（contrastive analysis）をもとに相違点に焦点を合わせて教材の編成を行う。

　②発音の面では，学習者が困難とする音素に関して，いわゆるミニマル・ペア（minimal pair）[2]という形で，最小対立を用いた教材を準備する。

例）　cat-cut, hard-heard, coat-caught, rice-lice, feel-heel, base-vase, think-sink

　また，指導技術においてもさまざまなものが開発されているが，代表的なものとして次の2つがある。

　①ミムメム（mim-mem）：mimicry-memorization（模倣記憶練習）の略で，口頭で導入された表現を，学習者は教師の発音を模倣し，何度も反復練習することによって

2)　「最小対立」。一音のみが異なる一対の単語のペア。例えば，cat–cut では［æ］－［ʌ］，rice–lice では［r］－［l］，think–sink では［θ］－［s］など。ミニマル・ペアを使って音の違いに集中させる発音指導を「ミニマル・ペア練習」と呼ぶ。

31

記憶する。

②パターン・プラクティス：教師の指示に従って文の一部を置き換えたり，文構造を転換したり，語句や節を加えて文を拡大したり（expansion）するなどの文型練習をドリル式に行う。ミムメムで記憶した型を，何度も練習し，自動的に口から出るようにする。

例） I have a pen.
　　　T: book
　　　S: I have a book.
　　　T: He
　　　S: He has a book.
　　　T: They
　　　S: They have a book.
　　　T: pens
　　　S: They have pens.

(3)　活用法と問題点

　口を動かしてことばを学ぶという習慣形成は，言語学習においての必須条件である。とりわけ，英語を使う機会が限られる EFL 環境では，いきなり自由な対話活動をすることはできない。そこで，英語が口をついて出てくるようにするために自動化の訓練が必要で，一定の文型や表現をもとにしたパターン・プラクティスや生徒同士の定型対話練習などは，自由な対話を行うための準備練習として有効となる。ただし，定型の表現の記憶自体が到達目標ではなく，あくまでも自由な表現への一過程として位置づけることが肝要である。

　問題点としては，単なる文型の模倣と記憶による機械的な文法操作に多くの時間が費やされ，言語を創造的に使う機会が少なくなりがちな点である。このためコミュニケーション能力の向上には結びつきにくいという問題点が指摘されている。機械的なドリル演習に終始することなく，意味を考えさせるような指導を心がけることが大切である。

2.　コミュニケーションを中心としたアプローチ
2.1　コミュニカティブ・アプローチ（Communicative Language Teaching: CLT）
(1)　背景

　CLT は 1970 年代に登場した，欧米における新しい言語習得・教育に関する考え方に端を発している。その考え方とは，文法構造の習得よりも，言語の機能的な面，実際の状況でのコミュニケーション活動に焦点を当てることが重要とするものである。また，当時ヨーロッパでは，欧州連合（EU）の人権，文化，教育的協力のための組織である「欧州協議会」（The Council of Europe）が，「全てのヨーロッパ人をバイリンガルに」

というスローガンのもと，外国語教育の統一と，主要な言語を実践的に教える必要性から，新たな指導法の開発が緊急の課題となっていたことも背景にある。

　ヨーロッパ協議会は，イギリスの言語学者ウィルキンズ（D. Wilkins）による「概念・機能シラバス」（Notional / Functional Syllabus）をヨーロッパ地域共通のシラバスの柱とした。これは，言語を概念的カテゴリー（時間，場所，順序，頻度，量などの概念）と機能的カテゴリー（挨拶，要求，謝罪，許可，申し出，拒否，苦情など）に分類したもので（Wilkins 1976），CLT の開発と発展に多大な影響を与えた。

　一方，1970 年代アメリカでは，理論言語学で革命的となったチョムスキーの変形生成文法理論の考え方に対して，疑問を呈する動きが現れた。文法知識である言語能力（competence）がそれを実際に使う運用能力（performance）に結びつかないことが問題になったのである。ハイムズ（D. Hymes）は 1972 年に，言語運用に関わる理論として「伝達能力」（communicative competence）という新しい概念を提唱した。社会言語学者であるハイムズは，さまざまな状況や人間関係に応じて適切に言語を使用する能力を「伝達能力」と定義した。この能力を獲得するためには，文法に関する能力はもとより，言語の社会的，機能的働きに関する能力も身につけることが不可欠であると主張した。伝達能力の定義づけに関しては，キャナル（Canale 1983）の文法能力，社会言語能力，談話能力，方略能力の 4 つの分類が一般的である（⇒第 2 章 3. 参照）。

(2)　指導法の特徴

　CLT は，コミュニケーション能力を身につけることを目的として行われる授業の総称である。英語を実際に運用したコミュニケーション活動に重きをおくため，文法項目の習熟よりも，目標言語を積極的にクラスで用いることに重点が置かれる。また，ことばの正確さ（accuracy）よりも流暢さ（fluency）が重視される。

　また，なるべくオーセンティック（authentic）な教材を使用することで，実際に使われている言語表現を理解するストラテジーを身につける機会を与えることが望ましいと考える。さらに，CLT の教室での活動は小グループで行われる。小グループで互いに目標言語を用いてコミュニケーションを行うことで，機能的で社会的に適切な言語を使えるようにすることを想定している。そのための手法として，次のような言語活動が考えられる。

A.　ロールプレイ（role-playing）

　店員と客，友人，夫婦というように役割を決めて対話練習させる方法。感情を込めて語りかけるようにさせる。状況や相手に応じて抑揚や声の調子などが変わるので，色々な解釈で演じさせるとよい。例えば，右

Dialogue
A: What are you doing?
B: I'm just going outside.
A: Where are you going now?
B: Why do I have to tell you?

の会話では，A と B の関係と状況を，喧嘩中の夫婦，仲のいい夫婦，会議直前の上司と秘書など，異なった解釈で生徒に演じさせてみることができる。

B.　プラスワン・ダイアローグ（plus-one dialog）

生徒にモデル対話文にない一文を付け加えさせる。与えられた対話文を丸暗記するのでなく，自分の表現を盛りこむことで，創造的な活動になる。

C．インフォメーション・ギャップ（information gap）

　話し手と聞き手の間に異なった情報や役割を与え，双方の違いを埋めたり，また差異をコミュニケーションすることによって比較し，相互理解を深めさせたりする練習。

　例えば，生徒Aは，Cという人物の兄弟の有無，年齢，職業を知っているが，生徒Bはそれらの情報を持っていない。代わりに，BはCの趣味，将来の夢などの情報を持っている。コミュニケーション活動によってお互いの情報を共有し，C（Sam）という人物の全貌を明らかにする。

　例）

A: Your friend, Sam, works at a florist shop. He is taking care of plants and flowers. He has two elder sisters, who love flowers. He lives with his mother and the youngest sister. He will be 20 next month.
Now try and ask your partner to learn more about your friend especially **about his hobby and future dreams**.

B: Sam loves reading and writing. When he was a high school student, he belonged to the creative writing club, and wrote several stories. He likes mysteries. In the future, he would like to write and publish stories and novels, so he writes nearly every day.
Now you would like to learn more about him. Ask your partner what he does. Ask also about **his age** and his **family**.

D．問題解決型練習（problem-solving）：解決すべき問題が与えられ，ペアやグループで話し合って解決案を探る。犯人探しや間違い探しなど，生徒のレベルに応じた教材と活動が可能である。

　例）　ともだちと相談してアルバイトを決める（助動詞 can, must を使って，調べた
　　　　情報を伝える）（高島 2005, pp.137-8 に基づく）

Sheet 1　あなたは鈴木二郎です。趣味は映画鑑賞と野球で，特技は早起きですが，動物は苦手です。ともだちの留学生の Helen と一緒に夏休みにアルバイトをしたいと思っています。ヘレンと相談して何をするか決めましょう。
考えているアルバイト　　　　　　仕事内容とメリット
1)　新聞配達：5:00AM-7:00　　　新聞を担当地域に配達する。配達後新聞が読める。
2)　図書館　：8:30-15:00　　　　本の整理と受付をする。本が借りられる。
3)　映画館　：9:30-15:00　　　　窓口切符販売。上映映画を見られる。

Sheet 2　あなたは日本に1年間留学している Helen Kelly です。好きなことは読書と音楽鑑賞と料理です。朝早いのはあまり得意ではないので，夏休みは朝のんびりしたいと思います。ともだちの二郎と一緒に夏休みにアルバイトをしたいと思っています。二郎と相談して何をするか決めましょう。
考えているアルバイト　　　　　　　　　　仕事内容とメリット
1)　レンタルビデオ CD ショップ：13:30-19:00　　商品整理。新作以外は無料で借りられる。
2)　ベーカリー　　　　　　　：11:30-18:00　　掃除，パンを売る。残ったパンを貰える。
3)　洋食レストラン　　　　　：10:30-17:00　　皿洗いをする。昼食が出る。

(3)　活用法と問題点

　機能表現の駆使によってコミュニケーション能力を伸ばすことに主眼がおかれているため，流暢な発話能力を伸ばすことにつながる。しかし，正確な語彙，文法の運用面の育成に弱点があり，バランスのとれた運用能力を育てることが難しい。また，コミュニケーション能力の定義が明確でないため，教育目標があいまいになり，学習効果を測定する評価方法が一致しないことに難点が残る。

　一方，コミュニケーション活動を教室内で展開していく上で，概念・機能シラバスは有用である。文法・構造シラバスでは別個に扱われる表現形式も，概念・機能シラバスでは，機能によって使われる状況とともに提示されるので，練習したことが実際の状況に転移しやすい。例えば，Would you ～？などの表現も仮定法としてではなく，ていねいな依頼として学ぶのである。

2.2　ナチュラル・アプローチ（The Natural Approach）

(1)　背景

　スキナーの行動主義がチョムスキーによって批判され，構造主義言語学と習慣形成説が否定され，新たな教授法が求められた。また，生成文法の登場によって，生得的言語能力に研究の興味がそそがれ，子どもの言語の規則体系の解明に焦点が当てられた。文法形態素などの習得順序研究や否定文，疑問文の構造における発達順序が解明され，学習者言語の誤りの分析（error analysis）が本格化した。こうした中，生得的言語観を背景に，南カリフォルニア大学の応用言語学者クラッシェン（S. Krashen）は，これまでの応用言語学の研究成果を受け，第二言語習得に関する5つの仮説を提唱し，第二言語習得研究の理論的基盤を築いた（⇒第2章2.1参照）。一方，スペイン語教師テレル（T. Terrell）は，教室外での自然な言語環境で移民の子どもたちが第一言語とともに第二言語をどのように習得していくかを観察し，その原理を言語指導に応用し，クラッシェンと協同でナチュラル・アプローチを発表した（Krashen & Terrel, 1983）。この教授理論は多くの現場教員からの支持を呼び，一世を風靡することになった。

(2)　指導法の特徴

　ナチュラル・アプローチでは，言語発達は習慣形成によるものではなく，人間の生得的に持っている「言語習得装置」（Language Acquisition Device）によって，言語は習得されるとする（⇒第2章参照）。目標言語の多量な理解可能なインプット（comprehensible input）を受ければ，子どもが第一言語を習得するのと同様に自然に第二言語を習得し，産出できるようになると主張した。また，目標言語を産出するまでには，沈黙の期間（silent period）があり，教師はこの期間に無理やり産出を強要せず，学習者が話し始める準備ができるのを待つべきとしている。

(3)　活用法と問題点

　生徒の興味やニーズに配慮する点や，メッセージの意味理解を優先させることは，現在の英語教育においても心がけるべきことである。とりわけ，'i+1' の概念に基づき（⇒第 2 章 2.1 参照），教室で与えるインプットを生徒の力に合ったレベルに調整することは，情意フィルターの考えとともに，現場教師の役割として大切になる。

　他方，ナチュラル・アプローチの原則に対しては，次のような点に関して批判もある。

1)　多量な理解可能なインプットのみで，目標言語の習得は本当に進むのか。

　この点について，カナダでイマージョン教育を受けた子どもたちは，非常に多量の理解可能なインプットがありながら，産出面で文法的正確さに欠けるということがわかった。従って，言語習得は理解可能なインプットだけでは不十分で，多くの言語産出の機会が与えられなければならないことになる。アウトプットによって，学習者は産出した文法について気づき，処理の自動化も促され習得が進む（⇒第 2 章 2.2, 3.5 参照）。

2)　学習者に文法指導や誤りの訂正は全く必要ないのか。

　学習者の注意や気づき（noticing）の役割についての研究が進み，学習者は誤りを訂正されることにより，文法や表現についての気づきを高め，習得が促されることが明らかになっている。誤りの効果的な訂正の仕方についての研究も進み，学習者の誤った発話を，コミュニケーションを損なわないやり方で正しい言い方にすぐさま直すリキャスト（recast）や，'What did you say?' などと明確化[3]を要求することの効果も検証されてきている。

2.3　タスク中心教授法（Task-based Language Teaching: TBLT）

(1)　背景

　タスク中心教授法（TBLT）は，近年特に注目を集めているコミュニカティブ教授法の 1 つである。「タスク」（task）とは，特定の目的を達成するために行う課題を意味する。タスクとエクササイズの違いは，エクササイズが言語の形式に焦点があるのに対して，タスクは伝達する意味内容に焦点があり，設定した課題がどこまで達成できたかで評価される。つまり，TBLT ではタスクを基本に授業を組み立て，生徒が課題を行うために目標言語を使用する機会を作り出すことを重視する。

　TBLT は，クラシェンの「インプット仮説」を批判的に受け継いだ「アウトプット仮

---

3)　リキャストの例
　　Student: Mary visit dormitory yesterday.
　　Teacher: So yesterday Mary **visited** the dormitory.
　　明確化要求の例
　　Student: There are a couple of magnets on the fridge.
　　Teacher: A couple of what? ←（明確化要求）
　　Student: Magnets, you know to put things on the fridge.

説」（Swain 1985）および「インタラクション仮説」（Long 1990）に基づいている。つまり，インプットだけでなく，アウトプットの活動を通じて，さらに文法の正確さを伸ばすことができ，また相互理解をめざしたインタラクションにより意味の交渉が行われる。学習者は，言語による情報の交換や意味の交渉を通じて課題を遂行することに意識を集中する過程で，言語の正しい使い方に気づき，徐々に第二言語の習得が促されると考えられている。

(2)　指導法の特徴

　　タスクの主な要件として，次のような点が挙げられる（Skehan 1998）。
　　・意味の伝達が中心であること
　　・解決すべき何らかのコミュニケーション上の課題があること
　　・教室外の実世界との関係があること
　　・タスクの達成が最優先されること
　　・評価はタスクの成果について行われること

　　タスクには明確な到達点，共有すべき必要な情報，情報を吟味・評価するための基準などがある。また，タスクをデザインする際，目標とする文法項目や語彙がことばのやり取りの中に含まれるように仕組むことが重要である。これらの条件の中で，話者が言語能力を最大限駆使して意味の交渉を行うことをめざす。

　　代表的なタスクには，以下のようなものがある。

1.　リストアップ

　　例）　You are having a curry party with your friends. You need to decide which ingredients to get. You can also prepare some drinks and dessert. Discuss with your friends what you need to get.

　　　　e.g.) potatoes, carrots, onions. pork/beef/chicken, ...etc.

2.　並べ替え

3.　ジグソー（参加者が異なる情報を均等な割合で持ち，情報交換しながら課題を解決する。ジグソーパズルのように，ばらばらの情報を寄せ集めて課題の解決をめざすことからこのように呼ばれる）

　　例）　教員は料理のレシピや1つのごく短いストーリーをグループの人数分に分ける。生徒は全体部分の一部でそれぞれ違う部分を与えられるが，どの部分かはわからないので，それぞれ読み合うことによって，全体の順番を決め完成させる。手順やストーリーを示すいくつかの絵や写真でも同じようにできる。

4.　インフォメーション・ギャップ（対話者の間に情報のずれをつくり，そのずれを埋めなければ解決できない課題を設定して学習者の活発な言語活動を引き出す）

　　例）　A/B ペアの間違い探しの絵を使用し，A/B で違う箇所を指摘し文章に書く。上級者は，お互いの絵を見せず説明しながら間違いを探す。

5.　比較

6. 問題解決および意思決定

例）校外学習・鎌倉を散策（自由時間の日程表を作る）（高島 2005, pp.191-195 に
基づく）

Sheet A

あなたは，校外学習の3時間の自由散策時間に友達と鎌倉の名所を3つ回りたいと思っています。あ
なたの興味のある名所は下の3つです。Bさんとどこにいくか話しあって決めましょう。
1) 鶴岡八幡宮：鎌倉駅から徒歩約10分，鎌倉幕府を象徴する建物
2) 東慶寺：鎌倉駅から徒歩3分，縁切寺として有名
3) 報国寺：鎌倉駅から徒歩40分（バスで約10分下車徒歩3分）竹林が有名

Sheet B

あなたは，校外学習の3時間の自由散策時間に友達と名所を3つ回りたいと思っています。あなたの
興味のある名所は下の3つです。Aさんとどこにいくか話しあって決めましょう。
1) 明月院：北鎌倉駅から10分，あじさい，本堂の丸い窓が綺麗で有名
2) 鎌倉大仏：江ノ電長谷駅（鎌倉駅から4分）より徒歩7分
3) 鎌倉文学館：建物，バラ園が有名，江ノ電由比ヶ浜駅（鎌倉駅から2分）より徒歩7分

　タスクの実行に当たって，言語形式面での文法の練習や分析は，タスクの前よりもタスク中，タスク後に導入する方が望ましい。タスク前に行う作業は，タスク遂行に使う表現を紹介するにとどめ，タスク後にクラス全体に発表する時間を設けたり，練習活動や言語分析を行ったりするのである。タスクの効果を見る方法としては，学習者の英語の「正確さ，流暢さ，複雑さ」の3つの観点から測定する方法が一般的である。

(3) 活用法と問題点

　タスクは目標文法への焦点の当て方によって focused/unfocused の二種類に分けられる。「focused なタスク」はあらかじめ特定の形式に焦点を当てて作成されたものであり，「unfocused なタスク」は意味内容の伝達のみに焦点を当て，特定の文法事項の使用を特定しないものである。しかし，教員の意図した文法事項を学習者が使用するとは限らない。その場合は教師のフィードバックが重要となる。より適切な表現について説明を加えたり，生徒たちに共通する誤りを指摘したりすることができる。

　日本のように教室外のインプットが少ない環境では，授業の言語活動のすべてをタスクによって行うことは初級レベルでは難しいこともあろう。現実的には教科書を中心とした授業にタスクを加えることで，学習者の興味や関心を高め，同時に知識の定着と運用能力を高めることができよう。始めのうちは単純なタスクを用いて，既習の知識を使ってみようとする姿勢を育みたい。

　TBLT の主体は学習者であり，教員は学習者を援助し，学習を促進する役割を果たす。教師中心の一斉授業に慣れた教員が一生懸命教え込もうとして誤りを直し過ぎたり，タスクがエクササイズになってしまったりする例は多い。学習者中心の柔軟な姿勢を身につけ，教員は生徒のコミュニケーション活動の促進者としての技法を磨くことが

求められる。

2.4　内容重視の教授法（Content-based Instruction: CBI）

(1)　背景

　前出の TBLT 同様，コミュニカティブな能力の育成をめざした教授法の 1 つであるが，大きな特徴は教材の内容（content）と授業で使われる言語技能（skill）の両方の習得をめざす点である。カナダでは 1960 年代からイマージョン方式のフランス語教育においてそれが実現されており，イギリスでは 1970 年代に「カリキュラム横断言語教育運動」（Language Across the Curriculum）のもと，あらゆる教科を通じて英語力をしっかりと確立させることが重視された。この背景には，多くの移民の子どもにとって英語は母語ではないことがある。アメリカでも双方向イマージョンとして 1960 年代にフロリダで始まり，難民の子は英語を，英語話者はスペイン語を学び，1990 年代に大きく広がった。また，1980 年代には，多くの大学で学生の専門分野に関連づけた作文コースを必修化するなど，言語教育と教科内容を結びつける取り組みが進んだ。

　最近では，ヨーロッパで提唱された CLIL（Content and Language Integrated Learning：内容言語統合型学習）が世界的に広がりつつあり，外国語学習と教科内容を結びつけながら，他教科も英語で教えるようになってきている。CLIL では，Content（内容，トピック），Communication（言語知識，言語スキル），Cognition（思考力），Community/Culture（協働学習，異文化理解）の 4 つの要素を示し，これらを統合した形で授業を行う。内容学習と語学学習の比重は同じ程度にし，タスクを多く与え，文字とともに音声，図や映像などを多角的に活用することにより，応用，分析，評価，創造までさまざまなレベルの認知活動を促す。ペアワークやグループ活動を重視し，内容と言語の両面での足場がけを用意する。

(2)　指導法の特徴

　CBI の特徴としては，第 1 に，クラッシェンのインプット仮説が重要な理論的基盤となっている。すなわち，学習者に理解可能なインプットを多量に与えることによって，言語の習得が進むという前提に立つ。第 2 に，コミュニケーション能力育成には，質疑応答や議論など，創造的な言語の使用機会が与えられるべきだとし，第 3 に，教科内容の理解に付随して目標言語が習得されることをねらいとする。

　プログラムの形態，そしてその指導内容や指導法も多様な形をとる。小・中学生ではジェスチャーとストーリー・テリングを通して語彙の獲得を図り，身体表現を交えたアウトプット中心のアプローチが広まりつつあり，中・高校生では，「特定のテーマに基づいた指導」として，全体のシラバス，言語材料，生徒の関心を考慮して話題を設定し，テーマの内容に応じて課題を組み立て，内容中心の言語活動に発展させていく形が多い。ひとつのトピックについて学びながら，リーディング，討論，リスニング，視聴覚教材を用いた活動，まとめのライティングという具合に，4 技能全てを組み合わせる

のである。

(3)　活用法と問題点

　英語の授業でよく使用される題材は，健康問題，環境問題など現代的なテーマで，生徒の興味，関心，知的レベルにあった読み物が選定される。それをもとに内容理解にとどめるのではなく，理解した内容についての討論を行ったり，そのテーマについてさらに調べ学習をして発表したりなど，内容中心に発展させる。

　内容の理解が中心に進められていくため，ことばの間違いを注意されたり訂正されたりする機会が少なく，クラスの仲間は日本語が通じるので安易に英語に日本語を混ぜて通じるような教室内方言ができてしまう可能性がある。また，聞き取り力は伸びるが話す力を伸ばすことは難しいため，学習者主導型のアクティビティを中心とした授業形態とすることが望まれる。

　日本のようなEFL環境では，英語を使って内容を習得しなければならない必然性が希薄であり，英語を使って物理などの専門的内容を教えることができる教師を確保するのも困難であろう。しかし，現場では，個々の教員や新たな学校カリキュラムによるさまざまな取り組みも報告されている。化学の実験を英語で教える例や，社会科の授業で水資源や難民の問題を英語で読んで討論を行う例，ALTと協力して数学を教える取り組みなど枚挙にいとまがない。また静岡県沼津市の加藤学園は1992年以来イマージョン教育に取り組み，その成果が報告されている（Bostwick 2005）[4]。現在では，イマージョン教育を導入した学校は，学芸大付属国際中等教育学校や西武学園文理小学校，佼成学園女子中学・高等学校，広尾学園，立命館宇治高等学校など，各地に広がりつつある。全科目を日本語以外の言語で教えるインターナショナルスクールも日本語が母語の生徒にとってはイマージョン教育の場となっているといえる。

2.5　フォーカス・オン・フォーム（Focus on Form: FonF）
(1)　背景

　形式（文法）重視と内容重視の両者の問題点を考慮した第3の方法として，近年教育実践で注目を浴びている。このアプローチは，最近のSLAの知見に基づき，意味のある理解可能なインプット，インタラクション，アウトプットを重視している。学習者が意味のあるやり取りを通じて，表現や形式に気づくという自発的認知行為によって学習がなされる（Schmidt 2001）。この「気づき」を支援する方法として，意味に焦点が当たっている授業の中で，学習者の注意を言語形式に向けさせる教授法を「フォーカス・

---

4)　Bostwick（2005）によれば，イマージョンの生徒達は，普通クラスの生徒と比較して，初期段階では日本語能力に遅れをとるが，小学校卒業時までには同等かそれ以上の能力を身につけ，教科についても同等の学力を得る。英語力についても，同年代のネイティブ・スピーカーに劣らないだけの能力を身につけるということである。

オン・フォーム」（FonF）と呼ぶ。

(2)　指導法の特徴

　意味の伝達に注意が向いているコミュニケーション活動の中で，教師が必要に応じて学習者の注意を「形式」（form）に向けさせる指導である。学習者が主体的に言語形式を選んでコミュニケーション活動の中で使うように導くことが大切であり，そのために教師は特定の言語形式が使われる自然な状況を作り出す工夫をする必要がある。

　インプットは（単に短く簡単な表現に）単純化してしまうと，それだけ自然な言語習得の機会が奪われるので，テキストが難しい場合は難しい部分をパラフレーズしたり，繰り返し異なる表現を使ったりするなど精緻化することが求められる。意味交渉でフィードバックを与えたりして学習者の理解を深めることにより，習得につながるとされる。

　コミュニケーション活動の中で，形式に注意を向けるやり方として，前もって目標となる言語形式をタスクの形で提示する先行型と，学習者のアウトプットに対し，適切な指示を与える反応型の２種類がある（Doughty & William 1998）。先行型タイプの指導法として，学習者の気づきを前もって促す「意識高揚タスク」（consciousness raising task）と「インプット処理指導」（input processing instruction）などがよく知られている。「意識高揚タスク」とは，目標となる表現や文法項目を数多く使用した文章を学習者に与え，その使い方について意識を高める活動である。また，インプット強化（input enhancement）としてテキストで使われているコロケーションをボールドで目立たせるなどして，その用法を話し合わせたり注意を喚起されることができる。「インプット処理指導」は，目標となる文法項目をしっかり理解していないと正しく処理できないような聞き取りのタスクを使って，学習者のインプット処理能力を鍛えることを目標とした活動である。また，反応型の指導法として Lyster（2004）が提唱するプロンプト（prompt）と呼ばれるアウトプット強化（output enhancement）のストラテジーがある。例えば，文法的誤りがあれば，教師がコミュニケーションのやり取りの中で学習者に feedback を与え，文法や表現の訂正を促す。明確化要求，繰り返し（Could you say that again? Did you say ...? など），メタ言語（文法）による合図，導き出し[5]などの方法がある。

(3)　課題

　FonF を行うには目標とする言語項目を決め，学習者の気づきを促すような準備を行う必要があり，その際どのようなテクニックを用いて注意を喚起できるか，それらを行うタイミングはいつが最も効果的であるかといったような課題がある。伝統的アプローチと異なり，具体的手順が決められておらず，教員がその時々に必要な方法を考案しなければならないため，そのための準備や訓練が必要であろう。

　FonF が伝統的文法指導と異なる最も大切なことは，意味に注意が向いているコミュ

ニカティブな活動において用いるアプローチである点である。また，学習者の伝えたい，使えるようになりたい気持ちを高めるためのアプローチであり，教わったことを単に使わせるだけではないことが基本である。

3．その他の教授法

　1970年代以降，構造主義言語学の衰退に伴い，言語の形式を重んじる立場から一転して，生徒の認知活動に焦点が置かれるようになり，語学教育の専門家でない研究者によっていくつかの教授法が開発された。言語学以外の研究分野，特に人間中心の心理学の角度から言語教育に対するさまざまな提言があり，次のような言語教育観に基づく教授法が出現した。ここでは，主要な3つの教授法を取り上げる。

3.1　サイレント・ウェイ（Silent Way）

（1）　背景

　数学者ガテーニョ（C. Gattegno）によって提唱された教授法で，第二言語学習の際，生徒の気づきに働きかけ，自身の潜在的な学習能力を活性化させることに主眼がおかれた。数学，心理学，自然科学から文学までの多岐にわたる分野の理論を外国語教育に応用し，1963年「サイレント・ウェイ」として発表した。授業は，学習者が教師の指示に従って協力しあって進める形態をとり，教師は指示を出した後は沈黙を守る。このため，学習者は授業の中で常に自発的に互いに助けあいながら学習に参加することが求められる。教員は「教える人」というよりも「学習の援助者」（facilitator）として，学ぶ主体性を与える役割を担う。

（2）　指導法の特徴

　教師はポインターという指示棒で独特の教具を指しながら，母語を介さずジェスチャーなどもまじえながら学習者の発話を促す。また生徒をリラックスさせ，生徒自身が学習に向かう姿勢を引き出すため，極力沈黙する。独特な道具として次のものがある。
　①カラーチャート：音声と色をマッチさせた発音用の色付きカード
　②フィデル（fidel）：カラーチャートを文字に置き換えたスペルチャート
　③ワードチャート：カラーチャートに対応した色で書かれた単語表

▷▷──◁◁

5）　メタ言語による合図（metalinguistic clues）の例
　　Student: Yesterday I go to see the movie.
　　Teacher: Not "go". Use the past tense.
　　Student: I went to see the movie.
　　導き出し（elicitation）の例
　　Student: Yesterday I go to see the movie.
　　Teacher: Yesterday I ....
　　Student: Yesterday I went to see the movie.

④ロッド（rods）：1～10cm までの異なる長さのバリエーションがある棒状の木片

⑤ポインター：チャートを指すために使用

⑥壁紙：上級の語を導入するための絵教材

　教師は学習者の発話を促しながらも，誤りはポインターで指し示し，気づかせ，言い直させ，英語の音や文のしくみの規則性に気づかせる。発音指導においても，1，2度モデルを聞かせた後は正しい発音をするようジェスチャーで促す。学習者が誤った場合，教師は直接訂正をせず，他の学習者に正しい発音や回答を出させ，それをフィードバックとする。固定したシラバスはなく，題材はその時々の生徒の状況によって設定される。

（3）　活用法と問題点

　教員が生徒の活動を促す役目に徹する点や，視覚的な教具や親しみやすい道具を利用する点は，どのレベルを教えるにも参考になるであろう。一方，生徒の自覚や気づきを本当に促すことのできる指導者を養成するには，教員養成が大きな課題となる。

3.2　サジェストペディア（Suggestopedia：暗示的教授法）

（1）　背景

　ブルガリアの精神科医，精神療法師ロザノフ（G. Lozanov）によって 1960 年代に提唱された精神力学系のアプローチである。学習効果を上げるには学習に対する強い動機と期待が必要であるとし，動機を強化し，期待感を生む学習環境を作り，左右の脳を活性化させることで，潜在能力を活性化させることができ言語習得率を高められるとした。特に，学習者の心に深く植えつけられた不安などの障害を取り除き，学習活動をするのに適切な精神状態を創りだすことが重要であるとしている。

（2）　指導法の特徴

　元来はパッケージ化された集中プログラムで，テキストは対話中心であり母語の対訳がついている。学習事項の記憶，音楽に合わせた教師の朗読，続いて質疑応答，寸劇の作成と上演という学習サイクルにより授業が展開される。このプロセスを円滑にするため，教室はリラックスできる快適な環境を保つ。壁は明るい色で絵画などが貼られ，音楽は古典音楽から初期ロマン派音楽と指定されている。仕上げの部分では，柔らかいボールを使って生徒と教師が投げ合いながら質疑応答するというようなコミュニケーション活動もしばしば行われる。

（3）　活用法と問題点

　この指導法の特徴である心理的安静と記憶，それにかかわる BGM は日常の教室においても活用される。例えば，英語に対して苦手意識を持った生徒などには，学習不安を取り除き，安定した精神状態で学習に向かわせる機会となるかもしれない。しかし，外

国語教授法としてはかなり特殊で，そのまま普段の英語の授業で実践することは難しい。また，この指導法の理論的基盤である暗示学を擬似科学として批判する研究者も少なくない。

3.3　全身反応法（Total Physical Response: TPR）

（1）　教授法が生み出された背景

　アメリカの言語心理学者アシャー（J. Asher）が 1960 年代に提唱した教授法である。幼児が大人の指示をよく聞き，動作と結びつけて言語を習得するという母語習得過程の観察から洞察を得たもので，聞くことは話すことに先行し，聞いたことを身体で反応することで学習につながり，また聞くことは話し始めるレディネスにつながるものとしている（Asher 1977）。

（2）　指導法の特徴

　ことばで聞いて身体でその理解を表現することを主眼とする。教材は命令文からなる。教師が命令文を発し，その指示を生徒が理解し，動作で示すまで繰り返し行う。生徒は教師の動作を真似しながら，口頭で命令文を繰り返す。命令文は単純なものから複雑なものへと移行させる。話すことは強要されないので，リラックスして行うことができる。

　例えば，Clap your hands. Clap your hands twice. Clap your hands three times. Turn right. Turn left. Turn around. Turn around twice and clap your hands three times. など教師が実演しながら繰り返し動作を生徒に真似させる。さらに学習の進んだ生徒には，より複雑な一連の動作や手続きを指示できる。[6]

（3）　活用法と問題点

　授業の開始時にウォームアップ的活動として取り入れることで，英語を聞く姿勢を養うことができる。とりわけ，入門期の年少の学習者に対して日本語を用いずに，一定時間指導する方法としては有効と思われる。基本的には初級〜中級者向きだと考えられるが，上級者にも表情豊かにドラマを演出するように読んだり，一部の比較的難しい語でも表情と手の動作などあらかじめ決めておいたり（例えば，'eloquent' という単語の場合，両手を使い大きなジェスチャーとともに大きく口を動かし熱弁をふるっている様を

---

6)　例）Today we are going to make a special sandwich.（サンドイッチを作る動作）
We need lettuce, tomato, avocado and cottage cheese.（材料 1 つ 1 つを表すジェスチャーを決めたり，絵を使ったりする）Wash the vegetables and slice them.（洗って切る動作）Now, slice some bread, then spread mustard on one side of both slices. Put lettuce, one or two slices of tomato and avocado and a bit of cheese on one slice of bread. Sprinkle salt and pepper on top. Place another slice of bread on top. Cut the sandwich in half. Take a bite!（一連の動作をゆっくり実演しながら）Yummy!!

示す）など，ある程度の応用も可能である。しかし，聞くことが中心となるため，話す力や読み書き能力の向上に関して踏み込んだ指導手順がない。また，文法項目や，動作で表現しにくい抽象的な概念は教えにくいなどの問題点も指摘されている。

研 究 課 題

(1)　FonF の先行型意識高揚タスクとして，input enhancement を利用する例を 2 つ考えてみなさい。

(2)　中学校，高校と受けてきた授業を振り返り，どのような教授法が用いられ，その効果はどうであったか，批判的に振り返ってみなさい。

(3)　中学校，高校，大学の外国語の授業でどのようなコミュニケーション活動をやってきましたか。印象に残る例をいくつかあげてみなさい。

第4章

学習者

外国語学習では，なぜ同じような環境で学んでいても人によって習得のスピードや到達度が違うのでしょうか。それは，それぞれの人の持つ多様な個性が言語の習得に深く関わっているからです。第4章では外国語学習の主役である学習者に焦点を当て，学習者のこうした個性を形作るさまざまな要因，すなわち学習者要因を取り上げます。ここでは，数ある学習者要因のうち，特に言語習得との関わりが強いと思われるものについて，年齢，動機づけ，学習ストラテジー，それ以外の認知的・情意的要因，そして発達障害の順に見ていきます。

Keywords

- 年齢
- 臨界期仮説
- 動機づけ
- 学習ストラテジー
- 言語適性
- 学習スタイル

- 自信
- 外向性／内向性
- リスク・テイキング
- 曖昧さ耐性
- 他者との対話意思
- 発達障害

1. 年齢

1.1 臨界期仮説（Critical Period Hypothesis）

言語学習における大きな関心事の一つは，何歳から学習を始めるべきか，ということであろう。一般的に「学習開始年齢は早い方がよい」と言われることが多いが，これには，言語習得に適した年齢があることを想定する仮説，すなわち「臨界期仮説」が関係していると考えられる。この仮説は，言語を完全に習得する能力は生まれてからある一定期間にのみ機能し，それを過ぎると言語習得が困難になるというものである。臨界期を何歳までとするかということについては色々な意見があり，思春期の開始時期である12～13歳頃とするものが一般的であるが，もっと早い4～6歳頃とする主張もある。

臨界期の存在を示す根拠としてしばしば挙げられるのが，レネバーグ（Lenneberg

1967）による研究の結果である。レネバーグは失語症[1]と年齢の関係について研究を行い，その結果，年齢が低い患者ほど失語症からの回復が早いこと，また，12 〜 13 歳を過ぎてから失語症を発症した場合は回復が難しくなることを見出した。こうしたことの原因について，レネバーグは，幼い子どもの脳には損傷した部位の機能を他の部位が担うという柔軟性が存在するが，次第に脳の各部位の担当する機能が固まり，思春期頃までにそうした柔軟性が失われるからであると説明した。そして，この脳の質的変化により，思春期を過ぎると言語習得が難しくなると主張した。

　こうした大脳生理学的な見地以外にも，第二言語習得に臨界期が存在することを支持するいくつかの見方がある。第一に，認知発達が臨界期と関わっているとする見方である。ピアジェ（Piaget 1950）の発達理論によれば，子どもの発達段階は，具体的な物事を扱う「具体的操作期」から抽象的思考ができる「形式的操作期」へと 12 歳頃に移行するという。このことから，形式的操作期以前の子どもは細かな分析をせず，母語と同じように自然な言語習得ができるのに対し，それ以降の学習者は抽象的事象を分析する能力を身につけているため，自然な習得ができないとする。第二に，母語習得が臨界期と関わっているとする見方がある。これは，母語を習得することにより頭の中に母語のフィルターができてしまい，それが別の言語の習得を妨げる障害となるというものである。例えば，人には生後数か月間は世界の言語に存在する全ての言語音を聞き分ける力があるが，この能力は 6 カ月から 1 歳くらいまでの間に低下することが知られている。これは，母語で区別されない音の違いを無視するようになるために生じると考えられ，母語を持つことが外国語習得に影響することを示している。第三に，心理学的見地から臨界期の存在を支持する見方もある。これによれば，年齢の低い子どもは自我意識が確立しておらず，異なる言語や文化への抵抗感が低いのに対し，思春期以降になると自我意識の高まりから心理的な壁が高くなるため，言語習得が難しくなるという。

　また，第二言語習得における臨界期がいつまでかということについては，習得する言語の領域（音声，形態素，統語など）によって異なるという意見もある。これによれば，例えば，発音などの音声面については年少時から訓練しておかないと母語話者のような能力を身につけるのが難しくなるのに対し，文法についてはもう少し遅い時期からでも習得が可能とされる。さらに同じ文法でも，冠詞や名詞の複数形などの項目は，語順や現在進行形などの項目に比べてより低年齢の時期から学んでおかないと正確な習得が難しくなるとされる。

1.2　年齢と言語習得

　これまでの研究から，母語の習得に関しては，何らかの理由で学習が遅れた場合その

---

1)　脳の言語中枢が病気や怪我などによって損傷を受け，言語を理解したり話したりできなくなる状態のこと。

習得に問題が生じることが明らかになっており，臨界期の存在が広く支持されている。しかし，第二言語習得における臨界期仮説についてはさまざまに異なる意見があり，そもそも臨界期が存在するのか，存在するとすればいつなのか，またどの言語領域が臨界期の影響を受けるのか，ということに関しては，いまだ明確な結論には至っていない。

　年齢と第二言語習得の関係を考えた場合，前項にある通り，年齢の低い子どもは確かにいくつかの点において言語習得に適した特性を持っていると言うことができる。しかし，それはある程度の年齢に達した学習者が言語学習に向いていないということを意味するわけではない。例えば，大人は子どもに比べて認知能力が発達しているため分析的な学習に長けており，特に文法や語彙などの学習において短期的に力を伸ばすことができる。重要なことは，学習開始時期に過度にこだわり，それが早いからと言って習得できると過信したり，遅いからと言って最初からあきらめたりするのではなく，学習者にはそれぞれの年齢に応じた特性があることを理解し，それを生かした学習に取り組むことであろう。

2.　動機づけ（motivation）

2.1　動機づけとは

　動機づけとは，人がなぜある行動をしようとするのか，またその行動がどれほど喚起，維持されるのかを説明する概念であり，一般には人を行動に向かわせる力，つまり「やる気」や「意欲」と同様の概念としてとらえられる。動機づけには「種類」と「強さ」の二面性があり，「興味・関心から生じるやる気」という場合は前者に，「やる気満々」という場合は後者に注目していることになる。

　外国語を習得するには長期間にわたる学習者自身の努力が必要であり，それを後押しする本人の「心のパワー」，つまり動機づけが不可欠である。学習者の動機づけが低ければどんなに優れた教材や教授法も効果はなく，逆にそれが高ければ能力や環境における困難もある程度乗り越えられよう。従って，外国語学習において，学習者の動機づけは学習成果を決定づける非常に重要な要因であると言うことができる。

　第二言語習得の分野で動機づけの問題にいち早く目を向けたのは，ガードナーとランバート（Gardner & Lambert 1959）である。彼らはカナダの英語を母語とするフランス語学習者を対象に調査を行い，フランス語の母語話者集団に加わりたいという意識が強い学習者ほど，フランス語を学ぶことに対して肯定的な態度を持ち，到達度も高いことを見出した。このことからガードナーらは，母語話者集団への帰属意識や興味・関心から外国語を学ぼうとする動機づけを「統合的動機づけ」（integrative motivation），また，成績や就職のためなど実用的な目的から学ぼうとする動機づけを「道具的動機づけ」（instrumental motivation）と呼び，言語学習においては前者が特に重要であることを主張した。その後の多くの研究において統合的動機づけの重要性が認められているものの，その一方で，カナダのようなバイリンガル社会ではなく，日本のように母語話者との接点が限られた言語環境においては，道具的動機づけも強力な動機づけとして機能す

ることが確認されている。例えば，試験を間近に控えている者が一生懸命に勉強して結果を出すというのは珍しいことではないが，こうしたことも道具的動機づけの有効性を示している。

　一方，教育心理学の分野で用いられてきた「内発的動機づけ」（intrinsic motivation）と「外発的動機づけ」（extrinsic motivation）の枠組みを用いた研究も数多く行われている。デシとライアン（Deci & Ryan 1985）によれば，内発的動機づけとは，学習対象そのものに対して自分の内から生じる興味・関心からなり，「楽しいから」，「好きだから」という理由で学習に取り組む動機づけを指す。一方，外発的動機づけとは，学習の結果として生ずる報酬や罰への意識によって形作られ，「良い成績を取るため」，「就職のため」といった理由で学習する動機づけを指す。これら両者の間では，多くの研究が学習における内発的動機づけの優位性を報告している。しかし，近年の研究によって，外発的動機づけの中にも「進級のために仕方なくやる」，「周囲がやっているから何となくやる」，「自分が就きたい仕事で必要だから進んでやる」といった具合に，「どれだけ自分から学習しようとするか」という自発性の程度に段階があることが見出されている。そして，これらのうち，「自分が就きたい仕事で必要だから進んでやる」というように，学習する目的自体は外発的であっても，その目的の達成を重要なものと見なし自ら学ぼうとする意識の強い動機づけは，内発的動機づけと同様，積極的な学習行動と高い学習成果につながることが明らかになっている。

　さらに，外国語学習に対する動機づけが学習者の思考や感情などの要因とどう関わっているかということについても多くの研究が行われている。その結果，学習者の動機づけには，「なぜその言語を学ぶのか」という目的意識や，「自分の意思で学んでいる」という自律感，「自分には能力がある」という有能感など，多種多様な要因が関わっていることが確認されている。また，ドルネイ（Dörnyei 2005）は，学習者の動機づけが将来の自分に関するイメージと密接に結びついていることを報告している。ドルネイによれば，学習者が抱く「外国語の使い手としてこうありたい」という理想の自己像と現実の自己像との間にギャップがある時，学習者はそのギャップを埋めようとし，それが学習に対する動機づけの原動力になると言う。そして，この「理想の自己像」が明確であるほど，そのギャップを埋めようとする動機づけは強くなるとしている。

2.2　動機づけを高める方法

　学習者の動機づけが学習成果に直結する重要な要因である以上，それを最大限引き出すための努力をすることは教師の務めであると言える。そして，これまでの動機づけ研究の成果はそのための多くの示唆を与えてくれる。学習者の動機づけを高めるために教師が取り組むべきこととして，例えば以下のようなことが考えられる。

(1)　目的意識を明確化する

　これまでの研究から，ある行動に対する個人の動機づけは，その行動の結果得られる

ものに価値があると本人が認識するほど強まることが明らかになっている。従って，英語学習においても，自分がなぜ英語を学ぶのか，英語を学ぶことにどのような意味や価値があるのかということについて，長期的，短期的な視点から学習者に考えさせるとよい。例えば，英語を身につけることによって「いつか海外で勉強したい」，「世界を舞台に働きたい」と願う者もいるであろうし，英語力を高めることで「良い成績を取りたい」，「志望校の入試を突破したい」と願う場合もあろう。中には，単に「充実感を得たい」，「達成感を感じたい」という学習者もいるかもしれない。もちろん，英語を学ぶ目的には正解も不正解も存在しない。重要なことは，それをはっきりと学習者に意識化させるということであろう。

(2) 目標を具体化する

　目的意識がはっきりしたら，次は「どこをめざすのか」を具体化することが重要である。目標を具体化することで，学習者はその達成のために自分が何をすべきかを認識しやすくなり，それにより一歩が踏み出しやすくなる。また，目標は「未来への行動指針」としてだけではなく，「現在の行動を照らす評価基準」としても機能する。つまり，目標が具体的であればあるほど，今の自分の行動が目標を達成する上で適切かどうかも明確になり，そのことが「このままではいけない」といった意識を生み，学習者の背中を押すのである。学習者には，例えば，卒業時，学年末，学期末までにどこまでの到達をめざすのかという「到達目標」を立てさせるとよい。この際，英語を使って何ができるようになりたいのかを Can-Do 形式[2]で記述すると，個々の英語力に応じた具体的な目標を設定することができよう。また，こうした具体的な目標設定を後押しするために，身近なロールモデルを提示することも有効である。教師自身が ALT と英語でやり取りする姿を見せたり，卒業生や先輩によるスピーチを聞かせたりすることで，学習者は自分のめざすところ，すなわち「理想の自己像」を具体的にイメージしやすくなると考えられよう。

(3) 興味・関心を引き出す

　内発的動機づけの源となる興味・関心を引き出す努力をすることも重要である。特に，小学生など，目的意識の明確化や目標設定がまだ難しい発達段階にある学習者にとっては，このことが非常に大きな意味を持つ。授業の中で興味・関心を引き出すための工夫の一つは，「学習者の興味・関心に合った題材」を扱うということである。音楽，映画，スポーツなど，学習者が好む話題や，クラスメート，学校，地域のことなど，身

---

2)　学習者が実際に英語を使ってできることを「～することができる」という形で記述することで，その言語能力を具体的に示す表記形式。到達目標の設定や評価の際に使用される。例えば，「公共の乗り物や駅・空港での短いアナウンスを理解することができる」，「簡単な語句や文を使って自分の趣味や特技に触れながら自己紹介をすることができる」などのように表記する。(⇒第 1 章 4.4 参照)

近な内容を取り上げるとよい。また、「意外性」を利用するのも有効である。例えば、「月」の表現を学ぶ際、「10 月を表す October はラテン語で 8 番目の月の意味である」ということに触れ、学習者が知っていることとのずれに目を向けることで知的好奇心を刺激するという手もあろう[3]。「挑戦」の要素を取り入れることも考えられる。例えば、「聞く」だけでなく、「聞いて話す」など、活動の中で求められるスキルの種類を増やしたり、劇を演じる、絵本を書くなど、創造性を要する活動を用いたりして学習者の挑戦心をくすぐるのもよい。さらには、グループで議論した内容をポスターにまとめて発表するというように、「成果が目に見える」活動を取り入れ、達成感を持たせるのも効果的であろう。

（4）　自律感を高める

「誰かにやらされているのではなく自分の意志でやっている」という「自律感」は、主体的に行動しようとする動機づけを高めることにつながる。学習者のそうした自律の意識を授業で高めるためには、学習者自身に「選択」や「決定」をさせる機会をできるだけ多く与えることが重要である。例えば、作文課題を課す場合であれば、教師がトピックを指定するのではなく、トピックを複数提示して学習者に書きたいものを自分で選ばせるなど、選択の余地を与えるとよい。自分で選択するという行為によって、学習者は課題遂行の第一歩を踏み出すことになり、この「自分の意志で動いた」という事実が自律感を高め、それがさらなる一歩へとつながるのである。

（5）　有能感を育てる

「自分には能力がある」という「有能感」も、自ら行動しようとする意欲を高めることが知られている。学習者の有能感を高めるために授業でまず教師ができることは、他でもなく、「褒める」ことであろう。指導する立場にある者は、時に「何ができるか」よりも「何ができないか」に目を向けがちである。だからこそ、学習者のできることに意識的に目を向け、それを認め、表現することが大切になる。また、学習者が課題の遂行に失敗したり、テストで良い結果を出せなかったりした際には、適切な「原因帰属」をさせることが重要となる。つまり、そうした結果を生んだ原因は本人の能力にあるのではなく、努力の仕方にあることを認識させるのである。もしそこで原因は能力にあると考えてしまえば、「やっても無駄」という意識が芽生え、有能感は育たない。しかし、原因が自分の意志で改善できる要因にあるととらえれば、有能感が大きく脅かされることはなく、「次はがんばろう」と前向きに考えることも可能となる。そして、学習者の有能感を育てる上でもう一つ重要なことは、自分の能力を周りの人間とではなく過去の

---

3)　octagon（八角形）、octopus（タコ）などの例が示す通り、octa-/oct- は「8」を表す。初期のローマ暦では March が一年の最初で October が「8 番目の月」であったが、後に January と February が加えられたため、October が 10 月を表すようになった。

自分と比較させ，成長を実感するよう促すことである。そのためには，学習者の取り組んだ課題をポートフォリオ[4]として蓄積していき，後に自身の学習の軌跡を振り返らせるとよい。

(6)　良好な関係性を築く

　クラスメートや教師との良好な人間関係は，学習者の意欲を育てる重要な土壌となる。そのような人間関係を教室の中で築いていくためには，そこにまず相互の交流を持つ必要がある。例えば，授業の際，ランダムに割り当てたペアで特定のテーマに関する会話をし，その後，数名が自分の相手の話した内容をクラス全体に対して報告する，といった活動をするのも一案である。こうした活動は，学習者が相互に交流し，お互いへの理解を深め，より友好的な人間関係を築いていく契機となる。また，教師が授業の前後などに学習者個人に対して声をかけたり，前回授業の欠席者のケアや質問の対応をしたりすることも，教師と学習者との間に信頼関係を築く上で意義ある取り組みとなろう。

(7)　文化的関心を育てる

　統合的動機づけに関する研究結果が示すように，外国語を学ぼうとする動機づけは，その言語の母語話者集団への関心と強く関わっている。従って，学習者のこうした関心を育て，その統合的動機づけを喚起するためにも，授業の中で英語圏の人や社会，文化に触れる機会を作り，それらへの学習者の興味・関心を高める工夫をするとよいであろう。教材に英語圏の音楽や映画を取り入れたり，伝統的な行事や料理を紹介したり，ALTや留学生と文化的な交流をしたりしてもよい。大切なことは，興味・関心を持つためのきっかけとして，まずはそうしたものに学習者が接する機会を作ることであろう。

(8)　よりよい教師像をめざす

　動機づけの研究には，「意欲の減退」に焦点を当てたものがある。そうした研究において，学習者の意欲を減退させる要因として常に上位にあがってくるのが，教師の能力，態度，性格の問題である。日本のEFL環境にあっては，多くの場合，学習者が英語を学ぶ場は教室内に限られ，英語を教わるのは教壇に立つ先生だけということになる。必然的に，教師のあり様が学習者の英語学習に対する動機づけに与える影響は大きくなる。教師はそのことを認識し，例えば，自らの授業を録画したり，授業アンケートを実施したりしながら，「英語力」，「説明力」などの能力面，「意欲」，「熱意」といった

---

4)　「書類ケース」を意味し，一定期間の学習の記録や成果物（ノート，プリント，レポート，作品など）をまとめて保存したものを指す。学習者自身が学習過程を振り返り更なる学習へとつなげたり，教師が学習者の学びを評価したりするために用いる。

態度面，そして「親しみやすさ」，「忍耐強さ」などの性格面の観点から，自分自身の指導のあり方と向き合い続けることが大切になろう。

　これまでの研究の結果が示す通り，外国語学習者の動機づけには数多くの要因が複雑に関係している。そしてそのことは，教師が学習者の動機づけに関わる糸口もまた多いことを意味している。全ての学習者に有効な絶対的方法はないとしても，日々の取り組みの中で，教師は学習者の動機づけを引き出し，それを維持させるためのさまざまな努力を重ねていく必要があろう。

3.　学習ストラテジー（learning strategies）

3.1　学習ストラテジーとは

　言語学習における「学習ストラテジー」とは，言語を効果的に習得するために学習者が用いる思考様式や行為のことを指す。例えば，「英単語を覚える際に何回も書いて覚える」，「学習の目標と計画を立てる」，「わからないことを友人に聞く」といったことはいずれも学習ストラテジーの例である。学習には質と量の側面があるが，学習ストラテ

表　言語学習ストラテジーの分類とその例（Oxford 1990）

記憶ストラテジー：効率的に覚えるためのストラテジー	
・カードに書く	・語呂合わせをする
・グループ化する	・絵やイメージを活用する
・何度も復習する	・体の動きと関連づける
認知ストラテジー：理解・思考・産出のためのストラテジー	
・ノートをまとめる	・音や文字に注意して練習する
・母語と比較する	・母語話者を真似る
・ルールやパターンを見出す	・翻訳する
補償ストラテジー：生じた問題を解決するためのストラテジー	
・意味を推測する	・別の表現を用いる
・ヒントを活用する	・自分でことばを作る
・相手の言うことを予測する	・ジェスチャーを用いる
メタ認知ストラテジー：学習が円滑に進むよう管理するためのストラテジー	
・目的を明確にする	・学習の機会を作る
・目標を設定する	・学習行動をモニターする
・計画する	・学習行動を評価する
情意ストラテジー：自分の感情をコントロールするためのストラテジー	
・自分の感情に注意を払う	・自分なりのリラックス法を実践する
・ことばで自分を勇気づける	・自分に対して報酬を与える
・音楽を用いる	・自分の気持ちについて誰かに話す
社会的ストラテジー：他者との関わりを活用するためのストラテジー	
・質問する	・他の人と協力する
・手助けを求める	・問題を出し合う
・誰かと一緒に学ぶ	・相手に訂正してくれるよう頼む

ジーの使用は学習の質を向上させる上で非常に重要な役割を持つ。生得的な言語獲得能力が中心的役割を果たす母語習得に比べ，一般的な認知能力の果たす役割がより大きくなる第二言語習得において，学習ストラテジーは学習成果に大きな影響を与える重要な要因となる。

　1970年代，優れた学習者は言語を学ぶ際にどのような学習ストラテジーを用いているのかということが関心を集め，外国語の熟達者を対象とした，いわゆる "Good Language Learners" 研究（Rubin 1975, Naiman et al. 1978）が行われた。これらの研究では，学習者が用いる学習ストラテジーがアンケートやインタビューによって調べられ，その特性によって分類された。学習ストラテジーのこうした分類の方法にはいくつかあるが，よく知られるものの一つにオックスフォード（Oxford 1990）による分類がある。それによれば，学習ストラテジーは学習に直接的に関与する「直接ストラテジー」と間接的に関与する「間接ストラテジー」に分けられ，前者はさらに「記憶」，「認知」，「補償」，後者は「メタ認知」，「情意」，「社会的」の各ストラテジーに分類される。それぞれのストラテジーの内容とその例は，前ページの表の通りである。

　外国語学習者のストラテジー使用に関するこれまでの研究から，優れた学習者ほどより幅広い種類のストラテジーをより頻繁に使用することが明らかになっている。また，さまざまな学習ストラテジーのうちでは，特に，目標や計画の設定，学習行動の調整や評価に関わる「メタ認知ストラテジー」の使用が学習成果に大きな影響力を持つとされる。メタ認知ストラテジーは，いわば学習過程を管理する司令塔的な役割を果たすものであり，どのような課題に取り組む際にも機能する重要なストラテジーであると考えられている。

3.2　学習ストラテジーの指導

　学習ストラテジーが外国語学習の成果に大きく関わることは明らかであるものの，学習者は必ずしも自分の置かれた状況や取り組む課題，また自分の能力や性格に適したストラテジーを認識しているわけではなく，また認識していたとしても積極的に利用しているわけではない。しかし，これまでの研究において，学習者は指導を受けることで適切なストラテジーを使えるようになるだけでなく，学習方法に関する意識を高め，学習に対してより意欲的に取り組むようになることが報告されている。教師は単に学習者が学ぶべき事柄だけを教えるのではなく，例えば語彙指導の際には記憶の仕方や復習のタイミングについて助言をするなど，その学び方についても指導することが求められる。

　ただし，学習ストラテジーを指導する際には，ある学習者に有効なストラテジーだからといって他の学習者にもそうであるという保証はないという。自分が良いと信じるものを無理に押しつけるのではなく，選択肢を示し，学習者自身に選択させることが大切である。また，学習者は新たなストラテジーについて学んだ時，そのストラテジーがどれだけ自分の学習に役立つかという「有効性」と，使ったことのないストラテジーを使うことの大変さ，つまり「コスト」を天秤にかけ，「有効性が高く，コストが低い」と

判断した時にそのストラテジーを積極的に使用するようになることが知られている。従って，ストラテジーの指導をする際，教師はそれが学習を効果的に進める上で役立つものであることを具体的に説明し，課題を通じてそのストラテジーを実際に使用してみる体験をさせるとよい。こうした取り組みは，学習者がさまざまな学習ストラテジーについて知り，その中から自分が使うべきものを選択し，適切に使用する力を身につけることにつながり，引いては自らの学習を自分で管理する「自律的な学習者」になることを後押しするものとなる。つまり，学習ストラテジーの指導は，新学習指導要領総則にある「自ら学び，自ら考え，主体的に判断し，行動し，よりよく問題を解決する資質や能力」を育成する上で，欠かせない取り組みであると言えよう。

4.　その他の学習者要因
4.1　認知的要因
　年齢や動機づけ，学習ストラテジー以外にも，言語習得と深いつながりを持つ数多くの学習者要因が存在する。これらの要因は，知覚や記憶といった知的活動に関わる認知的要因と，感情や意思などの心的活動に関わる情意的要因とに大きく分けられる。このうち，認知的要因としては以下のようなものがある。

(1)　知性・知能（intelligence）
　知性・知能は，通常，物事を理解したり判断したりする力を意味し，伝統的に言語的能力や論理・数学的能力としてとらえられることが多い。しかし，知性・知能が具体的にどのような能力を指すのかということについては，色々な考え方がある。例えば，知性・知能の高さを表す指標の一つに IQ（intelligence quotient：「知能指数」）があるが，IQ を測るテストであるウェクスラー式知能検査（Wechsler 1939）は以下のような力を測定している。
　　言語理解：ことばの意味を説明したり，2つのことばを聞いて類似点を説明したり，
　　　　　　　日常生活に関する質問に答えたりする力
　　知覚統合：図や絵を見て共通点を見つけたり，パターンを見つけたり，模様通りに積
　　　　　　　木を並べたりする力
　　作動記憶：聞いた複数の数字を記憶して繰り返したり，複数の数字と平仮名を頭の中
　　　　　　　で並べかえて答えたりする力
　　処理速度：制限時間内に記号を素早く正確に書き写したり，記号群の中から指示され
　　　　　　　たものを探したりする力
　これに対し，知性・知能をより幅広い能力としてとらえる見方もある。ガードナー（Gardner 1983）は「多重知能理論」の中で，人の知性・知能とは，目の前の問題を解決したり新しい何かを創造したりするさまざまな力のことであるとし，そうした力には大きく以下の7種類があるとしている[5]。
　1.　言語的知能：言語を理解，運用，学習する力

2. 論理・数学的知能：論理的な思考や数学的な操作をする力
3. 音楽的知能：リズムや音程を認識し，扱う力
4. 身体運動的知能：体の全体または一部を思い通りに操る力
5. 空間的知能：空間的な位置関係やパターンを認識し，扱う力
6. 対人的知能：他者の気持ちを理解し，他者と協調する力
7. 内省的知能：自分自身の意思や感情を客観的にとらえる力

　知性・知能が外国語の学習成果にどう影響するかということについては，そもそも知性・知能をどのような力と見なすかにもより，絶対的な結論があるわけではない。ただし，これまでの研究結果によれば，IQ の高い人は筆記試験での得点が高い傾向にあり，またその一方で IQ が高くても会話能力が低かったり，IQ が低くても会話能力が高かったりするケースも少なくない。これはつまり，「知性・知能＝IQ テストが測っている力」と見なす場合，知性・知能は言語規則の理解，分析，記憶を中心とした学習の結果には影響するものの，実際に言語を使ってコミュニケーションをする力とはあまり関係がないということになる。また，「知性・知能＝ガードナーが示す 7 つの能力」ととらえた場合，例えば音楽的知能が発音の上達を助け，対人的知能がコミュニケーションスキルの向上を後押しするなど，学習者の持つさまざまな種類の知性・知能が外国語習得に色々な形で貢献すると考えられる。

(2)　言語適性（aptitude）

　適性とは，人が持つ才能や素質のことを指す。一般に，いくつもの言語をたやすく習得してしまう人や習得のスピードが速い人は，言語を学ぶことに対する適性（言語適性）があると言われる。言語適性を測定するテストとしては，キャロルとサポン（Carroll & Sapon 1959）による The Modern Language Aptitude Test（MLAT）がよく知られている。このテストは以下の 4 つの能力を測定している。

1. 音をとらえて文字と結びつける力
2. 文法機能を認識する力
3. 言語の規則を見つけ出す力
4. 言語項目を機械的に記憶する力

　実際の問題例としては，次ページのようなものがある。例が示す通り，このテストの Part 3 では，語彙知識を用いながら音と文字とを結びつける能力（上記の 1）を測定している。また，Part 4 では文中の各語が担う文法機能を正しく認識する能力（上記の 2）を測っている。この言語適性テストで測定しようとする 4 つの能力は，開発当時の構造主義言語学や行動主義心理学を背景に構成されている。そのため，言語の形式や規

5）　後に，ガードナーは 8 種類目の知能として，博物的知能（自然界に存在する，動植物を含むあらゆる事物を識別する力）を加えている。

【MLAT の問題例】（lltf.net/mlat-sample-items/）

Part 3

Each question below has a group of words. The word at the top of the group is not spelled in the usual way. Instead, it is spelled approximately as it is pronounced. Your task is to recognize the disguised word from the spelling. In order to show that you recognize the disguised word, look for one of the five words beneath it that corresponds **most closely in meaning** to the disguised word. When you find this word or phrase, write down the letter that corresponds to your choice.

1. kloz
    A. attire
    B. nearby
    C. stick
    D. giant
    E. relatives
2. restrnt
    A. food
    B. self-control
    C. sleep
    D. space explorer
    E. drug

—以下省略—

Part 4

In each of the following questions, we will call the first sentence the key sentence. One word in the key sentence will be underlined and printed in capital letters. Your task is to select the letter of the word in the second sentence that plays the same role in that sentence as the underlined word in the key sentence.

1.　MARY is happy.
　　From the look on your face, I can tell that you must have had a bad day.
　　　　　　　A　　　　　　B　C　　　　　　　　D　　　　　　　　E

2.　John said THAT Jill liked chocolate.
　　In our class, that professor claimed that he knew that girl on the television news show.
　　　　　A　　　　B　　　　　　　　C　　　　　D　　　　E

—以下省略—

（解答　Part 3 1. A（"clothes"「衣服」より）　2. A（"restaurant"「レストラン」より）
Part 4 1. C（いずれも文の主語）　2. C（いずれも名詞節を導く that））

則の習得を中心にすえた外国語学習で求められる能力に焦点が当たっており，実際の場面でコミュニケーションを図る際に求められる要素はほとんど考慮されていない。

　このように，知性・知能と同様，言語適性を正確に定義するのは容易でないこともあり，言語適性が外国語学習の成果とどう関わるかという点について明確な結論があるわけではない。ただし，これまでの研究結果から，一般に MLAT のような言語適性テストの得点は外国語の筆記テストの得点とは相関がある一方で，口頭でのコミュニケーション能力の高さとは関係がないと考えられている。また，そもそも言語適性とは言語習得の速さや容易さを予測するものであり，最終的な到達度を決定づけるものではないという意見もある。

(3)　学習スタイル（learning style）
　「学習スタイル」とは，学習者が何かを学ぼうとする時に用いる方法の類型を指す。一般に，知覚，記憶，思考といった認知活動における情報処理方法の型は「認知スタイル」と呼ばれるが，そもそも学習活動と認知活動は大きく重複するものであることから，両スタイルは明確に区別されないことも多い。よく知られる学習スタイルには，以下の 2 つがある。

A.　場独立・場依存（field independence / field dependence）
　場独立とは，全体を構成する個別の要素に注目する方法であり，「森よりも木を見る」という学習スタイルである。場独立型の学習者は，分析的，かつ理論的であり，個々の事象をそれぞれ独立した論理性をもって関連付けることが得意とされる。一方，場依存とは，全体を把握し，個々の事象を周囲との関連で理解する方法を指し，「木よりも森を見る」という学習スタイルである。場独立の程度を測定するテストとしては，図 1 のような「埋没図形検査」（Witkin et al. 1971）が用いられる。このテストの結果が良い者が場独立型，そうでない者が場依存型と判断される。外国語学習において，場独立型は系統的，分析的な学習が得意であり，規則の理解や記憶を問うような筆記試験では良い成績をおさめる一方，場依存型は実践的なコミュニケーション主体の学習方法が得意

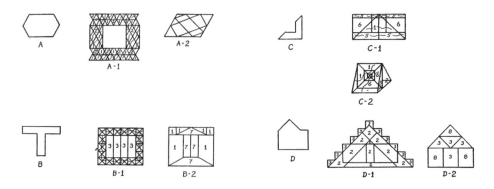

図 1　「埋没図形検査」の問題例（各図形群の左側に A～D のアルファベットとともに提示された基本図形を，その右側の数字がふられた各図形の中から一つずつ見つける）　※解答例は章末

と言われている。

B.　知覚学習スタイル（perceptual learning style）

　知覚学習スタイルとは，学習者が情報を知覚する際に用いる方法の類型を指す。以下のような３つの型に分類される。

　　・視覚型：文字や絵など，目からの情報で学ぶスタイル。ノート・リスト・図表を活用する，読みとる，観察する，といった学び方。

　　・聴覚型：声や音など，耳からの情報で学ぶスタイル。CD・ラジオ・TV 番組を活用する，聞きとる，声に出す，といった学び方。

　　・体感覚型：体を動かして直接経験して学ぶスタイル。手を動かす，実践する，真似をする，といった学び方。

　個々の学習者によって好みのスタイルは異なると考えられており，例えば単語を覚える際にも，カードを見て覚える人，口に出して覚える人，書いて覚える人などさまざまである。学習者は自分に適したスタイルを用いることで学習効果を高めることが出来よう。

4.2　情意的要因

　学習者要因には，上述の認知的要因に加え，学習者の感情や意思に関わる情意的要因として，以下のようなものがある。

（1）　自信（self-confidence）

　自分の能力，価値などを信じる気持ちを指す。自信は学習者の積極的な言語使用につながることから，言語習得を後押しすることが知られている。一方，自信の欠如は学習者に言語使用を回避させ，習得を阻害する原因ともなりうる。似た概念として，「自己効力感」（self-efficacy）や「自尊感情」（self-esteem）がある。自己効力感とは，自分が特定の課題を遂行することができると信じる気持ちのこと，自尊感情とはありのままの自分を尊重する自己肯定感のことを指す。

（2）　不安（anxiety）

　心配したり，恐れたり，緊張したりする際に生じる感情のこと。外国語学習の場面においては，「コミュニケーションをとれるか」，「否定的な評価をされないか」，「テストで結果を出せるか」といった不安が生じることが多い。高い不安は適切な学習行動を抑制し言語習得の妨げとなることから，「抑制的不安」と呼ばれる。これに対し，適度な不安は学習者に程よい緊張感をもたらし学習行動を促進することから，「促進的不安」と呼ばれ区別される。

（3）　外向性・内向性（extroversion / introversion）

　興味や関心が自己の外面と内面のどちらに向いているかという性格的傾向を指す。外

向性の強い学習者は，多弁で，社交性が高く，失敗を恐れずに物事に取り組む傾向がある。そのため，他者との会話にも積極的に参加し，より多くのインプットとアウトプットの機会を得ることができるため，コミュニケーション能力を向上させることに向いているとされる。一方，内向性の高い学習者は，寡黙で，物静かな態度を持ち，危険を冒して物事に挑戦するのを避ける傾向がある。一人で作業することを好み，文法などの言語知識の学習に向いていると言われる。

(4)　リスク・テイキング（risk-taking）
　危険を冒して何かに挑戦することを「リスク・テイキング」と呼ぶ。この傾向の強い学習者は誤りを恐れず，未知のことでも推測しながら積極的に学習言語を用いるため，言語使用の機会が増え，特に流暢さにおいて上達しやすい。ただし，この傾向が過度に強く言語形式に対する意識が希薄なまま言語使用を続けていると，正しい形式の習得に至らず，言語の正確さを欠くことになる。また，その一方で，危険を冒すことを避ける傾向にある学習者は言語使用に対して消極的になりやすく，その分，上達のための機会を逸しやすい。バランスのとれた言語発達のためには，適度なリスク・テイキングが重要となる。

(5)　抑制（inhibition）
　自分の価値や評価を守るために心理的な壁を作り，それらが脅かされる可能性のある行動を抑制することを指す。言語を習得する過程において，学習者は時に自分が苦手な課題に取り組んだり，人前で誤りをおかしたりすることもあるが，抑制の度合いが高い学習者はそうした状況を回避するため，意図的に言語の使用を避ける傾向がある。従って，過度な抑制は言語使用の妨げとなり，言語能力の発達を阻害する要因になる。

(6)　曖昧さ耐性（tolerance of ambiguity）
　曖昧さ耐性とは，複雑で曖昧な状況に対する許容度のことを指す。外国語を学ぶ際には，明確に説明がつかない事や規則に合わない例外と出会ったり，読んだことや聞いたことの一部が理解できなかったりすることも多い。曖昧さ耐性の強い学習者はそうしたことに対して過度なこだわりをもたずに受け入れることができるが，他方，曖昧さを容認することにより物事の厳密な理解に至らない場合もある。そのため，言語学習者には適度な曖昧さ耐性が求められる。

(7)　他者との対話意思（willingness to communicate）
　自分から進んでコミュニケーションを図ろうとする意思を指す。他者との対話意思の強い学習者は，教室内外で自発的に言語を使用し，会話の際にも積極的に発話する傾向があり，それゆえコミュニケーション能力を高めるうえで利点を持つ。自分のコミュニケーション能力に対する自信，コミュニケーションをとることに対する不安，また外向

性・内向性などの性格要因と密接な関わりを持つとされる。

　以上のように，外国語学習における学習行動やその成果に影響する認知的・情意的要因は多岐にわたる。教師は学習者一人ひとりがこうしたさまざまな要因について個性を持っていることを認識しておくべきであろう。授業をする際は，各学習者には特定の課題に対する得意・不得意や好みがあることを念頭に置くとよい。全ての学習者にとって最適な活動を用意することは難しくとも，異なる個性に合った活動をいくつか組み合わせて授業に取り入れることで，学習者の多様な個性を尊重した授業をすることができよう。また，評価の際にも，学習者の個性を考慮することで，各自のつまずきの原因について考えたり，そこで得た知見を次なる指導へと生かしたりすることができよう。

4.3　発達障害と学習支援

　学習者の多様性を理解する上で英語教師が認識しておくべきもう一つの要因として，発達障害が挙げられる。発達障害とは，脳機能の発達に関係する生まれつきの障害であり，学習障害，注意欠陥多動性障害，広汎性発達障害などがある。

(1)　学習障害（LD：Learning Disabilities）

　知的発達に遅れがなく，聞く，話す，読む，書くといった特定の能力の習得や使用に

にじんで見える

鏡字に見える

点描画のように見える

ゆがんで見える

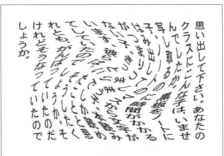

図2　読字障害者にとっての見え方の例（神山 2009『みんなの図書館』No.383）

困難を伴う障害のことを指す。このうち，文字を読むことに困難を伴い，似た文字の違いが理解できない，文字の並びが歪んで見える，文章を読んでいるうちにどこを読んでいるのかわからなくなるといった特徴を示すものを，読字障害（ディスレクシア）と呼ぶ（前ページの図2）。また，文字を書くことが困難で，文字の書き写しができない，鏡字を書く，文章が書けないなどの特徴を示すものを，書字障害（ディスグラフィア）と呼ぶ。

　こうした障害をもつ学習者が学ぶ教室においては，教師による特別な支援が求められる。例えば，読字障害の学習者に対しては，文字を大きく書く，読みやすいフォントを使う，意味の区切りごとにスラッシュを入れる，電子辞書の音声機能を利用する，フォニックス[6]を用いて文字と音を結びつける訓練をするといったことが考えられる。また，書字障害の学習者に対しては，マス目や罫線の入ったノートを用いる，キーボードを利用する，テストを記述式ではなく選択式にするなどといった工夫をすることが考えられよう。

(2)　注意欠陥多動性障害（ADHD：Attention Deficit / Hyperactivity Disorder）

　不注意，多動性，衝動性を伴う障害を指す。集中力が続かない，気が散りやすい，物事を忘れやすいなどの「不注意」，じっとしていることができない，落ち着きがない，過度にしゃべるなどの「多動性」，順番を待つのが苦手である，他の人のしていることをさえぎる，質問が終わらないうちに答えるなどの「衝動性」を特徴とする。こうした障害をもつ学習者に対しては，集中しやすい座席位置にする，指示や説明をする際に絵や写真などの視覚的な手がかりを用いる，課題の途中に小休止を入れる，じっと待つような時間を少なくするなどの工夫ができよう。

(3)　広汎性発達障害（自閉症・アスペルガー症候群）

　他者とコミュニケーションをとったり，相手の気持ちを想像したり，柔軟な思考や行動をすることに困難を伴う障害を指す。言外の意味を理解できない，一方的に話す，物事に対するこだわりが強いといった特徴がみられる。こうした障害をもつ学習者に対しては，「きちんと」，「しっかりと」といった抽象的な表現を避けて具体的な指示や説明をする，活動の目標や手順などを文字や絵カードで明示する，板書の仕方をわかりやすく構造化するなどといった工夫が考えられよう。

　英語の授業では，新たな文字や単語を覚え，読み書きや他者とのコミュニケーション

---

6)　フォニックス（Phonics）とは，つづりと発音の規則を教えることによって英単語を正確に読めるように訓練する方法で，小学校英語など入門期の英語学習で利用されている。例えば，ee は [iː]（「イー」）と発音することや，make/cake/date などのような語末の e は「サイレント e」と呼ばれ発音しないことなどを段階的に学ぶ。（⇒第 12 章 4.3 参照）

練習に取り組むことが求められる。それだけに，発達障害をもつ学習者が授業で困難を覚える場面が多くなることは想像に難くない[7]。教師に求められることは，まずはこうした発達障害に対して十分な知識を持ち，障害をもつ学習者のつまずきが本人の好き嫌いや努力不足に起因するものではないことを認識することである。その上で，こうした学習者が学ぶ教室では，授業に参加する誰もが達成感や充実感を持てるような環境づくりをする必要がある。例えば，説明の際に視覚的な手がかりを用いたり，指示をできるだけ具体的にしたりするなど，障害のある学習者にとっては「必要な支援」であると同時に，他の学習者にとっても「あると便利な支援」となるような工夫を取り入れることで，授業の「ユニバーサルデザイン」化[8]をめざす姿勢が求められよう。

研 究 課 題

(1) 英語学習において，子どもの学習者と大人の学習者はそれぞれどのような点で利点を持っていると考えられますか。

(2) 英語の授業において，生徒の動機づけを高めるために教師ができる工夫を3つ挙げなさい。

(3) 授業への参加に消極的な生徒の不安や恐れを軽減するために，教師にはどのような工夫ができますか。

【「埋没図形検査」の問題例】　解答例

---

7)　平成24年に文部科学省が行った発達障害に関する調査では，全国の公立小学校・中学校の通常学級に在籍する児童生徒のうち，知的発達に遅れはなくとも，学習面または行動面のいずれかで著しい困難を示すものが6.5%，学習面と行動面の両方において著しい困難を示すものが1.6%，また，注意欠陥多動性障害の疑いのあるものが3.1%，広汎性発達障害の疑いのあるものが1.1%と報告されている。これらの数字はいずれも平成14年に実施された前回調査の結果を上回っており，学校現場において，障害をもつ児童生徒に対する理解と支援の必要性は高まりつつあると認識すべきであろう。

8)　ユニバーサルデザインとは，「全ての人のためのデザイン」のことであり，国籍，性別，年齢，体格，障害の有無などにかかわらず，できるだけ多くの人が利用可能であるようにデザインすることを指す。

第 5 章

学習指導要領

　この章では「学習指導要領」についての理解と認識を深めます。学習指導要領とは，学校教育法施行規則に基づき文部科学省（旧文部省を含む）が定める，小学校・中学校・高等学校のカリキュラムや教科等の内容の基準とされるものであり，教科書を作成する際の検定の基準にもなります。学習指導要領はほぼ 10 年ごとに改訂され，そのたびに指導の目標や評価基準，教科書の内容まで変わります。現場の教員としては学習指導要領を的確に，時には批判的視点を持って理解した上で，自分の児童・生徒が無理なく目標を達成できるよう支援することが期待されます。

Keywords

- ・学習指導要領
- ・言語活動
- ・学習指導要領と文法
- ・言語の使用場面と言語の働き
- ・英語の授業は英語で
- ・新しい教育観
- ・小学校外国語，外国語活動
- ・段階的到達目標

1. 学習指導要領の変遷

1.1 「試案」

　第二次世界大戦後，それまでの画一主義的な教育と中央集権的な学校制度の大転換が図られ，1947 年に「学習指導要領（試案）」が公示された。「試案」という語には，これをもとに現場の意見を入れ改善したいという文部省の意図が込められていた[1]。

　試案の「英語編」（中学・高校）では目標として，①英語で考える習慣をつくる，②英語の聴き方と話し方とを学ぶ，③英語の読み方と書き方とを学ぶ，④英語を話す国民について，特にその風俗習慣および日常生活について知る，の 4 点が挙げられている。

---

1) 「学習指導要領英語編（試案）昭和 22 年度」の序には「完全なものではないから，実際の経験にもとづいた意見を，どしどし本省に送ってもらい，…」と書かれている。

「英語で考える習慣」は直接教授法的な発想で，従来の文法訳読からの転換を意図したと言えよう。

　1951 年には「試案」の「改訂版」が出された。改訂版では，当時の教員に理解しやすくするため，多くのページを割いて指導の具体例が示された。1947 年版と同様に，口頭練習から始め，聞き方，話し方，読み方，書き方の順で 4 技能に熟達することが提唱された。また，この版には「ことばとしての英語」や「言語活動としての英語」という文言が盛り込まれ，文法訳読や語彙の暗記中心の従来の指導法から脱しようとする文部省の意図が感じられる。

1.2　文部省令としての学習指導要領

(1)　1958（昭和 33）年版

　この年，学校教育法施行規則が改訂され，学習指導要領は法律に準ずる「省令」となり，法的拘束力が与えられた。行政による指導内容への管理が強まったと言える。記述は箇条書き中心になり，解説や例示は「指導書」[2]として別に提供されるようになった。この方式が，現在まで続く学習指導要領の原形になったと言ってよい。以後，これを手直しする形で，およそ 10 年に 1 回のペースで改訂を続けるようになる。次ページの表 1 は中学校学習指導要領・外国語編の 2008 年版までの変遷を一覧にしたものである。

　1958 年版の「目標」の項には，音声や基本的な文型の反復訓練が強調され，習慣形成の必要性が打ち出されている。言語材料については，音声は「アメリカおよびイギリスの標準的発音」とし，文法項目と新語数は学年ごとに指定している。また，新しく「学習活動」という項が加えられ，授業中に生徒に行わせることがらが例示された。しかし，例えば「読むこと」で行うのは主に音読であり，「書くこと」については，書き取りや文の転換などの作業が主である。中学 3 年生の段階でようやく「大意を取らせる」や「日記や手紙を書かせる」などが加わるが，コミュニケーションとしての英語に対する意識はまだ低い。

(2)　1969（昭和 44）年版

　次の 1969 年版には 2 つの特徴がある。1 つは，内容を削減し，基本的事項の徹底を図ったこと，もう 1 つは，「内容」の項の冒頭に「言語活動」が出され，それまで最も重要とされていた「言語材料」が後へ回った。つまり，言語材料は言語活動を行うための手段とされたのである。言語活動の記述は抽象的ではあるが「身近なことについて尋ね，答えること（中学 1 年）」や「行ったことや考えたことを，数個の文に書くこと（中学 3 年）」のような活動を行うよう求めている。しかし，文法事項は相変わらず学年ごとの指定であり，教科書も文法シラバスによる編集だったので，現場では文法事項の

---

2)　現在は『学習指導要領解説』と呼ばれる。

表 1　中学校学習指導要領の変遷

公示年／ 実施年	目標の概要	時間数 ／週	語彙数	特徴
公示 1958 年 （昭 33 年） 実施 1962 年 （昭 37 年）	・音声に慣れ，聞く・話す能力の基礎を養う ・基本的な語法に慣れ，読む，書く能力の基礎を養う ・外国語を通して，その外国語を日常使用している国民の日常生活，風俗習慣，ものの見方などについて理解させる	3 〜 5	1100 語 〜 1300 語 （必修語 520 語を含む）	・音声による導入と文法中心の習慣形成が強調されている ・「学習活動」という項が設けられた ・文法項目を学年別に指定した（文法シラバス）
公示 1969 年 （昭 44 年） 実施 1972 年 （昭 47 年）	・音声，基本的な語法に慣れ，聞く・話す能力の基礎を養う ・文字および基本的な語法に慣れ，読む，書く能力の基礎を養う ・外国語を通して，外国の人々の生活やものの見方について基礎的な理解を得させる	3 〜 4	950 語 〜 1100 語 （必修語 610 語を含む）	・「学習活動」に代えて，生徒が行う有意味な活動として「言語活動」が前面に出された ・言語材料の削減が始まる
公示 1977 年 （昭 52 年） 実施 1981 年 （昭 56 年）	・外国語で表現する基礎的な能力を養う ・言語に対する関心を深め，外国の人々の生活やものの見方について基礎的な理解を得させる	3	900 語 〜 1050 語 （必修語 490 語を含む）	・「基礎基本を重視」として内容削減を進めた
公示 1989 年 （平元年） 実施 1993 年 （平 5 年）	・外国語を理解し表現する基礎的な能力を養う ・積極的にコミュニケーションを図ろうとする態度を育てる ・言語や文化に関心を深め，国際理解の基礎を培う	3 〜 4	1000 語程度 （必修語 507 語を含む）	・「聞く」と「話す」を別領域として独立させた ・「コミュニケーションを図ろうとする態度」の育成をめざした
公示 1998 年 （平 10 年） 実施 2002 年 （平 14 年）	・外国語を通じて，言語や文化に理解を深め，積極的にコミュニケーションを図ろうとする態度を育てる ・聞く，話すなどの実践的コミュニケーション能力の基礎を養う	3 （選択 教科 1 を加え て 4）	900 語程度 （必修語 100 語を含む）	・授業時数を 3 に削減した ・「ゆとり教育」導入 ・外国語を必修科目とした ・コミュニケーション活動を重視し「聞く・話す言語活動」に重点を絞る ・「言語の使用場面と働き」を始めて導入した
公示 2008 年 （平 20 年） 実施 2012 年 （平 24 年）	・外国語を通じて，言語や文化に理解を深め，積極的にコミュニケーションを図る態度を育てる ・聞くこと，話すこと，読むこと，書くことのコミュニケーション能力の基礎を養う	4	1200 語程度 （必修語は 指定なし）	・英語の時間を増加 ・「聞く，話す，読む，書く」の言語活動を総合的に推進することをめざした

指導を優先することが多かったようである。

(3)　1977（昭和 52）度版
　高校入学者が 9 割を超え，加熱する受験戦争のひずみが社会問題になっていた時期，指導内容や言語材料はさらに削減された。必修語は 490 語に減った。また，英語の授業時数を週 3 時間に減らしたため，英語力が低下するとの批判を招いた。言語活動は，学年を問わず共通の記述になり，コミュニケーション重視の姿勢がさらに明確に打ち出された。発音に関しては，国際共通語としての英語を意識して「現代の標準的な発音」となった。

(4)　1989（平成元）年版
　平成に入って出されたこの指導要領では，それまでは 1 つの領域だった「聞くこと・話すこと」を個々に独立させ，コミュニケーション能力育成のための積極的な指導を推奨した。また，活発な言語活動を促す目的で，学年ごとの言語材料の指定を取りやめたことも大綱化の一環であった。さらにこの指導要領から，言語材料は「言語活動を行う上でふさわしいものを適宜用いる」という趣旨の一文が加えられ，文法学習を英語学習のゴールとしないとする意図がくみ取れる。

(5)　1998（平成 10）年度版
　この改訂では「実践的コミュニケーション能力」というキャッチフレーズのもと，「言語の使用場面」や「言語のはたらき」[3] が例示された。無機質な英文を扱うのではなく，英語が使われる場面や状況を設定し，発話に込められた意図を重視するものであり，授業内でのコミュニケーション活動をいっそう促進しようとした。またこの改訂は，いわゆる「バブル経済」崩壊後，伝統的な価値観が揺らぎ学校現場に多くの問題が起きていたことを背景として，知識偏重でない教育への転換を試みた改訂でもあった。
　「生きる力」「ゆとり」というキーフレーズとともに，学校 5 日制と「総合的な学習の時間」が導入され，英語の授業は再び週 3 時間に減少した。「聞くこと」と「話すこと」に重点を置き，「読むこと」と「書くこと」は軽く扱うこととされ，総語数も 900 語に削減された。当然ながら，各方面からは学力低下を危惧する声が大きくなったため，文部科学省はそれまでの見解を翻し，「指導要領は最低基準」と発表することになった。2003 年の部分改訂では，その見解に基づき，指導要領を超える内容を扱うこともできると書き込まれた。

▷▷ ── ◁◁

3)　「言語の使用場面」とは，英語を用いる具体的な機会のことであり，あいさつ，買い物，食事（レストランでの注文等）や地域，家庭，遊びなどの例が挙げられている。「言語の働き」とは，依頼，提案，断り，相手の行動を促すなど，言語の持つ対人関係的な機能のことを指す。

(6) 2008（平成 20）年度版

いわゆる「ゆとり教育」に対する批判に応えた形で，この改訂では「確かな学力」を
つけることを狙いとした。英語の時間数は週 4 時間，総語数は 1200 語に戻された。教
科の目標はさほど変わりはないが，言語活動の内容が充実した。すなわち，「聞くこと」
では概要や要点を聞き取ること，「話すこと」では，与えられたテーマについて簡単な
スピーチをすることが追加され，「読むこと」では，読んだ内容について自分の意見や
感想を述べることが求められた。「書くこと」では，文と文のつながりに注意して書く
ことが加わり，パラグラフ構成を意識させるなど，コミュニケーションの質を向上させ
ようとする方向性が見られた。

　同じ 2008 年，小学校の学習指導要領も改訂され，5・6 年生に「領域」としての「外
国語活動」が義務付けられたことは大きな意味を持つ。小学校の外国語活動では音声面
を中心として，英語による「コミュニケーション能力の素地」を養い「積極的にコミュ
ニケーションを図る態度」を育成することが軸となっている（⇒第 12 章参照）。「基礎」
の前に「素地づくり」があるという論法は，必修ではあるが教科ではない「外国語活
動」を設定するための方策であった。指導体制の不十分さのため ALT や外部人材に依
存する一方で，従来のような知識詰め込み型ではない，小学校ならではの英語教育を模
索する動きが始まった。当初，小学校英語に批判的な空気もあったが，外国語活動の体
験者は聞く力がついていること，英語の指示にすぐ反応できることなど，一定の効果が
認められるようになってきた。今後も，小学校との連携，コミュニケーションを中心と
した指導と学力低下への対処は，小学校との連携とともに，中学校の英語教育の課題で
あり，それは 2017 年版へと引き継がれることになる。

1.3　高等学校学習指導要領

　高等学校学習指導要領も，中学校のそれと連携をとりながら，同様の流れで変遷をし
て来ている。1958 年の学校教育法施行規則の改訂を受け，1960 年，省令として法的拘
束力を持った高等学校学習指導要領が，中学校の記述方法と同じ書き方で公示された。

　次のページの表 2 は，この 1960 年改訂版から 2009 年版までの変遷を一覧にしたも
のである。目標の欄には，主要な科目だけを記している。

1.4　高校英語科目の変遷

(1) 1960（昭和 35）年版

　英語の科目として「英語 A」，「英語 B」，第二外国語として「ドイツ語」，「フランス
語」が設けられた。「英語 A」は 3 年間で 9 単位の科目であり，4 技能の実際の使用面
に重点を置いた総合科目であった。「英語 B」は文字言語に重点をおき，Readers と
Grammar and Composition の 2 種目[4]の教科書を用意して大学進学希望者を対象にした
ものであったことから，大多数の高校は「英語 B」を履修させた。

表 2　高等学校学習指導要領の変遷

公示年／ 実施年	目標の概要（抜粋）	最大単位数 （1〜3年）		語彙数 （新語）	特徴
公示 1956 年 （昭 31 年） 実施 1960 年 （昭 35 年）	英語 B ・音声に習熟させ，聞く能力および話す能力を養う ・基本的な語法に習熟させ，読む能力および書く能力を養う ・英語を通して，英語国民の日常生活，風俗習慣，ものの見方などについて理解を深める	英語 A 英語 B 独語 仏語	9 15 15 15	英語 A 　1500 語 （1〜3 年） 英語 B 　3600 語 （1〜3 年）	・ドイツ語，フランス語を加えた ・選択科目であることを強調した ・文法項目を学年別に指定した（文法シラバス）
公示 1970 年 （昭 45 年） 実施 1973 年 （昭 48 年）	英語 B ・音声および基本的な語法に慣れさせ，聞き，話す基礎的な能力を伸ばす ・文字および基本的な語法に慣れさせ，読み，書く基礎的な能力を伸ばす ・英語を通して，外国の人々の生活やものの見方について基礎的な理解を得させる	英語 A 英語 B 初級英語 英会話 独語 仏語	9 15 6 3 15 15	英語 A 　1500 語 （1〜3 年） 英語 B 　2400 語 - 3600 語 （1〜3 年）	・「初級英語」「英会話」を加え，多様な学習を可能にした
公示 1978 年 （昭 53 年） 実施 1981 年 （昭 57 年）	英語 I ・事柄の概要や要点をとらえながら英語を聞き，話し，読み，書く基礎的な能力を養う ・英語を理解し英語で表現しようとする態度を育てる	英語 I 英語 II 英語 II A 英語 II B 英語 II C	4 5 3 3 3	英語 I 　400-500 語 英語 II 　600-700 語 英語 II A 中学校の語彙 英語 II B 　400-700 語	・総合英語「英語 I」「英語 II」の設定／領域に特化した II A，II B，II C の 3 科目の設定
公示 1989 年 （平元年） 実施 1993 年 （平 5 年）	OC A ・身近な日常生活の場面で相手の意向などを聞き取り，自分の考えなどを英語で話す能力を養う ・積極的にコミュニケーションを図ろうとする態度を育てる	英語 I 英語 II 英語 OCA 英語 OCB 英語 OCC R W	4 4 2 2 2 4 4	英語 I 　500 語程度 英語 II 　500 語程度 リーディング 　900 語程度	・英語 I，英語 II ・選択必修科目オーラル・コミュニケーション A，B，C の導入 ・リーディング，ライティングの導入
公示 1999 年 （平 11 年） 実施 2003 年 （平 15 年）	OC I ・日常生活の身近な話題について，英語を聞いたり話したりして，情報や考えなどを理解し，伝える基礎的な能力を養うとともに，積極的にコミュニケーションを図ろうとする態度を育てる	英語 I 英語 II OC I OC II R W	3 4 2 4 4 4	英語 I 　400 語程度 英語 II 　500 語程度 リーディング 　900 語程度	・外国語を必修化 ・「ゆとり教育」 ・英語 I，英語 II ・オーラル・コミュニケーション I，II の導入 ・上記から選択必修 ・「言語の使用場面と働き」を導入した
公示 2009 年 （平 21 年） 実施 2013 年 （平 25 年）	コミュニケーション英語 I ・英語を通じて，積極的にコミュニケーションを図ろうとする態度を育成するとともに，情報や考えなどを的確に理解したり適切に伝えたりする基礎的な能力を養う	コミュ英基礎 コミュ英 I コミュ英 II コミュ英 III 英語表現 I 英語表現 II 英語会話	2 3 4 4 2 4 2	コミュ英基礎 中学校語数 コミュ英 I 　400 語程度 コミュ英 II 　700 語程度 コミュ英 III 　700 語程度	・コミュニケーション英語基礎，コミュニケーション英語 I，II，III の導入 ・英語表現 I，英語表現 II の導入 ・英語会話の復活

(2) 1970（昭和45）年度版

　この改訂では，中学校と同様，内容が大きく削減された。また，生徒の能力差に応じた指導ができるようにと，「英語A」「英語B」の他に「初級英語」と「英語会話」が加えられた。大学進学熱が高まる中「英語B」に集中する実態から，複線型のカリキュラムに切り替えたい文部省の意図が読みとれよう。

(3) 1978（昭和53）年度版

　この改訂では，それまでの3年間同じ科目を履修する形を廃止し，レベル別の「英語Ⅰ」，「英語Ⅱ」という総合科目を設定した。また，「英語Ⅰ」に接続する科目として，「英語ⅡA，ⅡB，ⅡC」，すなわち会話，読むこと，書くことの各分野に特化した3科目も設定した。これらの科目の言語活動は，中学の言語活動と同じ文言で示され，「ⅡB」以外は中学校レベルの言語材料で言語活動をするようにとされた。しかし，多くの高校では読むことを重視し「英語Ⅱ」のあとには「英語ⅡB」を履修させた。また，大きな変化として，この改訂から Grammar and Composition の検定教科書が廃止された。文法はそれぞれの科目の中で必要に応じて教えることを文部科学省は意図していたようだが，実際には，多くの高校は市販の「準教科書」と呼ばれる図書を採用し，それまでと同様の文法指導を続けた。

(4) 1989（平成元）年度版

　この改訂では，旧指導要領からの「英語Ⅰ，Ⅱ」に加え「オーラル・コミュニケーションA, B, C」の3科目を，中心的な科目として導入したことが画期的だった。かつて「英語会話」や「英語ⅡA」があまり実施されなかったことへの反省に立ち，オーラルの科目のいずれかを必修とするとした。「英語Ⅱ」と並列する「リーディング」と「ライティング」を合わせ7科目が揃った。この指導要領から，中学校と同様，言語活動を行う上でふさわしい言語材料（文法や語彙など）を適宜用いるようにという趣旨の一文が加えられた。総語数については，中学校学習語彙1000語に加えて，英語Ⅰが1500語，英語Ⅱとオーラル各科目とライティングは，2000語程度，リーディングが2400語程度とされた。

(5) 1998（平成10）年度版

　この改訂では，それまで領域別であったオーラル・コミュニケーションの3科目を，「オーラル・コミュニケーションⅠ，Ⅱ」として，段階別科目とした。中学校での授業数が減少し「聞くこと」「話すこと」に重点が置かれたことを踏まえ，高校では特に

▷▷──◁◁

4）「種目」とは文部科学行政用語で，科目の下位区分を指す。たとえば中学校の「書写」は国語科の一種目である。

「読むこと」や「書くこと」に時間をかけて慣れ親しませることを求めた。また，聞いたことを書いたり，読んだことを話したりするような，複数の技能を総合的・統合的に関連させた言語活動を求めるようになった。さらに，中学校と同様に「言語の使用場面」「言語の働き」が例示され，授業での言語活動は，より一層，場面に応じた現実的なコミュニケーション活動を指向するよう求められた。また，教科書等の編集や教材開発などにおいても，断片的な文法項目の操作をさせるような課題を並べるのではなく，有意味な情報のやり取りをすることを通して目的の言語形式に習熟させる[5]ような工夫が期待された。

(6)　2008（平成 20）年度版

　この学習指導要領（2013 年施行）では，それまでの「英語 I ，II」と「オーラル・コミュニケーション I ，II」を統合し，それぞれ「コミュニケーション英語 I ，II，III」と再編成した。この趣旨は，読んだり，聞いたりした内容について概要や要点をつかみ，自分の考えをまとめて口頭で発表したり，書いたりするといった統合的なコミュニケーション活動を一層強調するものと受け取れる。実際，前学習指導要領のもとでは「オーラル・コミュニケーション」の 2 科目に音声面の指導を預けてしまい，総合英語であるはずの「英語 I ，II」は読むことを中心とした科目として扱われることが多かったためである。

　同時に設定された新科目「英語表現 I 」，「英語表現 II」は，それまでの「英語 I ，II」と「オーラル」3 科目に含まれる要素のうち，「話すこと」と「書くこと」に焦点を絞った発表技能の科目として導入された。その目標は「事実や意見などを多様な観点から考察し，論理の展開や表現の方法を工夫しながら伝える能力を養う」とされ，身近な話題についての会話よりも一歩進んだ，高度な目標が設定された。特に「与えられた話題について，即興で話す」や「読み手や目的に応じて，簡潔に書く」など，発表技能による実際のコミュニケーションを意図し，さらに，発表の仕方や表現を学ぶなど，プレゼンテーション能力の育成も強調しているのが大きな特徴となっていた。

　また，この改訂では，初めて，文法を「コミュニケーションを支えるもの」と規定し，「用語や用法の区別などの指導が中心とならないよう」配慮を求め，英語をコミュニケーションのツールとして指導することを前面に押し出している。さらに，指導面において，授業は「英語で行うことを基本とする」と書かれたことも注目する必要がある。

1.5　中学校英語，高校英語の課題

　ここまで，学習指導要領の半世紀にわたる歴史とその概要を見てきた。この中で，文部省，文部科学省の方針が，コミュニケーションを中心とした指導内容へとシフトして

5)　第 3 章 2.5 "Focus on Form" を参照。

きていることは明らかであり，それは新しい教育観に基づく新学習指導要領へも受け継がれている。

　しかし，実際の教育の現場には，学習指導要領はどのように反映されているのだろうか。文部科学省は，中学・高校の現場において「英語教育実施状況調査」を行っているが，2017 年度の調査では，「授業について，発話の半分以上〜ほとんどを英語で行っている」中学校教員は 74.4％（3 学年の平均）で，2 年前の同じ調査よりも 10 ポイント以上の上昇が見られる。また 2005 年度の「英語教育改善実施状況調査」では 30％台であったことから見れば，少なくともこの面に限っては大きく改善されて来ている（表 3）。ちなみに，2017 年度版の学習指導要領には，中学校の英語授業も「英語で行うことを基本とする」と書き込まれた。

表 3　英語で授業を行う中学校教員の割合（英語教育改善実施状況調査結果概要（中学校）（2005）及び英語教育実施状況調査（概要）（2017）より作成）

授業の半分以上〜ほとんどを英語で行う	2005	2016	2018
中学校 1 年	35.3％	64.3％	75.1％
中学校 2 年	34.7％	63.2％	74.8％
中学校 3 年	33.6％	61.9％	73.5％

表 4　英語で授業を行う高校教員（普通科）の割合（英語教育改善実施状況調査結果概要（2005）及び英語教育実施状況調査（高等学校）（2017）より作成）

授業の半分以上を英語で　2005		授業の半分以上を英語で　2017	
OC Ⅰ	54.8％	コミュニケーション英語Ⅰ	55.4％
OC Ⅱ	54.3％	コミュニケーション英語Ⅱ	51.2％
英語Ⅰ	9.5％	コミュニケーション英語Ⅲ	42.9％
英語Ⅱ	6.8％	英語表現Ⅰ	43.0％
		英語表現Ⅱ	35.7％

　一方，高等学校について，2017 年度の同調査（表 4）では，普通科で「半分以上〜ほとんどを英語で」と答えた教員は，「コミュニケーション英語Ⅰ」では，55.4％，「コミュニケーション英語Ⅱ」では 51.2％，「コミュニケーション英語Ⅲ」では 42.9％となっている。2005 年の調査では，「オーラル・コミュニケーションⅠ」と「Ⅱ」では 54.8％と 54.3％，「英語Ⅰ」では 9.5％，「英語Ⅱ」では 6.8％であった。「英語Ⅰ」，「Ⅱ」が日本語を多く用いる授業だったということは，「読むこと」を中心とした授業だったと推測される。2017 年の調査の「コミュニケーション英語」に比べて「英語表現」での数値があまり高くないのは，これらの 2 科目は依然として和文英訳や文法ドリルの場として扱われることが多かったということだろう。

　英語で授業をすることと，従来どおりの文法訳読中心，知識詰め込みに偏った授業は相容れない。また，教師が自分ひとりで英語で解説を続けるような授業も「英語で行う

授業」としては適切でない。生徒に豊富なインプットを与え，英語を英語のまま取り込み，使う場を多く与えることが求められる。生徒がどれくらい英語に触れ，どれくらい英語を使用したかということが重要なポイントになる。

このように見てくると，文部科学省の英語教育に対する考え方がどのように変化して来たのか，そして変化とともに，使える英語力，すなわちコミュニケーション能力の育成を一貫してめざしてきたことも把握できるだろう。しかし，特に高等学校の現場がなかなか変わらなかったという事実も見えてくる。

今後は，大学入試問題も大きく変化することになっており，学校現場の対応もこれまでとは異なったものにならざるを得ない。個々の教員が健全な外国語教育観を持ち，バランスのとれた指導に当たることが一層大切になるだろう。

2.　新しい学習指導要領：2017（平成 29）年度版

2020 年以降施行される新・学習指導要領は，従来とは異なる教育観に立った書き方の指導要領であり，かなり緻密なことば遣いで学校現場の役割を規定している。英語教育においても同様であるが，特記すべきことは，小学校で「領域」[6]としての「外国語活動」を 3・4 年生で扱い，5・6 年生は正式な教科「外国語」として英語が導入されることである。さらに，小学校から高校までを一貫する，段階的な分野別到達目標が設定されたことにも注目したい。そのため，これまでの指導要領と横一列に並べた比較はできない。

この項では，まず，新学習指導要領の基本的な理念を整理してみよう。

2.1　「知識・技能」から「生きる力」へ

新しい学習指導要領は，急速に変化し続ける予測困難な現代社会を念頭に置き，その中で育つ児童生徒が，多様な知識や技能を身につけ，それを柔軟に活用しながら学びを深め，結果的に，いわゆる「生きる力」を高めるまでを学校教育の責任として示している。この指導要領を理解する上で必要なキーワードは，次の 3 つである。

A.　「〜ができる」という，学習者を中心とした書き方

これまでの学習指導要領は，「教員が何を教えるか」という視点から書かれ，一つひとつの教えるべき項目と，児童生徒にさせるべき活動が，箇条書きになっていた。しかし，それぞれの学びが何を目的として，どのような力を育むものかについては明確でなかった。新指導要領では，視点を児童生徒の側に置き，彼らがどのような知識や技能を身につけ，どのように活用し，結局「何ができるようになるか」を具体的に詳細に書き込んでいる。

B.　「三本の柱」

---

6)　「領域」は必修であるが，評定による評価をせず，検定教科書もない。

学校教育法に示されている，教育が育むべき３つの資質・能力を，学習指導要領では重要な「三本の柱」としている。すなわち「知識・技能」「思考力・判断力・表現力」「学びに向かう力・人間性等」である。2017 年度版学習指導要領は，英語だけでなく全教科においてこの３本の柱に沿っての記述がなされている。

C. 「アクティブ・ラーニング」の視点

授業を構成する上での視点を「児童・生徒が何をどう学び，学んだものをどう使えるようになるか」に切り替えると，必然的に授業方法も変わる。今回の指導要領は「主体的・対話的で深い学び」の視点を軸にした授業方法の改善を求めている。児童・生徒が学びの主体になり，さまざまな場面で自ら思考し，仲間と意見を交換し情報を共有し，学びを深めていく。そのようにデザインされた授業が，いわゆる「アクティブ・ラーニング」である。この考え方による指導は，学びの中で対話力や協調性を育むことになり，言語によるコミュニケーションが促進される。教員はそのプロセスをサポートする役割を担うべきである，とこの学習指導要領は強調している。

2.2 新・学習指導要領での外国語科目

まず，この学習指導要領での，小学校から高校までの「外国語活動」と「外国語」の科目を一覧表で確認したい（⇒小学校については，さらに 12 章を参照されたい）。

表5　2017 年度版学習指導要領の外国語系科目

	領域	小学校				中学校		高校	
受容技能	聞くこと	外国語活動 (3・4年)	○	外国語 (5・6年)	○	外国語	○	英語コミュI 英語コミュII 英語コミュIII 論理・表現I 論理・表現II 論理・表現III	○
	読むこと				○		○		○
発表技能	話すこと（やり取り）		○		○		○		○
	話すこと（発表）		○		○		○		○
	書くこと				○7)		○		○

今回の改訂では，これまでコミュニケーションの技能領域は４つであったが，「話すこと」の領域が「やり取り」と「発表」の２領域に分かれ，５つの領域として記述されることになった。また，従来，各領域を「聞く・話す」（音声の領域）と「読む・書く」（文字の領域）の順に並べていたが，今回からは「聞く・読む」（受容技能）と「話す・書く」（発表技能）の順に記述している。これらは，CEFR8)との整合性を意図したもの

7) 小学校「外国語」での文字言語の扱いは，アルファベットの大文字・小文字を識別して読み書くこと，慣れ親しんだ語や句，短い文を読んだり書き写すことに限定されている。
8) CEFR（ヨーロッパ共通参照枠）については第１章 4.4 を参照。CEFR では，言語能力を４技能５領域でとらえる。speaking を「やり取り」（interaction）と「発表」（production）に分けている。

である。

　また，高校での「英語コミュニケーション」科目は，従来の「コミュニケーション英語」を発展させたものであり，「論理・表現」は，「英語表現」を発展させた科目である。特に「英語表現」を「論理・表現」と改編したことは，従来の文法問題の演習や和文英訳中心になりがちだった授業から，発表技能としてのライティングやスピーキングへの脱却を図ったものである。

　これらの科目における「目標」と「内容」は，小学校から高等学校まで，前項の「3つの柱」に沿い，具体的に記述されている。記述で一貫しているのは，まず，「知識・技能」を身につけ，その知識や技能を用いて「思考・判断」し，さらに教師やクラスメートとの対話や他の情報源の活用などを通して自分なりに表現できるようになる，という3つの柱に沿った順序である。

　次のページの表6は，小学校「外国語」から高校の「英語コミュニケーションⅠ」までの，「話すこと［やり取り］」の「目標」と「内容（知識および技能，言語活動）」を抜き出して，簡略化して示した表である。この表を読み，次の5つの点を確認してほしい。

　①「目標」の記述が「〜できるようにする」と書かれていること。いわゆる Can-Do の形での，児童生徒の達成するべき能力が示されている。CEFR の書き方に対応させようとするものである。

　②小学校から中学校，高等学校へと「目標」におけるコミュニケーションの世界が広がっていくこと。

　③「目標」のア，イ，ウと「言語活動」のア，イ，ウが，それぞれ段階的に示されていること。小学校では，個人から対人関係へ，中学校，高校ではさらに社会的レベルへと高まって行くこと。複数の技能を総合的に運用するように発展して行くこと。

　④「目標」と「言語活動」のア，イ，ウが相互に対応するように書かれていること。

　⑤言語活動が，一つ下のレベルの言語材料の定着を図るように構成されるよう求められていること。

　この表からわかるように，「目標」の各条項を達成するために授業で何をすればよいのかについて「言語活動」の条項で逐一示している。例えば，高等学校「英語コミュニケーションⅠ」の「社会的な話題について」の項では，「使用する語句や文，やり取りの具体的な進め方が十分に示される状況で」と条件が付いている。これは，そのような内容についてやり取りをさせる際，教員の支援が大切になるということである。教科書もそのようなやり取りをサポートする作りになっていることが望ましい。従来の学習指導要領では，このような精緻な記述はされず，教員や教科書の編集者の裁量に任されるところが大きかった。今回からは，かなり授業方法や教科書の編集方法が規定されることになる可能性が高いと言えよう。

　他の領域についても，同様の書き方がされている。詳しくは，小学校から高校までの

表6　2017年度版学習指導要領の外国語系科目　話すこと［やり取り］

	1.　目標	2.　内容
		思考力・判断力・表現力等 （言語活動）
外国語活動 （小学校 3・4年）	ア　基本的な表現を用いて挨拶，感謝をしたり，簡単な指示をしたり応じたりするようにする[9]。 イ　自分のことや身の回りの物について，動作を交え，考えや気持ちなどを，簡単な語句や表現を用いて伝え合うようにする。 ウ　サポートを受けて，お互いのことや身の回りの物に関して，簡単な質問をしたり答えたりするようにする。	例えば，次のような言語活動を通して指導する。 イ　話すこと［やり取り］ （ア）知人と簡単な挨拶を交わしたり，感謝や簡単な指示，依頼をしたり，応じたりする活動。 （イ）自分のことや身の回りの物について，動作を交え，好みや要求などを伝え合う活動。 （ウ）お互いの好みや欲しい物などについて，簡単な質問をしたり答えたりする活動。
外国語 （小学校 5・6年）	ア　基本的な表現を用いて指示，依頼をしたり応じたりすることができるようにする。 イ　日常生活での身近で簡単な事柄について，自分の考えや気持ちなどを，簡単な語句や基本的な表現を用いて伝え合うことができるようにする。 ウ　自分や相手のことおよび身の回りの物に関する事柄について，簡単な語句や基本的な表現を用いてその場で質問をしたり質問に答えたりして，伝え合うことができるようにする。	例えば，次のような言語活動を通して指導する。 ウ　話すこと［やり取り］ （ア）初対面の人や知り合いと挨拶を交わしたり，相手に指示や依頼をしたり，応じたり断ったりする活動。 （イ）日常生活に関する身近で簡単な事柄について，自分の考えや気持ちなどを伝えたり，簡単な質問をしたり答えたりして伝え合う活動。 （ウ）自分に関する簡単な質問に対してその場で答えたり，相手に関する簡単な質問をその場でしたりして，短い会話をする活動。
中学校	ア　関心のある事柄について，簡単な語句や文を用いて即興で伝え合うことができるようにする。 イ　日常的な話題について，事実や自分の考え，気持ちなどを整理し，簡単な語句や文を用いて伝えたり，相手の質問に答えたりできるようにする。 ウ　社会的な話題に関して聞いたり読んだりしたことについて，考えたことや感じたこと，その理由などを，簡単な語句や文を用いて述べ合うことができるようにする。	例えば，次のような言語活動を通して指導する。 ア　小学校における学習内容の定着を図るために必要なもの。 エ　話すこと［やり取り］ （ア）関心のある事柄について，質問にその場で適切に応答したり，関連する質問をしたりして，互いに会話を継続する活動。 （イ）日常的な話題について，伝えようとする内容を整理し，自分で作成したメモなどを活用しながら相手と口頭で伝え合う活動。 （ウ）社会的な話題に関して聞いたり読んだりしたことから把握した内容に基づき，読み取ったことや感じたこと，考えたことなどを伝えた上で，相手からの質問に対して適切に応答したり自ら質問し返したりする活動。

▷▷ ⎯⎯⎯⎯⎯⎯⎯⎯⎯⎯⎯⎯⎯⎯⎯⎯⎯⎯⎯⎯⎯⎯⎯⎯⎯⎯⎯⎯⎯⎯⎯⎯⎯ ◁◁

9）小学校「外国語」以降では，目標は「〜できるようにする」というCan-Do形式で記述される。しかし「外国語活動」は教科ではないので，教科の知識や技能などの目標とは異なるという考え方に立ち，「〜するようにする」という言い回しをして，Can-Do式記述と区別している。

| 高校「英語コミュニケーションⅠ」 | ア　日常的な話題について，使用する語句や文，対話の展開などにおいて，多くの支援を活用すれば，基本的な語句や文を用いて，情報や考え，気持ちなどを話して伝え合うやり取りを続けることができるようにする。
イ　社会的な話題について，使用する語句や文，対話の展開などにおいて，多くの支援を活用すれば，聞いたり読んだりしたことを基に，基本的な語句や文を用いて，情報や考え，気持ちなどを論理性に注意して話して伝え合うことができるようにする。 | 例えば，次のような五つの領域別の言語活動および複数の領域を結び付けた統合的な言語活動を通して指導する。
ア　中学校学習指導要領に示す言語活動のうち，中学校における学習内容の定着を図るために必要なもの。
エ　話すこと［やり取り］
（ア）　身近な出来事や家庭生活などの日常的な話題について，使用する語句や文，やり取りの具体的な進め方が十分に示される状況で，情報や考え，気持ちなどを即興で話して伝え合う活動。また，やり取りした内容を整理して発表したり，文章を書いたりする活動。
（イ）　社会的な話題について，使用する語句や文，やり取りの具体的な進め方が十分に示される状況で，対話や説明などを聞いたり読んだりして，賛成や反対の立場から，情報や考え，気持ちなどを理由や根拠とともに話し，伝え合う活動。またやり取りした内容を踏まえ，自分自身の考えなどを整理して発表したり，文章を書いたりする活動。 |

『学習指導要領解説・外国語活動・外国語編』を参照してほしい。

2.3　小・中・高の言語材料

　表6の中で注目してほしいのは，その下の学校種（中学校であれば，小学校）の言語材料の理解と定着を図ることが示されていることである。これは小・中・高の連携を重視したものととらえることができる。それぞれの学校種における具体的な言語材料については『学習指導要領解説』に詳述されている。中学校と高等学校における「言語材料」では，次のような違いを確認する必要がある。

（1）　文法事項

　これまで高等学校での扱いとされていた次のものが，中学校へ降ろされている。

・感嘆文のうち基本的なもの

・主語＋動詞＋間接目的語＋ {that で始まる節・what などで始まる節}

・主語＋動詞＋目的語＋原形不定詞

・主語＋ be 動詞＋形容詞＋ that で始まる節

・現在完了進行形

・仮定法のうち基本的なもの

（2）　語数

　中学校で扱う語数については，小学校で学習した 600 〜 700 語に加え，1600 〜 1800 語とされている。旧学習指導要領では，中学校での学習語彙を 1200 語程度としていた

ことと比較すれば，かなりの増加である。増加の理由としては，小学校英語での学習を踏まえれば，中学校では一層積極的な言語活動が可能になり，豊かな語彙が必要だという判断によるものと思われる。このように，言語材料という面では，中学校の英語が従来よりも盛りだくさんになっており，生徒の負担が大きすぎるのではと懸念されている。指導にあたっては，受容語彙と発表語彙を区別するなどの工夫[10]が必要になってくるだろう。

2.4　まとめ

　ここまでに述べたように，新しい学習指導要領をどのように受け止めるのかは，教員にとって大きな課題である。学習指導要領準拠の検定教科書を1ページずつ進めて行くだけで片付くことではなく，また，文部科学省からの要求にどう対処するかという受け身の態度でもなく，主体的かつ協働的に取り組む姿勢が求められるだろう。新しい指導法への取り組みは，もとより児童・生徒を中心に置いて考える必要があるので，個人レベルの取り組みで完結するものではなく，同僚との連携を図りながらチームとして取り組んでいくことが何より望ましい。

研究課題

(1)　自分が中学校や高等学校時代に受けた英語の授業をひとつ例に挙げ，当時の学習指導要領に照らして，授業内容と指導法について批判的に分析してみなさい。

(2)　小学校の言語材料を定着させる目的で中学校で行う言語活動をひとつ計画してみなさい。

(3)　学習指導要領の求める「英語の授業は英語で」を実現させるために，どのような取り組みから始めることが良いか，意見を出し合いディスカッションしなさい。

---

10) 中学校学習指導要領（外国語）の「指導計画の作成と内容の取り扱い」の項には，「…言語材料については，…生徒の発達の段階に応じて，聞いたり読んだりすることを通して意味を理解できるように指導すべき事項と，話したり書いたりして表現できるように指導すべき事項とがあることに留意すること。」と記されている。

第6章

言語要素の指導

　第3章では教授法の変遷に焦点を当て，これまでの外国語がどのように教えられてきたのか，また，外国語をどのように学ぶべきかについて大枠の理論の流れを概観しました。しかし，教室での指導を考えると，実際の指導の仕方の詳細に関して，何をどのように指導したらよいかさらに詳しく考察する必要があります。この章では，言語能力の核となる3つの要素，「発音」，「語彙」，「文法」という基本的な言語要素に焦点をあて，言語能力を育てるためのアプローチを検討します。

Keywords

- 音声変化
- プロソディ
- 受容語彙
- 発表語彙
- 機能語（function words）
- 内容語（content words）
- 意図的学習
- ワードファミリー
- PPP

　言語能力は，「言語要素×言語技能」という枠組みでとらえることができる。その内，発音，語彙，文法の言語要素は，「読む」，「聞く」，「話す（やり取り・発表）」，「書く」の4技能5領域のいずれにおいても欠かすことはできない。文法の力は意味理解や伝達に不可欠である。正しい構文解釈ができなければ意味理解ができず，正しい構文ができなければ意図する意味を伝達することができない。また，発音が不正確であれば，音声によるコミュニケーションに支障をきたし，音読もままならない。さらに，語彙力がなければ，方略能力をいかに働かせて推論しても，聞いたものは雑音でしかなく，伝えたいことも表現できない。

1.　音声指導

　発音はコミュニケーションのための大切な要素である。発音が不十分だと自分の気持ちを相手に正確に伝えにくく，相手のいうことを十分に理解できない。たとえたくさん

の単語や文を覚えても，発音がおろそかになると英語をコミュニケーションのために使う喜びを味わうことができない。

　ここでは，中学や高校における音声指導の基本となる点を特に強調したい。つまり，個々の発音の他，英語らしさをつくり出しているプロソディ（ストレス・リズム・イントネーション）や音声変化（連結・脱落・同化・弱化）などの指導を主に扱う。

1.1　個々の音（単音）

(1)　母音と子音（⇒巻末資料 1，2 参照）

　母音とは，息が舌やくちびるなどにさえぎられずに出る音である。日本語でいえば「アイウエオ」に相当するが，英語では約 16 種類ある。母音以外の音を子音という。子音は，息が舌，歯，唇，のどなどで空気の流れが止められたり，妨げられたりして出る音で，英語には約 24 種類ある。例えば，bag（かばん）という単語を見ると，b は子音，a は母音，そして g は子音となる。

　母音と子音は意味を伝える上で，大切な役割をする。hot と hat を例にとると，o と a という母音がそれぞれ違うだけで，「暑い」と「帽子」という別々の単語に変わってしまう。このような［ɔ］，［æ］の音の最小単位を音素（phoneme）という。日本人学習者にとっては，それを利用した次のようなミニマル・ペア（minimal pair）練習が効果的である。

【練習問題 1】
下線部の母音の発音記号を調べて，

1.　次の単語のペアを母音に注意して，意味が伝わるように発音してみましょう。

　　map – mop,　　hat – hot,　　bag – bug,　　bed – bad,
　　cap – cup,　　pen – pin,　　cat – cut,　　man – men

2.　次の 3 つの単語のセットを母音に注意して，意味が伝わるように発音してみましょう。

　　not – pot – hot　　sad – bad – dad　　red – bed – Ted,
　　wit – sit – hit　　run – sun – fun　　top – hop – pop

　母音と子音にはこのように意味を区別する役割があるが，それをうまく使いこなせないのは，日本語と英語で母音や子音の数が違うということに加え，日本語の音で英語の音を代用してしまうのがその大きな要因だと考えられる。

　例）　star（星）　　sun（太陽）

　star の a と sun の u は，いずれも日本語母語話者には「アの音」に聞こえるが，英語

ではそれぞれ違う音である。違いを生み出しているのは，発音するときの舌の高さ・位置，唇の形である。star の a のときには，舌は大きく開けた口の底にべったりついているが，これに対して sun の u の場合，唇は丸めにし，舌のまん中を少し押し上げて，音を作る。

　このように，英語では本来，別のものとして認識される２つの音が日本語ではひとつの「アの音」に聞こえ，日本語式に発音すると相手には通じにくくなる。子音の場合にも同じことが言える。

　例）　right（正しい）　　light（明かり）

　r の音も l の音も日本語の「ラ行の音」で同じものとして認識する傾向がある。英語では r は舌先をのどの奥の方に巻いて，そこからふりおろすように発音する。l は上の歯の後ろに舌をしっかりくっつけて発音する。

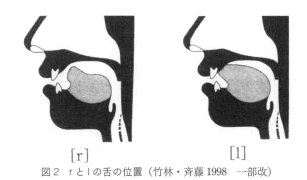

[r]　　　　　　　　　　　[l]

図２　r と l の舌の位置（竹林・斉藤 1998　一部改）

　その他，日本語にない発音で，特に注意して指導したいものは，次のような音である。

　例）　f と v：fine，leaf，very，have

　/f/，/v/ は，ともに日本人が不得意とする音である。特に /v/ では，歯が唇に接触して空気の流れを一時止めてしまうが，/b/ では空気は止まらずに流れなければならず，上の歯は軽く下唇に当て，空気は流れ続けるのである。（カタカナでは「ブ」と「ヴ」で区別する。）

　例）　s と th（/s/ − /θ/）：sick − thick, sin − thin, bass − bath, miss − myth
　　　　z と th（/z/ − /ð/）：Zen − then, z's − these, closing − clothing, size − scythe

　th は /θ/ /ð/ の２通りの発音があり，/θ/ は無声音，/ð/ は有声音であり，ともに日本語にはない音であるが，練習を重ねれば難しい子音ではない。ただし，知識として 'th' のスペリングは舌先を歯で軽くはさんで発音すると知っていても，Thank you. を /s/ で代用して「サンキュー」という発音が定着してしまうことも多いので，スペリン

グ 'th' は必ず舌先を上歯に当てて発音する必要がある。英語では，/s/ と /θ/，/z/ と /ð/ を入れ替えてしまうと，sick – thick のように意味が全く異なってしまう。

(2) 半母音

　母音と呼ばれながらも子音の特徴を備えた半母音という音がある。半母音は，発音の際に舌がひとつの位置から他の母音の位置へと急速に移る過程で出される音である。例としては，year, yen などにおける y の発音や，weed, swim などにおける w の発音になり，発音記号では /j/，/w/ で表す。/j/ は口元に力をいれて「イ」，/w/ は唇を多く丸めて突き出すように「ウ」に近い音を出す。

【練習問題 2】
1.　半母音 [j] に注意して次のペアを発音してみましょう。
　　　L – yell　　　S – yes　　　ear – year　　　ale – Yale

2.　半母音 [w] に注意して次のペアを発音してみましょう。
　　　ink – wink　　　seat – sweet　　　set – sweat　　　sing – swing

---

(3) 子音連結

　発音の仕方の違いに加え，母音と子音はその組み合わせという点でも，英語と日本語では開きがある。日本語は「からす」(ka・ra・su) の各音のように，「子音＋母音」で一つの音を作る。しかし，英語では「子音＋母音」だけでなく，from の fr-「子音＋子音」や street の str-「子音＋子音＋子音」ように，子音が連続する組み合わせがある。

　このように子音が連続して発音されることを「子音連結」という。日本語母語話者は，日本語をローマ字で書くと ma, ga, ne, などのように子音に母音が続くのが普通なので，英語で子音が連続すると，子音の後に母音を挿入して street を /sutori:to/ と発音しがちであるため，/s/, /t/, /r/ など子音をしっかりと力をこめて勢いよく早く発音する必要がある。日本語化した単語の発音には特に注意して指導しなければならない。

【練習問題 3】
子音が連結している部分に注意して，発音してみましょう。
　1.　clock　　2.　green　　3.　fruit　　4.　strong　　5.　three

1.2　プロソディ

　プロソディは「超分節音素」とも呼ばれ，個々の音の要素（母音，子音など）を超えたところで作用する要素を指す。主に，ストレス (stress)，リズム (rhythm)，イントネーション (intonation) である。このプロソディの要素は文全体の滑らかさに影響を与えるだけでなく，意味内容にも影響を与え，文のもつニュアンスや話し手の感情を表

出する。

(1)　ストレス
A.　語強勢
　英語の potato は，ta（テエィ：/tei/）のところが他の部分より目立って発音される。この目立つ部分を「ストレスを置く」といい，日本語では「強勢」と呼ぶ。ストレスが置かれるところ（ほとんどが母音）は，ただ「強い」だけではなく，実際は「長く」，そして「高く」発音される。下の例でみると，それぞれ ta, na, tar の部分にストレスが置かれている。

　　例）　table（テーブル）banana（バナナ），guitar（ギター）

【練習問題4】
次の単語のストレスが置かれている箇所（下線部）に注意して発音してみましょう。
　1. hotel　　2. event　　3. manager　　4. balloon　　5. calendar

　まとまった音で「音節」（syllable）というものができる。この音節の中心（核）は通常は母音となり，母音を含む音のまとまりの数で，単語の音節数が決まる。ストレスを置く場所は，母音になる。単語の発音指導をするときは，ストレスのある母音の位置に注意するとよい。

　　例）　stróng　1音節　　món-key　2音節　　go-ríl-la　3音節　　ín-ter-est-ing　4音節

B.　文強勢
　音節という音のまとまりが連なって，単語ができ，単語が連なって文が作られる。つまり，文も音のまとまりでできていることがわかる。文を作る個々の単語は，意味の概念を伝える内容語（content word）と文法的な機能を持つ機能語（function word）[1]に分けることができる。発話するときは，この内容語を強くそして長めに発音する。一方，機能語は弱く，早めに発音する。伝えたい内容にかかわる部分を強く発音するのである。次の例は，●が置かれている単語が内容語で，・が置かれている単語が機能語となる。

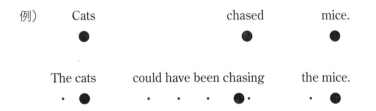

例）
Cats　　　　　　　　chased　　　　mice.
●　　　　　　　　　●　　　　　　●

The cats　　　could have been chasing　　the mice.
・　●　　　・　　・　　・　●・　　　・　●

---

1)　名詞，動詞，形容詞，副詞など，物事，動作，様態，状況を表し，単独で使われても意味のある語を内容語（content word）と呼び，これに対し，冠詞，助動詞，接続詞など主に文法的な役割が中心となる語を機能語（function word）と言う。

実際の発話において，単語がひとつだけ使われることは少ないので，文の中ではそれぞれの単語におかれたストレスとは別に，さらに文全体として意味的に重要な箇所にストレスが置かれることになる。

　また，文全体では，最後の内容語が最も強く発音される傾向がある。次の例では，太字の単語が最も強く発音される。

　例）　I read an interesting book **yesterday**.

　　　Ken is leaving for England late in the winter to learn **English**.

　ただし，特別な意味合いを表したいときには，この限りではない。例えば，コミュニケーションにおいて特に強調したい語には，意図的にストレスが置かれる。

　例）　"Who broke the window?"

　　　"**I** didn't do it. **John** did it."（= It was not I but John that broke the window.）

　また，伝える意味がストレスの位置によって変わることも注意する必要がある。

　例）　Meg knows a lot about the **movies**.（映画についてはとても詳しい）

　　　Meg knows a lot about the movies.（他の誰にもまして**メグ**が一番詳しい）

【練習問題5】
次の太字の箇所を強く発音したときの意味の違いを考えてみましょう。
1.　a）　**THIS** is my bike.　　b）　This is **MY** bike.
2.　a）　I **WAS** there.　　b）　I was **THERE**.

※解答は章末

（2）　リズム
　英語の単語や文は「強弱のリズム」でできている。音のまとまりとストレスのしくみがわかれば，英語の強弱リズムを知ることにより，相手に自分の意思をよりわかりやすく伝えられるようになる。日本語と英語のリズムは異なるので，日本語母語話者の英語はどうしても棒読みの感じになってしまう[2]。英語では強く発音される部分が等間隔で登場し，その間の音は弱くなる。

　例）　カリフォルニア　　　　California
　　　●●●●●●●　　　　●・**●**・

　このように，日本語は，個々の音がほぼ等しい間隔で発話されるのに対して，英語で

2）英語のリズムは，強勢リズム（stress-timed rhythm）と呼ばれ，日本語の音節リズム（syllable-timed rhythm）とは大きく異なる。

はストレスが中心となるリズムで発話されるのが特徴である。このリズムは文でも同じで，ストレスが置かれている内容語の間の距離がほぼ等しい間隔になるように発音すると，英語らしいリズムになる。

　以下の文で，●で表したストレスが現れる間隔はほぼ同じで，その間にストレスをもたない（弱い）音がいくつ入ってもその間隔は同等に保たれる。手拍子を打ったり，机をたたいたりしてリズムをとりながら練習すると良い。

●　　・　・●　　・　・　・　　　●

Dogs　　　　eat　　　　　　　　bones.

Dogs will　　eat　　　　　　　　bones.

Dogs will　　eat　　some　　　　bones.

Dogs will be eating some　　　　bones.

Dogs will be eating some of the bones.

【練習問題6】

次の太字の語（内容語）を強調しながら，英語らしいリズムで言ってみましょう。

1.　**Ask** her **when** she can **come**.

2.　**Nice** to **meet** you.

3.　I'd **like** you to **come** to my **house**.

4.　They **arrived** at the **station** on **time**.

5.　We **need** to **reform** the **club**.

---

(3)　イントネーション

　ことばに意味を持たせるために，私たちは声に上げ下げをつける。この声の調子を「イントネーション」（intonation：抑揚）という。上昇調で OK（↗）と上げると「大丈夫ですか？」と尋ねる意味になり，下降調で OK（↘）と下げると「大丈夫です」という答えになる。このようにイントネーションは話しことばにメロディを与え，意味合いを加える。

　基本的には，はっきりと言い切る「下降調」，後に何かが続いたり，応答を期待することを示す「上昇調」，ためらいを表す「下降上昇調」がある。イントネーションによって，文字通りの意味を超え，話し手のニュアンスや感情が表されるので，実際のコミュニケーションでは，イントネーションから相手の意図を正しくとることが大切になる。

【練習問題7】

1.　（　）内のイントネーションに注意して発音してみましょう。

　　Are you a student?（↗）　　　　Yes, I am a college student.（↘）

　　Where do you go to school?（↘）

　　Which do you like better, summer（↗）or winter?（↘）

---

2. イントネーションによって意味が異なることに注意して発音してみましょう。

  1) Ready?（↗）― Ready.（↘）

  2) I beg your pardon?（↗）（= Will you say it again?）
     I beg your pardon.（↘）（= I'm very sorry.）

  3) You like English, don't you?（↗）　　（疑問の意）
     You like English, don't you?（↘）　　（確認）

1.3　音声変化

　英語らしい自然な滑らかさを生み出すためには，一語一語を同じような調子で話すのではなく，単音の正確な発音に加え，文全体がひとつの流れとなって伝わるよう音声変化に慣れる必要がある。音声変化には，連結，同化，脱落，弱化がある。

（1）　連結（linking）

　英語の文を通常の速度で話すと，自然に複数の語が結びついてひとつの語であるかのように発音される。語の最後の音（子音）とあとの語の最初の音（母音）が連結して，一語のように話される。

　例）　come ⌢ in　　get ⌢ away　　stop ⌢ it　　watch ⌢ out　　keep ⌢ it
　　　　take ⌢ out

【練習問題 8】
単語の連結に注意して，発音してみましょう。
　　take it easy　　　check it out　　　not at all　　　as a result　　　half an hour

（2）　同化（assimilation）

　発話中，ある音がとなり合う別の音の影響を受けてその性質を変化させることがある。これを同化という。発話にスムーズな流れを生み出すための現象の 1 つである。

　例）　of⌢course（/v/ → /f/）　　this⌢year（/s+j/ → /ʃj/）　　give⌢me（/v+mi/ → /mi/）　　did⌢you（/d+j/ → /dʒ/）

【練習問題 9】
次の各英文を，最初は 1 語ずつゆっくりと，次に速いテンポで何度か読み，下線部の音の変化を確認してみましょう。
  1. My daughter loves yellow.
  2. He is wearing a nice shirt.

(3)　脱落（elision）

　同じ音や似たような音が続くと，脱落する音がある。特に /t/，/d/ のような破裂音がふたつ続くときに，両方とも破裂させるとリズムが崩れてしまう。滑らかな発話を保つためにこの現象が表れる。脱落する部分で短いポーズのような間があって，次の破裂音に続く。

　例）　sit down　　good boy　　take care　　I don't know.

```
【練習問題 10】
次の単語や文の中から脱落する音に注意して，発音してみましょう。
　1.　September
　2.　good bye
　3.　hot dog
　4.　Keep Quiet
　5.　They stopped talking.
```

(4)　弱化（weakening）

　前置詞，冠詞，助動詞など内容的にそれほど重要ではない機能語（function word）は，一般に弱く発音される。
　・How do you do?　　/də/
　・I have never been there.　　/v/
　・We had lots of fun.　　/əv/
　・I had bread and butter for breakfast.　　/n/

　ただし，発話に込められた意味内容により機能語が重要な役割を持ったり（例えば対比），文末に来たりすると強く発音されることになる。
　・The book is on the desk, not under the desk.
　・What are you looking at?

1.4　ポーズ（pause）

　息継ぎの際に生ずるポーズ，または「間」は，聞き手の理解に深く影響する大きな役割を担っている。それによって，文構造を示し，意味をはっきりと伝えるという役割がある。意味の固まり（chunk）に対応してポーズが置かれ，それが聞いた時のわかりやすさにつながる。ポーズを置く場所は，①句や節の切れ目，②and などの接続詞の前後，③文の終わり，④列挙するとき，⑤心情を言外に示すとき（ためらいなど），などである。音声変化と合わせて，英語らしさを作り出す重要な要素のひとつである。
　Ladies and gentlemen, / your attention, please!

A brown suitcase has been found / in the main lobby / of the airport.

　授業では，breath group として，上記のように生徒はスクリプトに／（スラッシュ）を入れたりしながら，チャンクごとの意味をとり，直聴直解へと発展することができる。

1.5　目標とする発音のレベル

　学習指導要領は，「現代の標準的な発音」を身につけることを掲げているが，標準とされるアメリカ英語とイギリス英語は，音声面ではかなり顕著な違いがある（表）。現在，日本の英語の授業で用いられる音声はいわゆるアメリカ式発音が多く，イギリス式発音は必要に応じて取り上げられる程度となっている。話す言語活動では米音中心に練習することが実践的ではあっても，英語が国際語として世界的に使用が広がる中，生徒の発音指導においてまずめざすべきことは，コミュニケーションにおいて誤解を招かない発音を習得することであり，国際的に容認されるレベルが目標である。モデル音声はネイティブの発音であるが，日本語の特徴を持った英語を恥じる必要はない。通じる発音の基礎を身につけ，自らの考えや意見など自信をもって積極的に英語で伝えることができるように指導したいものである。

表　アメリカ英語とイギリス英語における発音の違い

	アメリカ英語	イギリス英語
ask	/ǽsk/	/ɑ́ːsk/
can't	/kǽnt/	/kɑ́ːnt/
neither	/níːðə(r)/	/naiðə/
vase	/véis/	/vɑ́ːs/
schedule	/skédʒuːl/	/ʃédʒuːl/

1.6　音声表記

　音声表記の仕方は，どの辞書も同じわけではない。同じ出版社のものでも，辞書が異なれば表記も異なることがある。英米の辞書間では，さらに違いが大きい。日本で見かける代表的な発音記号としてジョーンズ（Jones），ケニオン（Kenyon-Knott），ルイス（Lewis）式がある。例えば，hit は，ジョーンズ式では /hit/ であるが，ルイス式やケニオン式では /hɪt/ と表記され，boat は，ジョーンズ式は /bout/ であるが，ルイス式は /bəʊt/，ケニオン式は /boʊt/ と表記される。日本の英和辞典の多くはジョーンズ式を採用している。

1.7　発音記号の指導

　現在，学習指導要領には発音記号の指導を求める記述はなく，指導項目として特に取り上げられていないため，中学 2 年生の検定教科書から新出語句とともに発音記号が示

されているが，授業内の活動として発音記号に特化して指導を行うことはほとんどない。しかしながら，せっかく辞書を引いて，新しい語彙を増やしたとしても，発音記号が読めないために発音ができないとすれば，その語彙を総合的なコミュニケーションに活用することができない。英語教師をめざす学生は，ぜひとも知っておきたい。教科書を用い，リズムやイントネーションの練習を目的とした活動を用意する中で，個々の母音や子音の発音方法を発音記号とともに指導することが理想的であろう。

1.8　フォニックス（Phonics）

　フォニックスとは，綴りと発音の規則を教えることによって，英単語を正確に読めるように訓練する方法で，小学校英語など入門期の英語学習で利用されている。（⇒第 12章 4.3 参照）

　日本語のひらがなやカタカナと違い，英語は綴り字と発音の関係にある一定の法則が存在する。ここに注目させ，組織的に綴り字の読み方を指導しようというのがフォニックスと呼ばれる指導法である。この方法はアメリカの初等教育用に考案されたが，近年では日本，とりわけ小学校英語教育現場でも取り上げられるようになっている。フォニックスの指導方法として考えられるのが，日本人学習者が苦手とする音へのピンポイント指導，フォニックスの綴りをパズルに見立てそれらをつなぎ合わせて単語の発音を学ぶ指導などがある。

　発音の習得に関しては，年少者の場合はたくさん聞いて真似ること，年長者の場合は日本語との違いを知った上で，たくさん練習することが大切になろう。

2.　語彙指導

2.1　語彙とは

　語彙知識は，言語を学ぶ上で最も基本的であり，語彙力が語学力を反映しているとも言える。文法知識がしっかりしていたとしても，一定量の語彙知識がなければメッセージを伝えることはできない。従って，いかに語彙を増やすかは真剣に取り組むべき課題である。

　語彙の知識とは，その単語の語形，意味，用法の 3 つの領域があり，受容語彙（receptive vocabulary）と発表語彙（productive vocabulary）の習得レベルの違いもある。単語は 1 つ 1 つの単語だけでなく，mother-in-law, post office や，kick the bucket, call it a day のようにひとかたまりの句や決まり文句として記憶されることもある。

　語彙には，内容語（content words）と機能語（function words）の分類がある。内容語は語彙項目と重なり，名詞，形容詞，動詞，副詞，疑問詞など単独で独立した意味を持つ語であり，機能語は冠詞（a, the），助動詞（may や will ...），人称代名詞（he や she ...），前置詞（at, of, for ...），接続詞（but, although ...）などで，内容的には大きな支障は生じないかもしれないが，文法的に正しい文章には不可欠となる。機能語は中学校の学習指導要領には必修語として 100 語が指定されていて，出現頻度が高い。

2.2 語彙知識の学習

　語彙項目を学ぶ際，その語の読み方，書き方，文字通りの意味の他，文化的・情緒的連想を表す含蓄（connotation），また文法，コロケーション，適切な使用法を知る必要がある。日本語の「バラの花」と英語の 'rose' では意味範疇が同じではないであろう。rose は英国の国花であり，王家や政治的リーダーとなった女性は rose に喩えられてきた。元ダイアナ妃の葬式で Elton John が歌った歌は 'Good-bye, England's rose' と始められていた。また，キリスト教では白バラは純潔，美，貞節を示し，赤バラは殉教の象徴である。昔 rose は秘密の象徴でもあったので，under the rose といえば「内緒で」という意味になる。花の代表として stop and smell the flowers の代わりに stop and smell the roses も使われる。バラの花は豪華で美しいが茎に棘があるので，There's no rose without a thorn という定型表現の意味するところは容易に理解できよう[3]。

　目標言語（英語）の語彙項目は，学習者の母語の意味領域や使用法とは異なることが少なくない。また比喩的な用い方や意味の拡張（foot of a mountain, give me a <u>hand</u> など）多義性にも配慮しなければならない。単語の連想的意味とは，例えば moist と damp は，日本語では同じ「湿った」状態を表す単語でも実際のイメージは異なる。moist が適度な湿り気を表すが，damp は「じめじめした」湿り気というマイナスのイメージで使用される。同様に cat と feline（猫の，ネコ科），dog と canine（犬の，イヌ科），cattle と bovine（牛の）では同じような意味領域でも使用するコンテクストが違う。いずれも後者は病気の名前などの専門用語，またはより専門領域を示す用語として使用される。woman と female，man と male のようなよく知られている語でも同様に，後者の方がより生物学的違いに注目したニュアンスが出る。

　コロケーション（collocation）とは，do homework, run/take a risk, make an effort, toss a coin のように単語と単語の結びつきが慣習的に決まっているもので，かたまりとして記憶する必要がある。イディオム（idiom）も同様に，kick the bucket（死ぬ，くたばる），beat around the bush（遠回しに言う）のように，使われている単語の意味からかたまり全体の意味を推察できない表現であるため，そのままかたまりとして覚える必要がある[4]。

　語彙の選び方，使い方は，例えば話しことばと書きことばで適切さが異なる。形式ばっているかいないか，つまり正式かくだけた表現なのか知っておくと有益である。叔父を亡くして悲しんでいる隣人に I'm sorry to hear that your uncle <u>kicked the bucket</u>. と言

---

3) There's no rose without a thorn.（とげのないバラはない。）つまり，外見が美しいものでもその中には人を傷つけるものがあるかも知れないといった意味を持つ。Every rose has its thorn. とも言う。
4) kick the bucket は，「バケツを蹴る」が「死ぬ，くたばる」を意味するとはすぐ連想できず，同様に beat around the bush は，「茂みの回りを叩く」が「遠回しに言う」意味に直結しない。ちなみに前者は，畜殺され，足からつるされた豚を見た人たちが，豚が梁（bucket と呼ばれていた）を蹴っているように見えたことから，「死ぬ」を意味するようになったということである。後者については，狩りをする際，小さな動物が怖がらないように少しずつ草むらを叩いて獲物をおびき出した様が由来となっている。

えば余りにもくだけた表現なので品性を疑われかねない。「死ぬ」の婉曲表現としては pass away が正式な表現として使われ，I regret to inform you that the professor passed away last night. という具合になる。

【練習問題 11】

1.　次の複合語の意味を確かめてみましょう。

　　hardback　　　greenhouse　　　bystander　　　drawback　　　software

2.　次の表現はそれぞれどのような意味でしょうか。

　　by and large　　　not my cup of tea　　　out of the blue　　　be all ears

　　pull someone's leg

※解答は章末

2.3　語彙サイズ

　語彙サイズの問題は，学習者がどのくらい多くの単語を知っている必要があるかという問題である。一般にテキストの理解には 85％程度の単語の理解が必要だとされていたが，近年，実際には 95〜98％の単語を理解している必要があると言われている（Schmitt 他 2011）。つまり，テキストの 2 行毎（20 語）に 1 語以上わからない単語があると，テクスト全体の理解に困難を生じることになる。

　易しく書き直されていないテキストの 98％の単語を知っているということは，相当数の語彙知識を要する。研究者により異なるがおおよそ 5000〜8000 語くらいに及ぶと考えられる。語彙サイズの測り方については，ワードファミリーという考え方が普及している。例えば，family という単語には familiar, familiarity, familiarize などの派生語があるが，これら同じ語根の語群を 1 語と数える方法である。単語を学習する際，その派生形も一緒に学ぶ習慣をつけると語彙力がさらに増えるので，学習の仕方として有益である。

　新しい単語を学ぶには，一度読んだり聞いたりするだけでは決して十分ではない。何度も繰り返し復習することが必要で，使えるレベルになるには，同一単語に相当数触れる必要があるとされている。

　基本語彙は，意味を理解できる（受容語彙）だけでなく，適切に使うことができる（発表語彙）レベルに習熟する必要がある。solid が「固体」とか「硬い」という意味であると知っていても，「湖の水がガチガチに凍った」を 'The lake was frozen solid.' とすらりと表現できるだろうか。また，'These results provide solid evidence.' のように solid を「確かな」という意味で使えるだろうか。このように，solid の単語の意味は部分的にわかっていても，本当に使えるレベルまでに習熟することは，容易なことではない。

　使用頻度の高い 2,000 語程度を知っていると，一般的な英文の 85％程度，発表語彙として習得していると理解度は 95％程度に達すると言われている。学習指導要領における語彙数は，中学で覚えるべき語彙は 2019 年までは小学校 450，中学校 1,200 語，高等

学校 1,800 語，中学と高校を合わせて 3,000 語となっていたが，2020 年からの新学習指導要領では，小学校 600 〜 700 語，中学校 1,600 〜 1,800 語，高等学校 1,800 〜 2,500 語，小中高合わせて 4,000 〜 5,000 語に引き上げられる。この語数はワードファミリーに換算すると 2,000 〜 3,000 語となる。中学，高校の段階では発表語彙としての 2,000 語の習得をめざしたいところである。

2.4 語彙指導

　語彙学習には「意図的学習」と「偶発的学習」がある。意図的学習とは記憶することに注意を傾けて何度も書いたり言ったりするなどの工夫を交えた学習活動である。偶発的学習とは，多読や対話，映画視聴などの言語活動でたまたま出会った語が記憶に定着する場合である。ある程度語彙が増えた時点で，言語活動や多読を通じて語彙知識を充実させることが重要であろう。しかし，EFL 環境にある学習者は目標言語に接する機会が限られているため，意図的学習が不可欠である。ここでは意図的学習，とりわけ新出語彙を提示する方法，語彙を増やし定着をはかる指導を紹介する。

（1）　新出語彙を提示する方法

　教科書で使われている単語に加え，単語知識を広げる活動を必要に応じて与えていくことが必要である。授業時間の中で，「今日の単語」の活動を割り当てたり，定期的に学習者各自が新しい単語を学びクラスの皆とシェアする時間を作ったりするなど，単語に焦点を当てた活動を取り入れると良い。また多読を勧めることも良いであろう。

　学習者の特性はそれぞれ異なり，学ぶスピードも違うので，特に初級者のクラスでは，意味の理解とともにしっかり発音し，書く機会も与えることが求められる。初級レベルでは，具体的な意味の単語が多いので，記憶に残りやすい絵や実物，ジェスチャーなどを使い，徐々にことばによる定義や説明やモデル文などを示していく。絵カードなどが効果を発揮する。

　翻訳（日本語）はわかりやすいので，効率的に導入できる利点があるが，いつも日本語訳に頼っていると，日本語を介して単語の意味を理解する習慣が形成され，英語をそのまま理解することにつながらない。また，日本語と英語が全て対応関係にあるという誤解を招き，日本語と英語の意味のずれに無関心になってしまう。単語が使われるコンテクストを示して，その意味を推測できるような指導方法が望ましい。例えば，court はもともと「囲われた領域」を指すが多義語なので，コンテクストによりどのような囲われた領域を指すかが異なる。Website の広告で "Find and book tennis courts in London. Choose from indoor and outdoor courts on a variety of playing surfaces ..." の court は日本語と同じ意味の（テニス）コートである。決まり文句で The ball is in your court と言われたら「さあ君の番だ」と行動を促されている。"The court found him guilty" では裁判所，"The proposal will be laughed out of court." であれば「一笑に付す」の意になる。もう一例として，ビニールとプラスチックの違いはどうか。日本語でビニ

ール傘，ビニール袋というかもしれないが，英語では vinyl（［vainl］ ヴァイナルと発音）は使わず，plastic bag, plastic umbrella と言い，plastic card（クレジットカード），plastic bottle（ペットボトル），plastic surgery（美容整形手術）と plastic（プラスチック）は汎用が広い。ビニールは化学専門用語の他は英語ではあまり使われない。このように，日本語と英語のビニールとプラスチックは意味領域がかなり異なる。

　定義，同義語，簡単な言い換え（パラフレーズ），例文などで意味を導入することもできる。説明に英語を用いれば，それだけ英語の input も増える。新出語 upset の場合，He didn't mean to upset her, but she was actually so upset that she started crying. と文で示し，次のようにパラフレーズしてみる。He didn't intend to trouble or offend her, but she was offended and got hurt. She was so shocked and confused that she started crying. というように何度か言い換えて提示できる。

　文脈からの推測として，Nation（2001, 2008）は，5段階に分けて文脈から未知語を推測するストラテジーを提案している。

　Step1：未知語の前後関係から品詞を決定する

　Step2：未知語の前後関係からその統語的特徴をつかむ

　Step3：より広い観点から未知語の文脈を検討し，他の文や節との関係をつかむ

　Step4：意味を推測する

　Step5：意味が正しいかどうか確認する

　以上の過程を学習者をペアにして話し合って行わせると推測のプロセスが促進され，未知語に接するとすぐに辞書を引いたり，あきらめたりせずに，自分でコンテクストから推測しようとする習慣が身につくであろう。（望月他 2003）

　学習者自身に新出単語を覚えるキーワードや周辺語句を考えさせる活動も面白いだろう。自分で好んで選んだものであれば，教員から提示されるものより記憶に残りやすいだろう。

【練習問題 12】

下線部の語の意味を前後の文脈や品詞から推測してみましょう。

1. Foul play will be severely penalized; a player who commits foul play must either be temporarily suspended or sent off.

2. Sachio loved his uncle so much for being kind to him. By contrast, he abhorred his aunt.

3. All the buildings in the region were illuminated at night. They looked shiny and beautiful.

（2）　語彙を増やし定着させる指導

　語彙を増やし，定着させるには，毎回の授業で語彙を復習するような課題も必要とな

ろう。それには，テストばかりでなく，基本的知識を深める課題も必要である。例えば，ディクテーションを行うならば，意味を確認し，綴りをチェックし，ペアで助け合いながら正しい答えを導けるような形で行うと効果的である。何度も遭遇する中で，書き，聞き，声に出して，文例で覚えるといった基本的な習慣を身につけさせるよう指導したい。

A．協働作業

　各レッスンの最初に新出単語をペアになって発音し意味を覚える協働作業は，教員が一方的に与えるより楽しい雰囲気づくりにつながることが多い。また，文脈の中で使い方を習熟させるというより深い学びの機会を与えるため，ペアやグループで，目標となる単語をいくつか使用してストーリーを作って発表させたり，辞書やインターネットサイト（参照：http://www.just-the-word.com/）を使って，ある単語と結びつくコロケーションを見つける課題を与えたりすると積極的な学び，いわゆる 'active learning' につながろう。

　例えば上記のサイトで salad（サラダ）と入力すると，一緒に使われる語が表示される。eat salad, prepare salad, serve with salad が動詞との組み合わせ，形容詞としては green salad, mixed salad と表示される。cook salad とタイプすると何も出ないが，alternative をクリックすると，cook salad は bad combinations で good combinations としては prepare salad と表示される。このように単語の使い方が例で得られるので，特定の使い方が自然な言い回しかどうか，適切かどうかを調べるのに利用できよう。

B．語形成，形態素

　語彙サイズと接辞の習得は関連していることが知られている（望月他 2003）。re-（再び，後に，逆に），un-（無〜，戻す，外す），pre-（前に，以前に）などの接頭辞，-ation（動作，する状態，結果できたもの），-ful（〜に満ちた，〜の傾向を持つ），-ment（動作，過程，結果として生じる状態，産物，手段，器具）などの接尾辞は汎用性が高く，語数を増やすのに有効である。

　　例）　**re-**: react, reduce, regenerate, remark, report
　　　　un-: unable, unbalanced, uneasy, unfair, unkind
　　　　pre-: preliminary, premature, prepare, prescribe, prevent
　　　　-ation: combination, formation, motivation, separation, situation
　　　　-ful: beautiful, colorful, fanciful, joyful, wonderful
　　　　-ment: attachment, development, fragment, government, instrument

C．カタカナ語の利用

　日常で使用されるカタカナ英語は大変多く，中学校の新語数のうち 900 語近くになっている。カタカナで意味が英語とあまり変わらないものは直接的に学習させて構わないが，意味が異なるものは，明示的に教える方が意識に上り注意が向くと思われる（smart, naïve など）[5]。また，アルバイト（a part-time job/work part-time），パン

(bread)，アンケート（questionnaire, survey）など元の語が英語でない外来語，ジェットコースター（roller coaster），シュークリーム（cream puff）など英語と異なる言い方をするもの，また，アレルギー（allergy, allergic）コック（cook）など発音が英語と日本語で大きく異なるものや，ペーパードライバー（I have a license, but I rarely drive.）など全く英語に存在しない表現など，対比して教えると効果的であろう。

【練習問題13】
次のカタカナに相当する英単語を調べましょう。
1.（車の）ハンドル　2.　セクハラ　3.　デパート　4.　ゴールデンタイム　5.　マンション　6.　カンニング　7.　カステラ　8.　イメージアップ　9.　キーホルダー
10.　コンセント

※解答は章末

---

(3)　語彙の評価法

　語彙サイズのテストとして Vocabulary Levels Test（Nation 2001）がある。5つのレベルからなり，①1,000〜2000語，②2,000〜3000語，③3,000〜5000語，④Academic Word List，⑤10,000語がある。以下は2000語レベルのテスト例である。
（Nation 2008：178 & 199）

You must choose the right word to go with each meaning. Write the number of that word next to its meaning.

a.
_____ end or highest point
_____ this moves a car
_____ thing made to be like another

1. copy
2. event
3. motor
4. pity
5. profit
6. tip

b.
_____ money for work
_____ a piece of clothing
_____ using the law in the right way

1. coffee
2. disease
3. justice
4. skirt
5. stage
6. wage

（解答　a. 6, 3, 1　　b. 6, 4, 3）

---

5)　日本語で「スマート」は，「体型が細くてかっこいい」意味で使うが，英語の "smart" は「頭が良い（intelligent）」の意で体型のことは指さない。細身でかっこいい意味の英語は "slim" または "slender"。同様に，日本語で「ナイーブ」は「屈託のない，純真な」という良い意味であるが，英語で "naïve" とは「世間知らず」という悪い意味になる。

The Productive Vocabulary Levels Test

Complete the underlined words as in the following example.

  e.g. He was riding a bi_____. bic*ycle*

1. They will restore the house to its orig_____ state.
2. My favorite spo_____ is football.
3. Each room has its own priv_____ bath and WC.
4. The tot_____ number of students at the university is 12,347.
5. They met to ele_____ a president.
6. Many companies were manufac_____ computers.
7.In AD 636 an Arab army won a famous vic_____ over another army.
8.The lakes become ice-free and the snow mel_____ .
9.They managed to steal and hi_____ some knives.
10.I asked the group to inv_____ her to the party.
. . . .

（解答　1. original　2. sport　3. private　4. total　5. elect　6. manufacturing　7. victory　8. melts　9. hide 10. invite）

2.5　辞書の使い方

　単語の意味や使い方を確認するためには，辞書を使いこなせるようになる必要がある。辞書には見出し語から音節の情報，発音記号，品詞，派生形（名詞なら複数形，動詞ならば過去・過去分詞形，形容詞ならば比較級・最上級など），多様な意味情報のほか，派生語，熟語，定型表現，語源，語形成に関する情報も含まれている。それゆえ，辞書は英語学習には不可欠な道具であることを教え，辞書を引くことを習慣づけるように指導したい。

　中学生の授業で使用できる，教科書の下調べとしての英和辞書の引き方を手引きするインターネットサイト（https://dictionary.sanseido-publ.co.jp/vod/gcentury_ej4/data/gc4_hw_all.pdf）も見られる。例えば，以下のように，leave や make など多義語について，異なる意味の文を和訳させ多義性に気づかせたり，いくつかの単語の品詞と意味を時間制限を設けて調べさせたり，発音記号を書かせたりなど，授業で便利に使うことができるアイディアが提示されている。

●文型・用例を調べよう
（　）内を参考に次の下線部の動詞を辞書で調べ，和訳を完成させましょう。
(1)　ア　He'll leave Japan for Canada tomorrow.（SVO）
　　　　彼は明日カナダに向けて日本を（　　　　　　　　）。
　　イ　Don't leave the door open.（SVOC）ドアを（　　　　　　　　）にしないで。
　　ウ　Leave it to me.（SVOO）私に（　　　　　　）ください。
(2)　ア　make a speech（SVO）スピーチを（　　　　　　　）。
　　イ　Mother made me a doll.（SVOO）母は私に人形を（　　　　　　　）。
　　ウ　I cannot make out what he said.（SV 副詞句）彼の言ったことが（　　　　　　　）。

　　　　　　　　　（解答　(1)　ア　出発する　　イ　開け放しに　　ウ　任せて
　　　　　　　　　　　　　(2)　ア　する　　　　イ　作ってくれた　ウ　わからない）

96

現在，電子辞書の多くのものが，複数の辞書を収めており，複数の和英，英和，英英辞典を同時に引くことができ，例文やイディオムの検索機能も充実している。また母語話者による発音も確かめることができ，大変使い勝手が良くなっている。英和辞典や和英辞典を引き慣れてきた段階で，英英辞典で語の意味合いや使い方を再確認するなど，少しずつ電子辞書で辞書活用を発展させることも心がけたい。

3.　文法指導

新学習指導要領では，4技能を有機的に結びつけながら「実践的コミュニケーション能力」を身につけさせることが推奨されている。コミュニケーション能力の育成を目標とするには，文法（形式）と意味と機能（状況による適切な使い方）の3つの要素を一緒に学ぶことを学習者に意識させることが大切である。これまでは，例えば，受け身形を導入する際，主語と目的語を入れ替え（いわゆる「たすき掛け」），主語には by をつけて後ろに持っていき，動詞を過去分詞形にして be 動詞をつけるという作業を機械的に行い，Sam likes baseball → Baseball is liked by Sam. としてしまうような指導が行われてきた。この受け身文は，野球が Sam のみに好かれているような印象を与え不自然である。また，Tom broke the window と The window was broken by Tom では，命題は同じでも，後者では「窓」の方に話者の焦点が置かれている点で異なる。このように，それぞれの文がどのような時に使われるのかを考えさせる指導が必要である。

文法のテストでは満点をとる学生でも，ライティングやスピーキングの際には，基本的な文法の間違いをしたり，時間がかかりスラスラと英文が出てこなかったりすることはよく見受けられる。このような場合は第二言語習得理論の項でも触れられているように（⇒第2章参照），まだ意識的に考えながら文法形式をモニターする段階にあり，自動的に産出できるまで習得が進んでいないということになる。

文法指導は，このような意識的な文法ドリルから自動的に産出できる段階へと徐々に発展させていかなければならない。文法の正確性に焦点を当てた controlled exercise（統制したエクササイズ）に始まり意味内容に焦点を当てたより自由なコミュニカティブな活動へ発展させ，文法と意味・機能の両面に注意をむける機会を与えることをめざしたい。

3.1　帰納的指導と演繹的指導

文法を指導する際，規則をあらかじめ明示的に説明し，理解させてからその形式を使わせる演繹的指導法（deductive instruction）と，例を示して学習者に文法規則を気づかせる方法，すなわち帰納的指導法（inductive instruction）の2通りがある。第一言語の場合は膨大なインプットから規則を自然に習得していくが，EFL 環境での学習では，限られた時間と場所における指導が中心となるため，2つの方法をうまく組み合わせる必要がある。関係代名詞など日本語にそのまま当てはまらない項目や抽象性が高い時制などの文法概念は，明示的に規則を教えた方が理解しやすく，時間の節約にもなる。規

則を理解させたのちに，その規則が使われる文脈を示し，コミュニケーション活動を通じてしっかりと使えるよう定着させるのである。このような演繹的指導法で伝統的に広く行われてきたのが次の PPP 方式である。

3.2　PPP 方式

　PPP とは，① Presentation（新出項目の提示，解説），② Practice（練習的ドリル），③ Production（産出）の順に行われる指導法である。一般に最初の 2 つの P に終始する授業が多く，その先にある実際の運用能力までたどり着かない。現実に近い場面設定で英語を使う活動を通して，運用能力を伸ばすことが求められている。

　PPP による指導の流れは以下のような手順で行う。

(1)　Presentation（提示）

　目標となる文法事項を含む文（target sentences）に注目させ，その文法事項がどのように使われるかを明示的にわかりやすく説明する。例えば，中学校で現在完了形を教える場合，「have ＋過去分詞」の形で過去分詞形をおさらいし，現在完了形を含んだ文をできるだけコンテクストとともに提示しよう。完了の意味，継続の意味，そして経験の意味，それぞれについて別個に提示する必要があるだろう。

【練習問題 14】

下線部の形について意味の違いを話し合ってみましょう。

1. Sam has to hand in his homework by noon. He has been working on it for three hours, but he hasn't finished it yet.
2. Sam finally finished his homework at midnight. Now he really feels refreshed. He has never felt that way before.

---

(2)　Practice（練習）

　一般に「練習」とはドリルを指し，パターン・プラクティスなどの演習問題を口頭で行うなどして文法形式を確認するが，徐々に形式操作から意味に注意が向くよう，練習に使う英文を工夫する。パターン・プラクティスは単調になる傾向があるので，役割を決めた対話形式にして，ペア活動などで練習に活気をもたせたい。

　教員が次のような経験を表す完了形を使い，何度か繰り返してクラスの生徒に問いかけ，答えさせる。生徒の答えを受けて I を She/He に替えてクラス全体で言わせたり，さらに個々の生徒に当てて繰りかえさせたりするというようなことをやっていく。やり取りに慣れたら生徒同士ペアで練習する。

T: I've been to Yokohama many times. Have you ever been to Yokohama, Yoko?

S: Yes, I've been to Yokohama once.

T: (She) has been to Yokohama once.

Ss: She has been to Yokohama once.

● I've never been to Paris/ London/ New York. Have you ever been to 〜?

● I've never kept dogs or cats. Have you kept dogs or cats?

● I've never eaten bees, but I've eaten locusts（イナゴ）once. Have you ever eaten bees or locusts?

上のようなドリル活動の後に次のようなミニ・コミュニケーション活動を挟むことができよう。

ともだちに次の表現を使って過去の経験を尋ねてみましょう。

例　Have you ever been to ~? → Yes/No.（→ Yes ならさらに詳しく，No なら未来のことを尋ねる）

　　1）　京都／九州／北海道（→ Yes なら具体的な場所，No なら将来行く計画があるか）

　　2）　ディズニーランド（→ Yes なら具体的なアトラクション名，No なら今後行きたいか）

　　3）　外国（→ Yes なら具体的にどの国，No なら行きたい国）

(3)　Production（産出）

A.　コミュニケーション活動

　文法習得に向けて意味のある内容に基づいてコミュニケーションを体験できる活動を与える。この後に実践的コミュニケーション練習としてタスクを行うが，それにつながる予備段階的な活動と位置づけられる。一般的には information gap など，ペアやグループでそれぞれが異なる情報を持ち，特定の文法項目を使って質問し答えるような活動である。例えば，How long does it take? → It takes 〜のような表現の練習として，列車の時刻表や運賃表などの情報を与える。ペアの生徒各自が異なる情報を持ち，それぞれの欲しい情報を問う活動をさせる。

B.　タスク

　実際の場面で目標の文法形式を使いながら，コミュニケーションができるように言語の運用能力を伸ばすための活動である。目標とする文法項目の習熟が進んだ後に，タスクでさらに現実に即した形の実践的コミュニケーション活動へと発展させる。例えば，対話者の間に情報のずれ（information gap）を作り，そのずれを埋めなければ解決できない課題を設定する。具体的には，時刻表を使いどの時間の列車に乗って，どこへ行くか旅程を話し合って決めるといった課題を与えることができよう。タスクはドリル的な

活動と異なり，解決するべき課題や問題が提示され，その解決法が見出されなければ完了とはならない。現実的な状況においてコミュニケーション活動を行うことにより，学習者の言語運用能力を高め，言語使用に自信を持たせることが大きな狙いである。

　タスクには，インフォメーション・ギャップ・タスクから，方針決定，問題解決型までさまざまな目的と形態のものが考えられる。例えば，「have ＋過去分詞」で経験をあらわす形式を学ばせるならば，次ページのようなタスクでお互いの経験を話しどの国に行きたいか意見交換しながら旅行計画の立案をすることができる。（高島 2005, pp.178–181 に基づく）

3.3　文法の機能的側面

　コミュニケーションを考えたとき，文法的な form（形式）の側面とそれが伝える意味上の function（機能）にはギャップがあることに注意しなければならない。例えば，can は「できる」かどうか能力を意味するが，Can you pass me the salt? は塩を取ることのできる能力を尋ねているのではなく，依頼を表す文になる。

　また，日本語と英語の使用法の違いにも注目する必要がある。ビジネスメールで丁寧に「～して頂ければ幸いです」と控え目に依頼する際，"I would like you to ～"としてしまうと命令のような強制的な響きになる。"I would appreciate it if you could ～"という表現が適切であろう。レストランで給仕に水を持って来てもらいたいときは "Could you bring me some water?" よりも "Could I have some water?" と言う方がずっと感じの良い客だという印象を与えられる。

　口語体の中に文語体が，逆に文語体の中に突然会話体が混じるようなことも多く見られる。一部の決まり文句を除き，文語体で多く用いられるような分詞構文を会話で頻繁に用いたり（"*Arriving* at the station late, we missed the train."）口語体では語調で強調すれば済む内容に強調構文を用いたりする（"*It was I that* made the speech last night."）など，語用論的な問題は少なくない。文章であっても，科学論文のように客観性を重視するスタイルを用いる場合と友人へのメールのようにくだけた形式の場合では異なり，口語であってもフォーマルなスピーチと友人同士に向けた発話とでは形を変えなければならない。学んだ文法表現を状況に適切な形で使えるようコンテクストとともに指導したい。（⇒第 1 章3.3 参照）

　発話の意図にも注意を払う必要がある。先にも述べた "Can you pass me the salt?" という表現の場合，話し手の意図は依頼なので，"Certainly, here you are." というような返答が求められる。同様に，"It looks like rain." という表現は，母親が出かけようとしている娘に言っているとすれば，"You'd better take an umbrella." という意味合いになり，洗濯物を干そうとしている娘に言えば，"You'd better not hang the washings outside." という意図が含まれる。それゆえ，文法項目も単文だけで練習するのではなく，その発話が起こるコンテクストを提示して，表現の持つ機能を考えながら使用するよう心がけることが大切である。

Sheet A
あなたは Kaz です。あなたと Yoshi は今度の夏休みにアジアの国を巡る旅をするつもりです。今日は学校の食堂で Yoshi と旅行の打ち合わせをすることになっています。よく相談して旅行の計画を立てましょう。

1. Yoshi が約束の時間に 20 分遅れて食堂へやってきました。あなたはまだ昼ごはんを食べていません。Yoshi の質問に答えましょう。

2. 旅行の話をしましょう。Yoshi はどこに行きたいか聞きましょう。
   Yoshi が行きたい場所とその理由
   1)
   2)
   3)

3. Yoshi の質問に答えましょう。あなたが行きたい場所を 3 つできるだけ詳しく伝えましょう。
   あなたが行きたい場所と理由：
   1)　韓国：最近ハングル（Hangul）を勉強した。
   2)　台湾：料理が美味しい。
   3)　フィリピン：英語の勉強になる。ゴミ問題や貧困について学びたい。

4. あなたはこれまで行ったことがないところへ行きたいと思っています。あなたが行ったことのある場所を伝えましょう。Yoshi はどこに行ったことがあるのか聞きましょう。
   あなたが行ったことがある場所：中国（3 回），インド（2 年前）

5. 旅行の行き先を 1 つ決めましょう。
   行き先：
   理由：

Sheet B
あなたは Yoshi です。あなたと Kaz は今度の夏休みに世界遺産を巡る旅をするつもりです。今日は学校の食堂で Kaz と旅行の打ち合わせをすることになっています。よく相談して旅行の計画を立てましょう。

1. あなたは，約束の時間に 20 分遅れて食堂に来ました。謝って，Kaz はもうお昼を食べたのか聞きましょう。

2. 旅行の話をしましょう。Kaz はどこに行きたいか聞きましょう。
   Kaz が行きたい場所とその理由
   1)
   2)
   3)

3. Kaz の質問に答えましょう。あなたが行きたい場所を 3 つできるだけ詳しく伝えましょう。
   あなたが行きたい場所と理由：
   1)　中国：万里の頂上（The Great Wall）に行きたい。
   2)　タイ：本場のトムヤムクン（Tom yum kun）を食べてみたい。
   3)　インド：兄がインドで yoga を習った（practice yoga）。

4. あなたはこれまで行ったことがないところへ行きたいと思っています。
   あなたが行ったことのある場所を伝えましょう。Kaz はどこに行ったことがあるのか聞きましょう。
   あなたが行ったことがある場所：韓国（2 回），台湾（去年）

5. 旅行の行き先を 1 つ決めましょう。
   行き先：
   理由：

> ### 研 究 課 題
>
> (1) 以下のテキストを指導者として生徒に流暢に読み聞かせるとき，注意すべき点を考え，発音してみましょう。
>
> Different people come to a comic café for different purposes. This is the reason why such places are so popular. A comic café provides a useful facility in a busy city and it meets the needs of society. （石谷ほか 2008, p.16 より一部改変）
>
> (2) 以下の単語をそれぞれどのように教室で提示しますか。
>
> childish, fall, patience
>
> (3) Soseki wrote the story. The story was written by Soseki.
>
> どのような状況でそれぞれの文が使われるか，考えなさい。

6 章練習問題　解答

【練習問題 5】　解答

1. a)　どの自転車が自分のものか示す。 b)　自分の自転車であることを示す。

2. a)　過去にその場所にいたことを示す。 b)　その場所にいたことを示す。

【練習問題 11】　解答

1. ハードカバー（の），温室（温室効果の），傍観者，欠点，ソフトウェア（電算機システムのためのプログラム）

2. 概して，私の好みじゃない，思いがけなく（いきなり），熱心に傾聴する，からかう

【練習問題 12】　解答

1. ファールをすると厳しく罰せられる。ファールをすると一定期間出場停止か退場になる。

2. サチオは伯父（叔父）さんが優しくしてくれるので大好きだったが，対照的に伯母（叔母）さんのことは毛嫌いしていた。

3. その地区の全てのビルは夜間照明を当てられていた。キラキラ光って綺麗に見えた。

【練習問題 13】　解答

1. steering wheel　2. sexual harassment　3. department store　4. prime time

5. apartment building, condominium, flat（英）cf. mansion は（富豪の）大邸宅

6. cheating　7. sponge cake　8. improve one's image　9. key ring　10. outlet（米）socket（英）

【練習問題 14】　解答

1. 3 時間ずっとやっている（今現在も続いている）〈継続〉，（まだ）終わっていない〈完了〉

2. 終えた（過去），（そのように以前）感じたことはない〈経験〉

第7章

4技能の活動

　英語力をつけるのに皆さんはどのように学んできましたか。ひょっとすると，単語や文法といった知識を増やすことばかりに時間を費やしてきていませんか。知識は使ってこそ価値があります。英語教育では英語の知識を身につけながら，それらを統合してやり取りなどを含めた4技能として使ってみる機会を提供する必要があります。どのようにしたら生徒たちに生きた技能としての英語力をつけることができるのでしょうか。この章では，そのための具体的な活動を検討していきます。

Keywords

- ・リスニング
- ・スピーキング
- ・リーディング
- ・ライティング
- ・4技能5領域
- ・指導技術
- ・コミュニケーション活動
- ・練習活動
- ・技能統合
- ・やり取り

　第6章では言語能力の核となる発音，語彙，文法という言語要素に焦点を当てた。この章では，これらの基本的な言語要素を統合して実際に運用するコミュニケーションの形態である「読む」，「聞く」，「話す」，「書く」の4つの技能について，どのように指導できるのか考える。

　新学習指導要領では，4技能をバランスよく連動させて指導することが旧指導要領以上に強調されている。とりわけ，話すことにおいては「やり取り・発表」の区別が示されている点が新しい。これは，話すことが暗唱やスピーチなどのような発表と，複数の話者による対話の両面があることを示している。「やり取り」（interaction）は単にリスニングとスピーキングを合わせたものではなく，それ自体に特性があるため「4技能5領域」と呼ばれる。

　また，大学入試の方向性も共通テストが読解と聴解の割合が1対1になることに加えて，話すことと書くことを含む4技能による外部試験入試の導入が決まっている。それ

ゆえ，中学校・高等学校で4技能がバランスよく身につくように指導する必要がさらに増している。

　4技能はそれぞれ独立して存在するものではないので，各技能を関連させながら最終的には実践的なコミュニケーション能力として収束していくよう指導することが望ましい。

　次の表1は，4技能別に言語活動の練習活動とコミュニケーション活動に大別したリストである。練習活動は技能を獲得する（skill-getting）ために行う学習活動であり，4技能を使ってみるコミュニケーション活動（skill-using）を可能にするための基礎的なトレーニングである。この2つのレベルを意識することで，4技能によるさまざまな活動を組み合わせて授業を構成することができる。授業を計画する時に，文法や語彙，発

表1　主な言語活動の例

技能	活動種類	活動	目的
聞く	練習活動	知覚訓練（perception training）	単語などの音素に注目して判別する
		ディクテーション（dictation）	詳細を聞く（文字で再生）
		シャドーイング（shadowing）	詳細を聞く（声で再生）
	コミュニケーション活動	教室英語（classroom English）	教師の生きた英語を聞く
		オーラル・イントロダクション（oral introduction）	教師によるプレゼンテーションを聞く
		スキャニング（scanning）	部分的な内容を探しながら聞く
		ジスト・リスニング（gist listening）	聞いて内容の要点を理解する
		聴解（listening comprehension）直聴直解	全体的な内容理解
読む	練習活動	訳読	母語への置換と理解確認
		フレーズ読み（直読直解）	文頭から直接読み進む
		音読（oral reading/reading aloud）	音声化と定着，語認識促進
		発問（question and answer: Q&A）	発問による内容理解確認（事実，推論）
	コミュニケーション活動	探し読み（scanning）・情報転移	特定の情報を求める
		すくい読み（skimming）パラグラフ・リーディング	文章全体を読み通す段落単位での概要把握
		黙読（silent reading）	内容の読み取り
		精読（intensive reading）	精密に文を読む
		速読（rapid reading）	意識的に速く読む
		多読（extensive reading）	概要・要点の把握
話す	練習活動	音読（oral reading/reading aloud）	口頭再現
		シャドーイング（shadowing）	モデル音声に近い口頭再生
		リード・アンド・ルックアップ（read and look up），暗唱（recitation），再生（reproduction），リテリング（retelling）	文字を見ずに口頭再生
		パターン・プラクティス（pattern practice）	文の一部を入れ替えて発話
		口頭作文（oral composition）	口頭で英語表現

		ショー・アンド・テル（show and tell）／リテリング（retelling）	発表（presentation）
		スピーチ（speech）／プレゼンテーション（presentation）	自己表現，口頭発表
		ストーリー・テリング（story telling）／ナレーション（narration）	体験や出来事，見聞きしたことを語る
	コミュニケーション活動	談話完成（discourse completion）／短い対話（chat）	対話の一部や質問が示してあるやり取り（interaction）
		ディスカッション（discussion）	問題解決や意見交換，討論などのやり取り
		タスク（task）／インフォメーション・ギャップ	目的を達成するためのやり取り
		ロールプレイ（role-playing）	場面と役割設定のあるやり取り
		ディベート（debate）	意見発表，質疑応答のやり取り
書く	練習活動	書き写し（copying）	文字連結と意味の確認
		和文英訳（translation）	読み手に伝える練習
		ディクテーション（dictation）メモ取り（note-taking）	メモの基礎訓練 聞いた内容の整理
		再現（reproduction, retelling）	理解した内容を書いて再現
		制限作文（controlled composition）	条件に従って作文
	コミュニケーション活動	自由作文（free writing）	考えや情報を自由に書く
		パラグラフ・ライティング（paragraph writing）	英語的論理展開で書く
		エッセイ・ライティング（essay writing）	パラグラフを組み合わせて文章で論じる
		要約（summary writing）	概要や要点を書く
		感想文（thoughts and feelings）	感想文を書く

音といった形式（form）を理解して使えるようにするために，繰り返し声に出したり，書いたりして習熟するような練習活動から，4 技能を駆使して意味内容にフォーカスしたコミュニケーション活動へと，発展的に構成することが求められる。

1.　リスニング

1.1　なぜ英語が聞き取れないのだろう？

　学習者が英語の発話を聞いて理解できない理由は，大きく分けて 3 つあると言われている。まず，英語の音の特徴（音韻的特性）や速さについていけない。次に，語彙・文法などの言語知識が不足しているため，聞いても音声と意味が結びつかない。さらに，聞いていることはなんとなくわかるが，話題・内容に関する背景知識が欠如していて，入ってくる情報との照合ができない場合もある。

　音韻的特徴や速さについては，音の脱落や短縮，連結，同化など（⇒第 6 章 1.3 参照）の要素により，学習した音素や単語の個別の音のイメージと，実際に使用される速く聞こえてくる音とのずれによって，語句や表現の認識ができないことがある。例え

ば，apple という単語を知っていても，「アナポ」と聞こえた時，その音が an apple と結びつかない。また，"What time is it now?" のように文字で読めば問題なく理解できる表現でも，街で急に尋ねられたりすると瞬時にわからないことが起こる。実際，ジョン万次郎には「ホッタイモイジルナ」と聞こえたとされる。文が長くなると，語彙や統語構造などの言語知識を用いて処理する短期記憶による処理が追いつかないために，聞き取れなくなる。

　一般に，話しことばの速度は1分間に120語程度が学習者に適した発話速度とされている。英語圏での自然発話では1分間に150語以上，ニュースになると1分間に180語〜200語の速度になり，学習者には相当速いと感じられる。ただし，音の流れが切れる間（pause）が入ると，実際の発話速度が速くても意味のまとまりごとに理解を進めることが可能になる。話題や内容に関しては，背景知識があれば，全ての単語が聞き取れなくてもある程度は理解できる。音声を聞く前に内容に関してのスキーマ[1]を活性化させるなどの工夫が，理解を助けることもある。例えば，ニュースを聞く際にも日本語で知っていることは，英語で聞いてもわかりやすい。

1.2　リスニングのプロセス

　聞いてわかることは，語彙，文法の知識をもとに音の処理をスムーズに行うことができること，すなわち，音の認識と文法や語彙の形式処理を行って，意味理解に至るプロセスが達成できることである。

　リスニングによる理解は，ボトムアップ処理とトップダウン処理の2つの過程が相互に補完しあいながら達成される。ボトムアップ処理は，例えば音素，分節，語，句のレベルから認識と処理を積み上げていく。一方，トップダウン処理は，状況や文脈，場面といった大きな視点から推論を働かせて理解に至るものである。両者のどちらかに不足があれば，一方がより主導的に働いて補完し，意味理解を見出そうとする。

　例えば，朝，少し離れたところから仲間が手を振って「…ございます」とだけ聞こえたら，聞こえた音（ボトムアップ）を状況（トップダウン）から推測して「**お早うございます**」と挨拶したと判断する。アメリカの議会で憲法修正の話を聞いて，「めんめん」と聞こえてくる音を，議会という場面と結びつけて 'amendment'（修正箇条）だと理解する場合も同様である。従って，聞き取りに大切な要素は，文法，語彙，表現の知識を音声でもアクセスできるようにしておくこと，またそれらを結びつけて意味の固まり（chunk）をとらえられるようなボトムアップ処理を一定のスピードでできるようにすることが大切である。文脈や背景知識を用いてトップダウン処理を働かすことができる

---

1)　スキーマ（schema）とは，人間が生活の中で自然に身につける知識の構造である。内容スキーマは，理解しようとする情報の話題から想起されるさまざまな背景知識である（例えば，あるニュースに関する知識）。形式スキーマは，説明の順序や手続き的な順序などに関わる背景知識である（例えば，ニュース情報の5W1H など）。

かどうかは，ボトムアップ処理に注意力を奪われ過ぎない音声処理の自動化が身につい
ているかどうかにかかっている。

1.3　指導法

(1)　知覚訓練（perception training）

　リスニングの最小の要素である音素のイメージを作るために，音声を聞いてどの音素
が発話されたかを判別する訓練である。例えば，vest という音声を聞いて，/b/ と /v/
あるいは /w/ を音素の選択肢として先頭の音声はどれだったかを選ばせる。

　近年は，二者択一のミニマル・ペア（minimal pairs）に限らず，紛らわしい音素を自
由に混在させて多様な話者の刺激音によって判別する高変動音素訓練（HVPT：High
Variability Phonetic Training）という手法が有効とされている（Thomson 2018）。教師
の肉声を含め，多様な英語話者の音声に触れる機会を与えることで，世界の人々が話す
さまざまな英語の音声を統合的にイメージ化することができ，しっかりしたリスニング
力が育成できるとされる。このような学習方法はインターネット上の公開サイト
"English Accent Coach"（Thomson 2017）で可能となっている（⇒第 9 章参照）。

　リスニングの基礎として，注意力を傾けて音素のイメージを頭に焼きつけることが重
要であり，十分な音声によるインプットを与えることで，徐々に音の特徴やリズムに慣
れさせることが大切である（第 6 章 1. 参照）。音声に注意を集中させるために，音読や
シャドーイングなどの調音練習をさせることも有効であろう。

(2)　ディクテーション（dictation）

　発話された文を一語一句正確に文字に書き取る活動である。前述の知覚訓練を筆記作
業と合わせて行うものと考えて良い。また，聞き取れなかった部分にはどのような語が
当てはまるかを考えるなど，文法や表現の知識を利用して推測することもあるため，ディ
クテーションは「耳と脳で聞いて手で反応する」統合的なリスニング練習と言われ
る。聞かせるのは一般に 3 回で，まず 1 回目は意味をとらえるために聞かせる。2 回目
は意味の切れ目（チャンク）ごとに区切って，間をおいて書きとる時間を与える。最後
に通しで確認のために聞かせる[2]。長い英文の場合は，空所補充形式にして部分的な書
き取りにしたり，穴埋め対象の語の先頭や末尾のスペリングを示すなどの補助を与える
と易しくなる。生徒に聞かせる音声は速度を落とすよりも，ナチュラル・スピードのま
ま繰り返し聞かせるようにして，空所以外の英語の音にも触れられるようにする。ペア
やグループで行うディクトグロス（dictogloss）[3]は，学習者にスペリングの書き取りだ
けでなく，意味や文法にも注意を向けさせることができる。学習者が二人で同じ英文を

2）　学習者の習熟度（語彙・文法力，およびリスニングに慣れているかなど），扱う英文のレベルや長さ，
音声のスピードなどの要因によって，繰り返しの回数や方法は臨機応変に判断する必要がある。

何度も聞き，聞き取れない部分にどのような語句が入るかを話し合う活動である。

(3)　シャドーイング（shadowing）

　テキストを見ずに，流れてくる音声を聞きながら口頭で復唱する活動である[4]。リスニングと調音を同時に行う二重課題なので，認知的な負荷と運動の負荷が同時にかかる。元々は同時通訳のトレーニング法として行われている手法だが，近年，中高の教室や日本語を含む多様な言語の学習場面で実践され，その効果が注目されている。英文の理解を経たあとの仕上げとして，学習したことばを運用に転じさせるための練習活動として取り入れられている。例えば，学習者が自分の音声を録音して聞く機会を与えたり，学習者がペアで相手のシャドーイングを聞きながらテキストを見て，どの程度正確に言えているかを確認しあったりなどすると，能動的な学習活動となる。

(4)　教室英語（classroom English）

　学習者が英語に触れる機会を多く持てるようにするため，教師は分かりやすい英語を積極的に使いたい。いわゆる「教室英語」として，Open your textbook to page 〜 . Will you read it aloud? Could you speak more loudly? How do you say 〜 in English? Please say it again.（⇒巻末資料3参照）など，指示や質問は極力英語で行う。生徒にとって英語のクラスであることを自覚させ，また英語を身近に感じさせることができる。

(5)　オーラル・イントロダクション（oral introduction）

　読んだり聞いたりするための教材の内容に関する背景知識の有無は，理解の度合いに大きく作用する。内容理解の活動に入る前に教師の英語による説明や問答を経て，背景知識をふくらますことで，学習者の内容理解を助けることになる。教師が肉声で，内容に関連する写真や図，絵，グラフなどを提示したり，話題に関するキーワード，場面や状況に関する情報を与えたりするなどして，そのトピックに関する背景知識を与えたり，既存の知識を活性化させるための手法である。学習者と対話をしながら行う場合はオーラル・インタラクションとなり，さらに聞き手に注意を払わせる効果がある。また，学習者にノートをとらせて論点を整理させるなど，工夫次第で集中したリスニング活動となる。

▷▷────────────────────────────────────◁◁

3)　教師が英語で話した内容を聞きながらメモを取った後に，ペアやグループでできるだけ元の内容や表現に近い形で書いて再現することを目的とした活動（Wajynrib 1990）。
4)　シャドーイングは本来，英文テキストを見ずに音声だけを頼りに復唱するものである，普通教室ではヘッドホンで原音を学習者の耳に届けることが難しいため，拡声プレーヤーからの音声を聞きながら原音の聞こえを妨げずにつぶやくウィスパリングや，テキストを見ながら音声に合わせて復唱するパラレル・リーディングなどもシャドーイングの一種ととらえることができる。

(6)　選択的リスニング（selective listening）

　教師があらかじめ注意を払って聞き取るべき語句などを指定し，学習者はその情報だけを集中的に聞き取ろうとする活動である。リーディングにおけるスキャニング（scanning）と同様の活動である。聞き取るべき部分は通常，単語や意味の固まり（chunk）である。例えば，野球やバスケットボールの中継を聞いて，どのチームが戦っていてどこまで試合が進んでいるか，スコアはどうなっているか，活躍している選手はだれか，などいくつかの限られた情報だけに注意を払いながら聞かせる。天気予報を聞き取る場合は，地名，天気，最高気温，最低気温などを聞き取ってメモをとらせるなど，単純な課題設定であってもはっきりした目的を持ってリスニングに取り組ませることができる。指定された部分以外の情報も取り込んで理解が進む可能性があるので，次のジスト・リスニング（概要把握）につなげていくと効果的になる。

(7)　ジスト・リスニング（gist listening）

　概要を把握するためのリスニングである。リーディングにおけるスキミング（skimming）と言えよう。聞いた内容の主題（トピック）をとらえたり，主題を支える根拠など大まかな要点を理解することが目標であり，トップダウン処理を実践する活動である。要点と詳細，事実と意見，客観的情報と具体的情報など，情報の取捨選択が必要なので，高度なリスニング力が求められる。例えば，ニュースを聞く場合には“5W1H”の情報に，物語の場合は登場人物と物語の出来事や結末に注意して聞かせる。前もって，メモ取り（note-taking）（⇒本章 4.3（3）参照）の仕方を指導することも必要であろう。ノートの取り方は，最初は図や表を用意しキーワードを埋めるように行ったり，日本語でキーワードのみを書かせたりするなどし，徐々に自分で情報を取捨選択できるように指導する。

(8)　聴解（listening comprehension）

　まとまった英語の音声を聞いて理解する活動である。聞き取った後に Q&A や True or False，多肢選択問題などを用いて理解を問うのが一般的であるが，指導そのものがテストのようにならないように注意が必要である。聞き取りながらメモを取らせたり，聞いた内容をもとに図や絵を完成させたりするなど，聞き取りに積極的に取り組ませるような工夫をしたい。

　なお，聴解は英語が聞こえる順に理解していく「直聴直解」[5]が要求されるので，練習方法としてポーズに注意して意味の固まり（chunk）ごとに意味をとって聴く練習が有効である（次の例を参照）。まずは，英文中でポーズの個所に斜線（/）を入れて，処

---

5)　英文を聞きながら和訳して理解しようとすると追いつかないので，耳から入ってくる英語をそのまま chunk ごとに意味をとって理解していく聞き方。日本語と英語の語順が大きく違うので有効な手法。

理単位を確認しながら聞くことが第一歩である。リスニングでチャンクごとの理解ができるようになると，リーディングの直読直解にもつながる。熟達してくると，スラッシュが少なくなり，より長いチャンクで意味が取れるようになる。

> 例) One day / I went / to a Chinese restaurant / in London, /
> ある日／私は行きました／中華料理店へ／ロンドンの／
> and watched / people's behavior. //
> そして観察しました／人々のふるまいを／／

チャンクごとに意味を取る練習は，次に来る内容を予測しながら聴くような聞き方も指導できる。例えば，"Last night I watched an interesting program, which ～" の場合，which の直後で音声を止めて，「which の後はどんな内容が来るかな，どのような番組だったのかな」などと問いかけ，内容を予測しながら聞かせるのである（岡 2004：75）。

2. スピーキング

2.1 なぜ英語が話せないのだろう？

スピーキングに関して多くの英語学習者が直面する問題の背景には，大まかに次のような理由がある。

- ・英語が口をついて出てこない，気後れする。（発話体験の不足）
- ・英語らしい音声にならない。（正式な調音練習の不足）
- ・言いたいことや言い表す単語がわからない（語彙力の不足）
- ・日本語ではわかっていても英語の表現や文にならない。（表現や文法力の不足）
- ・場面に合った適切な言い回しがわからない。（社会文化的能力・談話能力の不足）

EFL 環境では，学習者が実際に英語話者と英語を話す体験を積み重ねることは簡単ではない。そのため教師には，実際のコミュニケーションを想定した場面やことばの働きを考慮しながら，生徒が積極的に英語を声に出して使うような課題と学習環境を工夫することが求められる。教師自身が授業中，できるだけ英語を使い，生徒にも十分に英語使用の機会を与えられるよう授業展開を考える必要がある。

2.2 スピーキングのプロセス

日常のコミュニケーションとしての「話すこと」は，話し手として伝えたい内容を一方的に聞き手に発話する「発表」（production）と，聞き手と相互に情報交換をする「やり取り」（interaction）に分けられる。

話す時に，話し手はまず伝えたい内容を概念として頭の中に抱く。次に語彙と文法をもとに表現形式を整え，調音計画に従って発話する。実際の発話が伝わらなかったり，間違っていると気づいて言い直したりすることもある（self-repair, restructuring と言わ

れる）。また，過不足なく情報を盛り込み，聴き手が理解しやすいようにわかりやすい
表現を使う配慮なども求められる。

　やり取りの場合は，話し手と聞き手が情報を伝え合うことが直接的に行われる。情報
の往来の中で話し手と聞き手の話者交代（turn-taking）が起こる。やり取りがスムーズ
に進む要素として情報の質と量，関連性や話し方などの要素がある。外国語学習者によ
るやり取りの場合，発話は不完全であることが多く，聞き手が理解できないとことがよ
く起こる。このような場合は，話者は理解してもらうように表現し直したり（modified
output），聞き手から話者にもう一度わかりやすく言ってもらいたいと伝えたりする
（明確化要求：clarification request）。また，話し手は相手が理解していることを確認し
たり（comprehension check），お互いに相手の言いたいことを確認（confirmation
check）しながら，やり取りを成立させる努力を払う。このような共通理解を生み出す
ための意味交渉（negotiation of meaning）は，第 2 言語習得に大きな役割を果たすと言
われている。授業の中でやり取りを持続できる力を伸ばすことは，対人コミュニケーシ
ョン力を発達させる上でも大切な要素となる。

2.3　指導法

　スピーキングの指導は，これまでの日本の英語教育の中で，必要だと認められながら
も系統だって中学・高校で扱われてきたとは言い難い。しかし，今後大学入試に 4 技能
試験のスコアが求められる場合にはスピーキングが含まれ，高校終了時までにある程度
英語が話せるような指導を行う必要が高まってこよう。

　スピーキングの指導法は，第二言語習得論（SLA）において活発で，とりわけ PPP
型（⇒第 6 章 3.2 参照）と TBLT 型（⇒第 3 章 2.3 参照）の指導の効果が議論されてい
る。PPP では明示的に文法や語法の形式を説明し（presentation），それをパターン・プ
ラクティスなどで練習し（practice），仕上げとして目標形式を使った表現を表出させる
（production）活動を行う。TBLT（task-based language teaching）は，意味交渉を通し
た目的のあるコミュニケーション・タスクを実践し，ことばの使用を振り返って文法や
語法への気づきを促す指導（Focus on Form，⇒第 3 章 2.5 参照）が後に続く手法であ
る。どちらとも文法や語法を学ぶことが目標となっており，文法に限らず総合的にスピ
ーキング力を向上させるための指導法として，日本の英語教育の文脈で考えたい。

　ここでは，その典型的なスピーキング指導の手順を紹介する。

①教師自らがクラスルーム・イングリッシュやオーラル・イントロダクションで英語
　を使って見せる。

②生徒の口を開かせるために，早口ことば（tongue twister）や歌，ゲームなどのウ
　ォームアップ活動を取り入れ，発話の楽しさを体験させる。生徒に英語を話させる
　ための雰囲気を作るため，教師はできるだけ英語で授業を運営することが望まし
　い。

③メインとなるコミュニケーション活動のための内容をリスニングやリーディングに

よるインプットとして与え，ペアやグループ活動を行う。話すための語句・表現や文法形式などを先に与えるか，コミュニケーション活動を行わせてから振り返る形で示すかは，生徒の習熟度や意欲によって柔軟に考える。

④ペアやグループから代表者が話した内容の結果をまとめて書いたり，口頭で発表したり，教師のインタビューによりクラスで共有するなどして，コミュニケーション活動のゴールに達成できたかを確認する。スピーキングは文字のように痕跡が残らないので，どのように活動の仕上げを行うかをよく考えておく。

⑤話した内容についてライティングで締めくくって書かせることも，使った英語を定着させる上で効果がある。

2.3.1　主なスピーキング活動

(1)　音読（oral reading / reading aloud）

音読はリーディングの一部とも考えらえるが，文字を見て口頭で英語を発する作業はコミュニケーションを行う前の練習として重要なステップである。文字言語が先行しがちな EFL 環境では，文字として理解した英語を話しことばとして発信できるよう転換するための第一歩として音読がある。音声を聞いて，繰り返し発話するリピーティング，英文を見ながら音声を聞いたそばから発話するパラレル・リーディングなども音読の一種である。英文の一部を見て記憶し，テキストから目を離して声に出すリード・アンド・ルックアップ（read and look up）も音読を応用した形である。

(2)　シャドーイング（shadowing）

音読の一手法であるテキストを見ながらモデル音声をくり返すパラレル・リーディングから，テキストを見ないで音声のみを頼りに口頭で復唱する活動である。聞いたそばから発話するという負荷の高い活動であるため，熟達してくると音読よりもスピーキング力に転換しやすいとされる。コミュニケーション活動の前にインプットとして学んだ英文の音声を，自らのことばとして発話できるようにするための活動である。音源が直接学習者の耳にヘッドホンで届けられる CALL 教室やタブレットなどを利用すれば，個別に行わせても良い。また，ペアで一人ずつ順番にシャドーイングを相手に聞かせるような活動にすると，声に出す意味が生まれる。

(3)　再生（reproduction）

日本人に対するスピーキング指導の多くは，リスニングやリーディングによって理解した英語の再生活動である。語彙力や文法の知識が不十分な段階で，いきなり自分の考えを英語で言わせようとしてもうまくいかないので，この既習の英語表現を声に出して言わせる学習活動の方が成立しやすいからである。再生活動の経験を多く積むことで，英語を発話することに慣れ，徐々に創造的な発話力につなげることが課題である。再生の形式には，単独の話者によるモノローグと二人の話者によるダイアローグがある。イ

ンプットした表現を覚えて再生を行う際，リード・アンド・ルックアップ，暗唱，スキットなどがある。表現の自由度があるリテリングでは，できるだけ自らのことばで相手に内容を伝えるよう指導する。このような再生活動は，読んだり聞いたりした表現をスピーキングで使えるようにするのに有効である。

(4)　パターン・プラクティス（pattern practice）

　学習の目標となる文法事項を含む文を基本文の一部を入れ替えて，口頭で言う活動である。置き換えドリル（substitution drill）とも呼ばれる。例えば，現在完了形を含む文において下線の部分を（　）内の地名に入れ替えて，お互いに質問し合うなどの活動が考えられる。その際，ただの置き換えによる退屈なドリルとならないよう，新たな情報を加えるプラスワン・ダイアローグとなるよう指示すると良い。

> A: Have you ever been to Sapporo?（基本文）
> B: Yes, I have. I have been there twice.
>
> 　No, I haven't. I want to go there some day.
>
> 　（Osaka / Fukuoka / Sendai / Yokohama / Kanazawa / etc.）

　このように何度も一定の表現を使うことによって，形式と意味がつながり，スピーキング力の基礎ができていく。また，"Could you say that again?", "Could you speak more slowly.", "What does ～ mean?" などの教室での基本的な問いかけを入門期に何度も練習して使うことにより，定型表現を身につけ，自然に英語を使う環境を作っていくことができる。

(5)　口頭作文（oral composition）

　口頭作文は，スピーキングとライティングの中間的な存在で，教師が教えたい表現を含んだ質問を英語で行い，生徒に英語で答えさせるものや，口頭で日本語の文を与え，生徒にそれを口頭で英語に直させるなどである。例えば，教師が「友達から消しゴムを借りたい時はどう言うのだろうか」[6]，「電車で老人に席を譲る時は何と言えばいいのだろうか」[7]などと口頭で状況を設定し，生徒が口頭で適切と思われる表現で発話することもこれに含まれる。

(6)　ショー・アンド・テル（show and tell）

　文字通り，何かを見せながら語る活動である。単純ではあるが，実物，絵や写真，図表やグラフなど聞き手に向かって何かを見せながら，それに関する説明を行う。例え

---

6)　"Can I borrow your eraser?"
7)　"Would you like to have a seat?" または "Please have a seat."

ば，「私の大切な宝物」（my treasure）というタイトルで祖父からもらった記念硬貨を見せながら，それに関するエピソードを語ったり，ボランティア活動の写真を見せながらその様子を語るなど，さまざまな題材で話す活動を促すことができよう。学習者の習熟度に応じて，質疑応答などのやり取りの要素を取り込むこともできる。

(7)　スピーチ（speech）

　自分が主張したい内容をまとまった英文で準備し，それを聴衆の前でわかりやすく表現する活動である。原稿を書く作業はライティングと関連するので技能統合的な活動である。暗唱（recitation）よりも，話す内容を考える創造的な活動である。内容（content），表現（expression），伝え方（delivery）を意識するよう指導すると良い。与えられたテーマに従い，毎回あるいは定期的に，授業内で1，2名の生徒達に1〜2分の短いスピーチをさせたり，まとまった時間を使ってクラスでスピーチ・コンテストを行うなどが考えられる。テーマとしては，例えば，「私が外国からのゲストに紹介したい場所，行ってみたい外国の場所とその理由，私のエコ活動」など，身近であったり，考えやすいものが良い。学習者の習熟度に応じて，調べた情報をもとに発表したり，質疑応答などのやり取りの要素を取り込むとより積極的なものとなる。

(8)　リテリング（retelling）

　説明文や物語などを聞いたり，読んだりしたあと，その内容を生徒に口頭で再生させる活動である。一言一句間違いなく再生を求める暗唱となる場合も見受けられるが，スピーキング力育成の観点からは，内容を考えながら自らのことばで話そうとする方が話す力につながる。学習者は教材の内容を理解してまとめながら記憶に貯蔵し，発話の計画を立てる必要がある。認知的に負荷の高い活動なので，中級以上の学習者に適している。例えば，教科書の未修の1レッスンを扱う際に，4人1組のグループを作り，各自が4分の1ずつ精読して理解した内容を，グループの仲間3人に口頭で説明しあうジグソー読み（jigsaw reading）にも使える。

　教科書を使わずに，グループごとに異なる文章（例えば物語）を与え，各グループ内で各々の担当箇所を分担して再生できるように練習させる。できるようになったら，グループ間でリテリングを発表しあう。グループを変えて何度も発表させる場合，1回目は各グループ4分間，2回目は3分間，3回目は2分間という具合に時間制限を設け，流暢さを高めるよう促すこともできる（Nation 2009）。また，時間があれば図表や絵などを用意させるとショー・アンド・テル（show and tell）の要素も入り楽しめる。質疑応答などのやり取りの要素を取り込む形に発展させることもできる。

(9)　談話完成（discourse completion）・短い対話（chat）

　談話完成は，定型の疑問文に対してYes／Noなどで自らの考えを表現し，その理由や具体例を入れて完成して話したりする，ある程度表現が固定されたやり取りである。

プラスワン・ダイアローグ（plus-one dialog）とも呼ばれる。これを発展させて，自分の知識や意見をさらに追加して，もう少しやり取りが続くとチャット（chat）となる。日本人英語話者同士だと，やり取りの中身が薄くなったり，会話が成り立たなかったりする傾向があるが，談話のひな形を与えて補助するとよい。

例） 1. A: Have you ever been to Tokyo Disneyland?

   B: Yes (No). (I have been there three times.)

   A: (Which attraction did you like best?)

2. A: How did you like the movie?

   B: (Fantastic! I especially liked the happy ending.)

   A: (It's good to hear you liked it. I would like to go and see it this weekend.)

   B: (Then you should go to Max Cinema because I have a discount ticket.)

(10)　討論（discussion）

　議論を呼び起こすような発問によって，談話完成やチャットのようなやり取りを討論（discussion）まで発展させることができる。賛成や反対の意見を述べる表現，理由や例を挙げる表現などを指導し，論理的で建設的な議論となるように仕向けたい。発問としては，自由に考えを語るようなオープンエンドなものよりも，賛否や選択肢からの択一など，ある程度制限のある中でやり取りを求める方が取り組みやすい。

　二者択一の発問と対話の例

　A: Which would like to visit, Europe or North America?

　B: I would like to visit (Europe).

　A: Why do you think so?

　B: I think (there are more historical spots to see in Europe). How about you?

　A: I (prefer North America) because (I want to see rich nature such as Grand Canyon).

　この他，択一の発問例としては以下のようなものがある。

　When is the best season to visit Japan?　Why?

　Which professional soccer team do you like best?

　Which renewable energy is the most sustainable for humans?

(11)　タスク（⇒第3章2.3参照）

　タスクは，やり取りによって英語を使いながら学ぶ活動である。現実に近い場面を設定して達成すべき目的（ゴール）を与えることが重要である。例えば，インフォメーション・ギャップ（information gap）のタスクとして，学習者をペアにして，街の昔と今

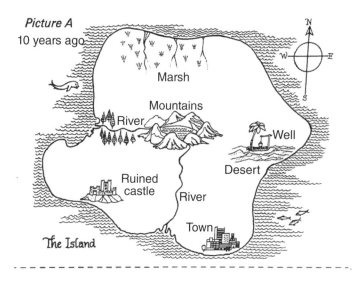

Picture A
10 years ago

Marsh

Mountains

River

Well

Desert

Ruined castle

River

Town

The Island

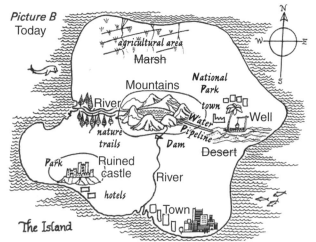

Picture B
Today

agricultural area

Marsh

National Park

Mountains

town

River

Water Pipeline

Well

nature trails

Dam

Desert

Park

Ruined castle

River

hotels

Town

The Island

図　現在完了を用いる必要性のあるタスク用の絵 (Ur, P. 1990 *Grammar Practice Activities* Reproduced with permission of the Licensor through PLSclear.)

を比較するという場面を設定し，地図の完成をゴールとする。一方の生徒にはあまり建物が無い昔の地図（図のPicture A），もう一方の生徒には多くの建物がある現在の地図（図のPicture B）を渡す。お互いに地図を見せ合わずに，地図Bを持った生徒は建物の種類と場所を相手に説明する。地図Aを持った生徒は，説明を聞きながら質問も交じえて地図に新たな建物や場所を描く。地図AがBに同一あるいは近いものになることがこのタスクの目標である。TBLTでは使ってほしい文法形式は先に明示的に指導しないのが原則であるが，pre-taskとして特定の表現が目立つように下線を引いたモデル対話を示すこ

ともあり得る。例えば，以下のやり取りの場合，現在完了形（受け身）を使うことを目標としている。

A: Do you have anything around the ruined area?

B: I have two hotels near the castle.

A: OK. So two hotels <u>have been built</u> <u>next to</u> the castle. <u>Which side of the castle were they built?</u>

B: Uhm, they are <u>on the south side of it.</u>

タスクには，ジグソー，情報ギャップ，問題解決，意思決定，意見交換，ナレーションなどの種類がある。また，タスクが通常の「課題」と比べて特徴的なのは，話し合い

（意味交渉）の必要性があること，お互いが持っている情報に差があること，間違いを恐れずどんどん英語を使うこと，やり取りの結果がはっきりとわかること，などである（Ellis & Shintani, 2014）。従って，何のために意見交換やナレーションをするのかなど，常に場面と目標を念頭に置いて課題を提示する必要がある。

(12)　ロールプレイ（role-playing）

　場面，役割，目的を設定して，ペアやグループで学習者が役割を担って目的を達成するために英語のやり取りを行うタスク活動である。前もって話すべきやり取りのパターンや表現のオプションなどを，ある程度与えて，パターン・プラクティスや音読，シャドーイングなど英語が口をついて出てくるような準備段階を設けるとよい。役割になりきって，間違いを恐れず，ゴールをめざして自分のことばで英語を発する機会となることが理想である。買い物の場面などは小学校英語でも人気がある（⇒第 12 章参照）。

(13)　ディベート（debate）

　ひとつの論題に対して，賛成・反対の両面からルールに沿って順番に議論を戦わせる活動である。論題は，主張を示す平叙文の形で，定義や議論の論点がずれない明確な内容にする。また，生徒が賛否を表明したくなるようなものを選ぶ。例えば，中学や高校では，"School uniforms are not necessary in high schools." とか "High schools should allow students to use mobile phones freely at school." など，比較的日常的な話題を取り上げると良い。

　学習者は 2 人〜 4 人のグループを組み，2 グループ間で賛成か反対の立場を決め，それぞれの論を展開する。相手を論破することにより，筋の通った論の組み立て，説得力のある話し方などの技術を身につけるよう指導する。表 2 は，教室で活用できるディベートの進行例である。

表 2　ペアワーク用ディベートの例（小西他 2007: 9）

発話順	時間	目的
肯定的立論	2 分	メリット（advantage）提示
質疑応答（否定側→肯定側）	2 分	肯定側立論への確認や検証
否定側立論	2 分	デメリット（disadvantage）提示
質疑応答（肯定側→否定側）	2 分	否定側立論への確認や検証
準備時間	2 分	それぞれのグループで相手の立論に対する反駁の準備
肯定側反駁	2 分	デメリットへの反論
否定側反駁	2 分	メリットへの反論

※スピーチ時間や準備時間は授業時間によって異なる。

　教師はあらかじめ，必要な語彙や表現を練習する機会を与える必要がある。また，そ

れぞれの意見や立場にどのようなメリット・デメリットがあるか，また相手からどのような反論が予想されるかなど論点を前もって調べさせるなどして，より説得力のある主張に結びつくように指導したい。

　指導において留意すべき点は，ディベートはあくまでも議論を交わすことを目的としたことばのゲームということである。命題文や論点は，学習者自身の信念を主張するためのものではなく，物事の両面を調べ，客観的，論理的に語るための場である。最終目標は，直観に拠らない批判的思考力（critical thinking）を高めるためであることを学習者に了解させておく。

3.　リーディング

3.1　英語が読めるようになるには

　英語が読めるとは，文字で書かれたテキストを通して，書き手の伝えたい情報や意図を理解することである。母語による読解の指導は，通常小学校から始まる。学習者はそれ以前に音声による基本的な文法能力と語彙知識を持っており，その言語能力を読み書き能力へと発展させるのが教育の目的となる。一方，外国語では，音声体験が乏しい中，小学校における文字指導から始まり，語彙や文法を学びながら，音声を絡めて少しずつ読めるようになる指導を行うことになる（⇒第12章4.3参照）。

　「理解」はとかく和訳で確認されることが多いが，単語やチャンクを見て意味が想起できるよう指導したい。例えば，'I walk my dog in the evening' で 'walk' という語から「歩く」というイメージが頭に浮かぶか，しかし，'my dog' を読んで「歩かせる」と 'walk' の理解を修正して「犬を散歩させる」という理解に至るという具合に，単語レベルの小さなステップから絵なども活用して学習者の意味理解を図る指導をしたい。最終的には，日本語を介さず英語を英語でそのまま理解する「直読直解」ができるようになることが理想である。

　また，話題に関する背景知識や一般常識が理解にとって重要になることも示したい。例えば，'He was late for the class because day time saving had already ended.' を読んで理解するには，北米では3月～10月中ごろまで，昼間の時間を1時間早めるサマータイム（day time saving）があり，それが終わると時計を1時間ずらす必要があるという文化的背景を知っていなければならない。このように，読んで理解するには，字義通りだけでは済まないことも多いので，直読直解の背後にある知識の拡充も重視したい。

3.2　リーディングのプロセス

　リーディングのプロセスはリスニングと共通する部分が多い。しかし，リーディングは文字から意味をとらえることと，時間があれば戻って読み返すことができる点が大きく異なる。リーディングのプロセスは家を建てるのに似ているとされる。全体の家の設計図をいつも頭に置きながら（トップダウン処理），家の部分を土台から一つ一つ作っていく（ボトムアップ処理）。そして，どこかおかしいと思ったら設計図を見直したり，

作っている部分の情報に応じて修正したりする。リーディングの場合も，文章の話題や構成などのトップダウン処理と，単語から句，句から文，文から段落というボトムアップ処理の相互作用によって理解というゴールに至る。

　優れた読み手は，ボトムアップ処理が自動化している度合いが強く，一見して単語の意味にアクセスできる。そのため，推論や解釈といったトップダウン処理をする余力がある。そのため，正確な理解や深い思考にいたる可能性が高い。また，わからない単語に出会っても文脈から意味を推測することができる。

　一方，入門期の読み手は単語や文法の知識が少ないため，わずかに得られた情報をもとに当て推量をしてしまう危険性がある。意味へのアクセスが自動化している語も少なく，単語レベルのボトムアップ処理に注意資源が奪われるため，話題や文章構成に注意が向かいづらい。1語1語意味を取るような読み（逐語読み）から脱却し，意味の固まりとなるチャンクをもとに内容を読みとれるようにしていく必要がある。

3.3　指導法

　リーディングの指導は，①読む前の活動，②読んでいる最中の活動，③読んだ後の活動という3つの段階に分けられる。①読む前の活動の目的は2つある。1つ目は，教科書の英文は生徒が選んで読むものではないため，読む前に題材に関する興味・関心と共に背景知識となる内容スキーマを喚起したり，与えたりすることである。2つ目は，教科書本文は学習者にとって新語や新文型が含まれるため，新語の意味確認をしたり，キーワードをあらかじめ解説したりすることで，英文テキストの読解を補助することである。そのためには，フラッシュ・カードの利用が有効である。また，本文の内容に関連した絵や資料などを使ってオーラル・イントロダクションを行ったり，話題に気持ちを誘うような簡単な英問英答（Q&A）を行ったりして，背景知識を活性化させることも役に立つ。さらに，タイトルやこれらの活動で得た知識をもとにトップダウン処理を促すため，本文の内容や展開を予測させる活動も有効になろう。

　②の「読んでいる最中の活動」としてはフレーズ読みなどがある。読みながらチャンクごとに意味をとっていく「直読直解」をめざす。また，③「読んだ後の活動」としては，再読のための情報転移（information transfer），読んだ内容に関して自分の意見を考え批判的思考力を高めるようなQ&A，スピーキング活動としてリテリング（retelling）などがある。リーディング活動にはさまざまなものがあるが，次に，主な10種の活動を紹介する。

3.4　主なリーディング活動

（1）訳読

　英文を和訳することによって理解を確認しながら読み進める活動である。英語と日本語では，語順（文型や修飾節など）や時制，態などの表し方が大きく異なることから，正確に和訳するには文法的な知識も必要であり「文法訳読法」とも呼ばれる由縁である

（⇒第3章1.1参照）。

　例えば，The car in the train was full of people who was excited about the trip to Kyoto. の英文を和訳するには，The car in the train が名詞句で主語（S）であること，was full of ～は「～でいっぱいだった」という熟語で述語（V）となる部分であり文の最後に訳すこと，また，過去形で訳すこと，関係代名詞 who に続く修飾節は先行詞 people にかかる形で「～のところの」と訳をつけるなど，語彙や表現の知識に加えてさまざまな文法知識が求められる。訳読の欠点は，英語の文法のはたらきを和訳に反映させようとするため全体的な内容理解がおろそかになったり，不自然な日本語になったり，文法に関するメタ言語（ことばを説明することば）ばかりが発達し，英語を運用する力にあまり結びつかない点である。

(2)　フレーズ読み（phrase-reading）・チャンク読み（chunked reading）・直読直解
　意味のまとまりを構成するチャンクごとに，斜め線（スラッシュ）を入れて意味をとり，読み進める方法である。前置詞句，名詞句，節のような文法的な要因による切れ目や，典型的にポーズを入れる呼吸の切れ目（breath group）によるまとまりがあるが，おおむね意味と文法，音声の性質が重なり合うことが多い。学習者のリーディングの熟達度によってまとまりの長さ（スラッシュを入れる位置）は異なるので，臨機応変に切れ目を入れることを理解しておくことも肝要である。まずは，教師が学習者のレベルに合わせてスラッシュで区切った英文を示し，フレーズごとに和訳する活動をすると良い。やがて学習者自身が切れ目を見つけられるようになるまで訓練し，英語の語順に沿って文の先頭から意味がとれるようにすることが望ましい。

　例）　Do you know anything / about narrow boats? // They are boats / you see in the British canals. // The boats are truly narrow; / they are about tow meters wide. // They are, however, long enough / to have bedrooms, kitchens and bathrooms / in them. // Narrow boats are like camping cars. //
　　　　　　　　　　　　　　（2019『MY WAY English Communication Ⅲ』p.50，三省堂）

(3)　音読（oral reading / reading aloud）
　リーディングとしての音読は，英語を見て声に出すことで，一言一句に目を通し，文字と音と意味の3つの情報が頭の中でつながるように読むことである。音読は母語であれば，乳幼児期に音声で身につけた言語能力を文字と結びつけるための活動であるが，外国語の場合は逆に，文字でしか習っていないことばの音声を確認し，モデル音に近づけて調音しながら，音のイメージを記憶に焼きつける役割を持っている。従って，音読は話すための英語の素地を養う活動ととらえることができる。

(4)　質問と応答（Q&A）

　内容に関する発問を与え，読むための目的を具体化させる，あるいは読んだ内容の確認を行う。発問のタイプとしては Yes/No を問うもの（yes-no question），多肢選択式（multiple-choice question）で答えを選ぶもの，文中の内容を用いて筆記または口頭で答えられるもの（closed question），自由に自分の考えを答えるもの（open-ended question）がある。また，発問は事実を問うものと，思考や推論を促すもので難易度が異なるので，徐々に認知的な負荷が増すように組み立てる必要がある。

(5)　探し読み（scanning）・情報転移（information transfer）

　必要な情報を探すために読む方法で，時刻表，テレビの番組欄や広告などで，特定の情報を求めて日常的に行っている読み方である。限られた情報を拾えればよいので，初歩の段階において取り組ませやすい活動である。

　また，探し出した情報を書き写して表やチャートを完成させるような課題は情報転移（information transfer）活動と呼ばれる。次の例に見るように，図や表を用いて内容の展開や分類を視覚的にわかりやすくする効果のある「グラフィック・オーガナイザー」（graphic organizer）を用いると，内容を整理した読み方につながる。

訪問する観光スポットの数	
C ホテルは何時に出発か	
詳細が知りたければどうするか	
Barbara さんが息子（10歳）と娘（13歳）と参加するためオンラインで予約すると費用はいくらか	

（2019『MY WAY English Communication Ⅲ』p.44, 三省堂）

(6)　すくい読み（skimming）

　全体の要旨を読み取る活動。とりわけ初めて読む英文では，あまり細かな部分を読み込むのではなく，一通り，大まかな内容をつかむために読む活動である。パラグラフの主題文や支持文[8]を判別し，それらの意味をつなぎ合わせて文章の概要をつかむことが効率的な読み方につながる。また，ニュースならば5W1H の情報に注意し，推理を要するストーリーであれば登場人物と事件，結末という物語の流れに注意して読むなど，論理展開を予測することで，すくい上げる情報が見つけやすくなる。

(7)　黙読（silent reading）

　読み手が興味のある英文や必要と思う英文を読んで意味を取るために，黙って読む活動である。授業では，読むための目的を明確にすることで集中した黙読が実現できる。例えば，発問に対する答えを探すため，図表を完成させるため，要約文を書くため，リテリングで再生するため，対話のための論点や表現を得るためなど，読む目的をはっきりさせるとよい。

(8)　精読（intensive reading）

　一言一句，意味を漏らさず厳密に読むことである。探し読み，すくい読みのように読み飛ばすことはしない。和訳したり，正確な意味や情報を得るために，英文の主要な部分も些末な部分も均等に注意を払って綿密に読む場合に行う。

(9)　速読（rapid reading）

　英文の範囲を指定して時間を測って読ませたり，モデル音声について聞きながら読ませたりするによって，読みの速度を上げる活動である。ただし，いくら速くと言っても，内容理解が伴わなければならない。

(10)　多読（extensive reading）

　スムーズで流暢に読めるようにするために平易な英文をたくさん読む活動である。読み物は，読み易い英語で書かれている Penguin Graded Readers, Cambridge English Readers, Oxford Graded Readers などの学習段階に沿ったシリーズの中から，興味・関心に応じて学習者自身に選ばせることが望ましい。このようなシリーズは語彙レベルが統制され，200 語レベル，500 語レベル，1,000 語レベルから 5,000 語レベル程度まであり，本来の文学作品や読み物よりも易化された英文で書かれている。学習者は辞書を引かずに，スムーズに，楽しみながら読めることが肝要である。

---

8)　パラグラフの構成で，主題文（topic sentence）とはパラグラフの最初に表される筆者の意見や中心となる情報を示す。支持文（supporting sentences）は複数から成り，主題文の内容の根拠や詳細などを客観的な文言で示す文である。

教室外で主体的に内容を楽しむために読む pleasure reading となることが理想であるが，通常の授業の最初の 10 分や，「朝読書」のような形で日々一定の読書時間をもうけることで，本を読む習慣を身につける一助にもなる。教科書で扱ったトピックに関連する記事や読み物を課題としてグループごとに読み，読んで理解した内容を発表させるというような発展的な活動につなげることもできる。また，関連図書を長期休業中のリーディング教材として与え，要約文や感想文を書いて提出させるなど，主体的な読書を促すこともできる。

4.　ライティング
4.1　「書く」とは何か

ライティングは，書き手が持っている情報や考えを読み手に対して文字で伝えるコミュニケーションである。書く行為は書き手が読み手の存在を意識して，なんらかの目的を持って伝えたいメッセージを送るものである。しばしば，教室で行われる和文英訳は練習活動であって，本当のコミュニケーション活動ではない。なぜなら，メッセージそのものは書き手が考えたものではなく，読み手の存在を意識することもない。

伝える相手を想像し，伝えたい内容を正確かつ筋道を立てて文章で書けるようになることは母語であっても難しい。ライティングはその性質上，スピーキングのようにジェスチャーや音声に頼れないため，伝える内容に加え，どのような文構造でどのように構成して表現するかなど，多くの知識と配慮が必要である。ライティングの指導は，書き上がった作品に対してフィードバックを行うだけでなく，構想の段階や書き方の情報提供を含めたプロセスに介入することも重要である。

英語で書くという行為は 4 技能の中で最も難しいといわれるが，これを取り入れることによって学習してきた英語の文法や語彙を使ってみる絶好の機会となる。文字にして書いてみると知識として理解しているはずの英語の語順や品詞，時制，名詞の単数・複数など，うまく使うのが難しいことに気づく。自分の伝えたい内容をどう表現すべきなのか，目標言語との構造や発想のギャップに気づくことで英語の学びが深まる。また，書くという行為を通じて，ものごとについて調べたり論理的に考えたりしながら，深い学びに導く機会にもなる。

4.2　ライティングのプロセス

書く行為には，なぜ書くのかという目的，だれに向けて書くのかという心づもり，そして書く内容（伝えたい情報・メッセージ）が必要である。その伝えたい内容を語彙，文法によって文として表し，文章の流れを検討し，全体の構成を考えたりする。書きながら，自ら読んで修正したり，編集しながら書き続ける。作文は，一度書いて終わりというものではなく，書いては書き直すというサイクルが続くプロセスである。

生徒は英文を書く際，日本語で思いついた考えをそのまま英語に直訳しようとすることが少なくない。初級者は，書く内容をまず日本語で考えるのは無理もないとしても，

思いついた日本語のメッセージをそのまま英語にせず，英語の語順に変換する過程を丁寧に指導したい。例えば「トマトは嫌いだ」という文を英語にする時，"Tomatoes dislike."と日本語のまま先頭のことばから英語にするではなく，主語と述語は何になるのかを考えさせて「私は・嫌いだ・トマトが」という具合に，英語の語順に組み立て直してから，"I dislike tomatoes."と書かせるように指導する。このような指導を経て，徐々に英語の語順で発想できるようなるのである。

　文レベルを超えて文章を書く段階では，意見を示す文の後に，理由や事実を述べることによって論理的にパラグラフ・ライティングの構成で書くことが重要である。

4.3　指導法
(1)　書き写し（copying）
　語句や文をそのまま書き写すことによって，アルファベットや単語のスペリングを学んだり，英語の意味と関連づけて記憶に定着させたりすることがねらいである。留意点としては，意味を考えずに手だけ動かす機械的な書き写しに陥らないようにすることである。もとの英文の意味を意識し，短期記憶にできるだけ情報を貯めて書き写すように指導すると，語彙力や読解力にも効果が期待できる。特に入門期には，アルファベットの形や書き順など，黒板やOHC（教材提示装置）（⇒第9章参照）を使って教師が書くところを丁寧に見せるとよい。パラグラフなどのまとまった英文を書かせる時も，教師がモデルとなる英文を板書などで書いて見せ，個人個人が変えるべき部分に下線を引くなどして示すと，書き写しの活動が豊かになり，「制限作文」の活動につながる。

(2)　和文英訳（translation）
　和文英訳は，指定された日本語を英語に変換する作業である。内容に自由度がない作文だが，特定の語順や文法，語彙や表現を強制的に使わせる活動として意味がある。強制的に書かされたことのある表現がコミュニケーションに役立つかどうかは議論になるが，ひとつの作文演習である。あまりに強調すると訳読同様，弊害として，全ての語句や表現に対して1対1の対訳があると考えてしまう。たとえ正解となる1文があったとしても，絶対の正解とせず，教師は生徒が書いた英文に柔軟に解説を施し，表現方法の差異やバリエーションを示すことが肝要である。和文英訳に自由度をもたせた「制限作文」や，テーマを与えて自由に書かせる「自由作文」などを取り入れ，徐々に自らの考えを作文にできるよう指導段階を発展的に構成したい。

(3)　ディクテーション（dictation）・メモ取り（note-taking）
　ディクテーションは聞きながら英語を書きとる作業である。練習活動としては，聞いた単語やフレーズ，文などを全て文字に書き起こすことで，聞き取った音声に注意を払いスペリングとのつながりを理解，強化することができる。英語の音声認識の力とスペリング力の両方が鍛えられる。（⇒本章1.3 (2) 参照）

　メモ取りはリスニング能力と書き取り能力に加えて，判断力が求められる。例えば，電話の応対などで聞き取った内容を忘れないために書きとったり，道順や手順などを聞いて書きとったりする場合，どの情報が重要なのかを判断しなければならない。

　単語やフレーズレベルのディクテーションから始め，教師のオーラル・イントロダクションや教科書の英文音声を聞いて「ノート取り」の活動に導きたい。最終的にプレゼンテーションや講義などを聞いて要点をメモすることができるレベルまで到達すれば，実生活で役立つリスニングとライティングの両面が鍛えられる。なお，聞いた内容をペアで相談しながら再現する「ディクトグロス」（dictogloss）などはディクテーションとノート取りのどちらにも関わる統合的な活動である。

(4)　再現（reproduction / retelling）

　理解した英語の内容を英文で書いて再現する活動である。少なくとも 1 パラグラフ程度の長さの，内容にまとまりのある英文を与え，表現や内容をよく理解させたあと原文を見ないで再生させる。英文の理解が十分でなくても再現を書かせてみて，原文の表現を忘れた部分は自分なりの表現で書いてみるよう指示し，うまく再現できなかった部分を確認するために原文を注意して読ませるといった，読むこととの相乗効果も期待できる。

(5)　制限作文（controlled composition）

　リーディングや文法指導，あるいは語彙指導の後，目標となる形式（文法，語彙，構文，談話）を使って作文をする活動である。例えば，新語として学んだ environment という単語を使って文を書いてみよう。「助動詞＋完了形」を使って文を書いてみよう，という具合になる。パラグラフの中で 'while, on the other hand, on the contrary, despite' のうち最低 2 つを使って比較・対照の作文を書いてみよう，という具合に自由な作文に，少しだけ条件をつけることで，学習した語句や表現を使ってみることを促す活動である。

　さらに，条件を絵や文で与えるようなマクロなレベルの制限（条件）作文の課題もあり，「条件作文」と呼ばれる。

> 場面：あなたは，夏休みにアメリカに 1 カ月の語学留学をする予定です。ホームステイのホストファミリー宛てに手紙を書きなさい。ただし，以下の 3 つの条件を含めて書きなさい。
>
> 条件 1：日本とアメリカの学校生活の違いについて学びたい。
> 条件 2：部活動でバスケットボールをやっているのでプロの試合を見るのが楽しみ。
> 条件 3：食べ物の好き嫌いはないので，珍しい食べ物も試してみたい。

(6)　自由作文（free writing）

　指定した話題について思いつくことを自由に書かせる活動である。文法やスペルミスを気にせず，頭に思い浮かんだことをどんどん英語にして書いていくことで，書くことの流暢さを促進する。書くための語彙や文法知識が不足している初級者には不向きなため，中級者以上を対象に，パラグラフやエッセイの構想を書く前の活動として，アウトラインや内容をブレーンストーミング的に書きつづる活動として取り入れたい。消しゴムの利用を禁止するなどして書き続けることを重視する方法もある。

(7)　パラグラフ・ライティング（paragraph writing）

　「パラグラフ」とは，意見や結論を先に述べ，主張を支える内容をあとから順序立てて述べる論法である。この論法に沿った，まとまった情報単位がパラグラフである。一般に，英語は日本語よりもより厳密なパラグラフ構成をとる。

A.　パラグラフの構成

　英語のパラグラフは，書きたい内容の要点をあらわす「トピック・センテンス」（topic sentence：主題文）と，それを具体的に展開する「支持文（supporting sentence）」からなる。トピック・センテンスは，段落の最初の方に置いて書き始めることが大切である。支持文はトピック・センテンスの内容を例示したり，理由づけや証拠などをあげたりして説明する役割を持つ。

表3　パラグラフの構成

主題文　（TS）	TS（Topic Sentence）はパラグラフの中心的な話題と筆者の考えを簡潔に述べる
支持文1（SS1） 説明　（SD1）	TSの主張を支える複数の支持文（SS: supporting sentences）から成り立っている。SSは客観的に，各SSに続くSD（supporting details）は事例や具体的なことがらを2～3文程度で書く。
支持文2（SS2） 説明　（SD2）	
支持文3（SS3） 説明　（SD3）	
結びの文（CS）	CS（concluding sentence）は，TSで述べたアイディアを言い換えたり，重要な点をまとめてアピールしたりする文。省略されることもある。

B.　指導の例

　例えば「自分の好きな歌手」について英作文を書かせる場合には，以下のような手順で指導する。

　1　誰が好きか＋紹介

　　　例：I like Ed Sheeran. He is a British singer song writer.

　2　好きな理由がいくつあるかを明言する

　　　例：I have three reasons why I like him.

　3　理由を順にできるだけ客観的な事実を含めて述べる

例：First, he has a very nice voice.

　　Second, he is good at playing the guitar.

　　Third, his songs have good messages.

4　理由となる事実に具体例や体験を加える

　　First, he has a very nice voice. His voice is powerful, soft and gentle.

　　Second, he is good at playing the guitar. In "Don't", he plays it amazingly fast.

　　Third, his songs have good messages. In "Photograph", he expresses his memory of her girlfriend very well.

5　その歌手の良さを再度強調する

　　Ed Sheeran is a one-of-a-kind singer in the world. I strongly recommend you listen to him.

(8)　エッセイ・ライティング（essay writing）

　エッセイはパラグラフが複数集まったものであるが，全体として統一性があるように，それぞれのパラグラフ間の結束性，一貫性が要求される。最初のパラグラフが序論，3～5パラグラフが本論，最終パラグラフが結論というような形で構成するのが一般的である。

　本論の部分では，論の展開が鍵になる。展開パターンには，列挙，例示，時系列，手順・方法，分析，原因・結果，比較・対照，問題解決などがある。最後に結論として，論じた内容の振り返りとまとめを述べる。

表4　エッセイの構造

序論 introductory paragraph		1～2文目：話題に関して注意・興味を引く内容 3～4文目：話題に関する一般的に知られている背景的情報 5～6文目：話題に関する自分の意見や考えを述べる命題文，論文の概要を予告
本論 developmental paragraphs	Paragraph 1	1文目（TS）：命題文を支える1つ目の主題文（事実として書く） 2～4文目：TSを裏付ける具体例や事実（データ・資料）など 5文目：このパラグラフでの議論をまとめ，TSを再度強調
	Paragraph 2	1文目（TS）：命題文を支える2つ目の主題文（事実として書く） 2～4文目：TSを裏付ける具体例や事実（データ・資料）など 5文目：このパラグラフでの議論をまとめ，TSを再度強調
	Paragraph 3	1文目（TS）：命題文を支える3つ目の主題文（事実として書く） 2～4文目：TSを裏付ける具体例や事実（データ・資料）など 5文目：このパラグラフでの議論をまとめ，TSを再度強調
結論 concluding paragraph		1文目：命題文（自分の結論）の言い直し（異なる表現） 2文目：本論の3つのTSを根拠として異なる表現で再掲 3文目：結論を強調するためのメッセージ

(9) 要約（summary writing）

　要約は，聞いたり読んだりした内容について，場面や目的に応じて概要や要点を書くことで，リスニングやリーディングの活動も兼ね備えている。要約するには，英文の要点を書き抜いて並べるだけでは不十分で，主要な部分とそうでない部分を評価しながら読むという内容判断が必要である。その後に自分なりの工夫による再構成，書き直しが必要になる。かなり高度の英語力が求められるので，最初は日本語で簡潔にまとめることから始め，慣れてきたところで，徐々に英語で書くようにするのも一案である。和文英訳ではない文レベルを超えた活動で，自由作文につながる指導として大いに利用したい。

(10) 感想文

　英文を読んで，新たな発見やおもしろいと思ったところなどを書き出すか，マーキングするように指示し，その部分の語句や文を含め，自分が考えたことを簡単な英語で作文する。部分的な読み方よりも，全体を丹念に読むことが要求され，書くあるいは話すという他の技能と統合させる活動なので，認知的要求度は高い。

Anne of Green Gables（Montgomery, 1908）の中の短いエピソードを読んだ感想文を，次の Step を参考にして書いて発表してみよう。

Step 1：まず，この物語全体や登場人物についてどのように感じたかを書く。
　　　　例）I enjoyed this story because Anne is very clever.

Step 2：その理由を具体的な場面に触れて書く。
　　　　例）When Marilla said to Anne, "You took out my brooch and lost it, didn't you?"
　　　　　　Anne answered, "Yes" and apologized. But it was a lie. She thought it saved time for her to go on a picnic. Telling a lie is not good, but I understand her feeling.
　　　　この部分をさらにふくらませて，もっと詳しい感想文を書くとさらに良い。

Step 3：まとめの文を書く。
　　　　例）I think Anne has something common to me. I would like to read other parts of *Anne of Green Gables*.

Step 4：Step1～3をまとめて書き，それを読んで友達に聞いてもらう。

5.　活動の組み立て

　言語能力は文法，語彙，発音などの知識に支えられているが，知識があるからといって，すぐにそれらを統合して内容中心のコミュニケーションとして使えるようになることは，EFL 環境ではあまり期待できない。このギャップを埋めるために，コミュニケーション活動の前の練習活動から 4 技能のバランスを取ることが重要である。例えば，単語を覚えるのに，ただ英語を読んで覚えようとする代わりに，聞いて繰り返す，書いてみる，声に出しながら書いてみるなど，練習活動も 4 技能を意識して組み合わせると

よい。

　練習活動と同様に，実際にコミュニケーションをやってみる場を提供することが重要である。とりわけ，話す，書くといったアウトプット活動を目標として，そのための情報を得る必要性からテキストを読む，聞くといったインプット活動を行うなど，活動の組み立てが重要である。実践的なコミュニケーション能力を育てるためには，語彙や文法などの基礎知識を練習を通じて充実させ，自分の力で英語を使ってみるコミュニケーションの機会を授業の中にふんだんに取り入れることが不可欠になる。

5.1　技能統合

　4 技能は，それぞれ個別の技能であっても互いに関連しあって伸びていく。従って，授業ではできるだけ 1 つの技能に偏らず，いくつかの技能を組み合わせて行うことが望ましい。実際の言語活動では，複数の技能が絡まっている場合が少なくない。例えば，本文を読んで 1 段落を 1 文の英語にまとめる要約なども，リーディングとライティングが組み合わさっている。プレゼンテーションやスピーチにしても，内容を調べるために読んだり，原稿を書いたり，書いたものを発表するために声に出したりすることで読む，書く，話すの技能が関わってくる。ディベートなどは，読んで調べ，それを書いてまとめ，口頭で発表し，相手の主張を聞くといった 4 技能の全てが統合された活動である。

　授業内活動の構成を技能統合という視点から組みあわせる場合，まずは 2 つの技能の

表 5　統合技能の例

聞く×読む	聞いてから読む：音と文字の関係を確認，聞いた内容を文字で確認。リスニングの後に聞いた内容の理解確認のために読む。
	読んでから聞く：文字と音声の関係を確認。理解した内容を音声で確認，音声で内容の定着を図る。
聞く×書く	聞いてから書く：ディクテーション，オーラル・イントロダクションに基づくメモ取り，聞いた内容をもとに要約やリプロダクションを書く。
	書いてから聞く：物語のリプロダクション（reproduction）や絵のナレーションとして書いた英語を確認するために聞く，あるいはさらに情報を得るために聞く。
聞く×話す	聞いてから話す：スピーチ，プレゼンテーション，講義を聞いた後に，口頭で要約や感想を話す。聞いた内容に基づいてチャットやタスクでやり取りをする。
	話してから聞く：対話（やり取り），討論，ディベート
読む×書く	読んでから書く：文字による Q & A，スキャニング・情報転移，要約，感想など
	書いてから読む：ライティング活動全般の確認・編集など
読む×話す	読んでから話す：読んだ内容について Q & A の答えを口頭で述べる。読んだ内容の感想や意見を口頭で言う。
	話してから読む：話した後の情報確認やさらなる情報収集
話す×書く	話してから書く：やり取り，タスク，ロールプレイ，ディベートの報告を書く。
	書いてから話す：ショー・アンド・テル，スピーチ，プレゼンテーション，談話完成などを書き，それをもとに話す。

組み合わせから考えると良い（前ページの表5参照）。例えば，リーディングに主眼を
おく授業においても，まずは閉本のままオーラル・イントロダクションや本文のリスニングをし，TFを行ってから開本して本文を読む（聞いてから読む）。次に本文の内容を
筆記のQ&Aで確認し（読んでから書く），最後に内容に関する意見を作文し友達に発
表する（書いてから話す）というふうに4技能を網羅できる。

　教師は，各技能の特徴と指導法を理解し，ひとつの話題に関連させながらも4技能を
有機的に関連させることにより総合的な英語力の育成をめざしたい。生徒の英語力も技
能間で互いに刺激しあって伸びていくのである。

研究課題

(1)　「英語が話せるようになりたい」と生徒が相談してきたら，あなたはどのよう
　　　なアドバイスをしますか。具体的なアドバイスを友だちと共有しなさい。

(2)　教師として，生徒が教科書の英文の意味を理解しているか確認する方法には
　　　どのような方法があるか，友だちとアイディアを出し合いなさい。

(3)　「私の好きなこと」という題目に対して，以下のような作文を生徒が書いてき
　　　たら，どのような点を指導できるかグループで議論しなさい。

> I like soccer. My favorite player is Kubo Takefusa. I like Osako Yuya, too.
> They are good soccer players. I play soccer after school every day. I like them
> very much. I like watching J-League games.

第8章

授業展開

　英語教師にとって，良い授業をするために必要なこととは何でしょうか。まずは，英語に関する豊かな知識と優れた英語運用能力を持っていることが挙げられます。また，第二言語習得の仕組みについて理解していることも重要でしょう。ただ，これらの条件を満たしていたとしても，すぐさま良い授業ができるというわけではありません。それは，実際の学校現場が千差万別であり，それぞれの学校や生徒の実情に合わせた授業をする必要があるからです。加えて，個々の授業の目標も考慮に入れなければなりません。教師はそれらの点をよく理解し，いくつもの選択肢の中から最も適した手段を選ぶ必要があります。この章では，教師が実際の授業をするまでにしなくてはならない準備と，授業本番の展開の仕方について学びます。

Keywords

- 到達目標
- カリキュラム
- シラバス
- 学習指導案
- 教材研究
- 言語材料
- 学習活動
- コミュニケーション活動
- **Classroom English**
- ウォームアップ
- 導入—展開—整理（まとめ）
- **Team Teaching**
- 振り返り

1.　授業計画

1.1　授業の位置づけ

　授業を行う上で教師にとってまず大切なことは，「どこをめざすか」を明らかにすることである。小学校，中学校，高等学校で達成されるべき到達目標は学習指導要領に明記されているが，学習指導要領はそこで示された教育方針がどの学校でも実施可能なものとなるよう，ある程度の抽象性を持って記述されている。従って，各学校はこれらの目標をそれぞれの実情に合わせて具体的なレベルに落とし込みながら，学年や学期ごと

の目標を設定する必要がある。目標を設定する際には，その授業を通して学習者にどのような力を身につけさせたいのかを，Can-Do 形式（⇒第 4 章 2.2 参照）でできるだけ具体的に記述するとよい。そうすることで，目標の達成に必要な段階や作業が明確化しやすく，より意味のある目標が設定できよう。

図　授業の位置づけ

目標が明確になった後，それを達成するための具体的な計画，すなわち指導計画を立てることになる。通常，指導計画は検定教科書の構成に基づいて立てることが多い。これは，検定教科書が学習指導要領に準拠し，題材，言語材料，授業内活動などに配慮して作成されているからである。指導計画を立てる際には，まず，年度や学期の目標に基づいた長期的な指導計画を立て，その長期的な計画の下で各授業の学習指導案を作成する。この手順からも明らかな通り，各授業の学習指導案は年度や学期といった長期の指導計画の一部であり，最終的な目標の達成に向けた指導の流れの中に位置づけられなければならない。

1.2　シラバス

指導計画のひとつの形態がシラバス（syllabus）である。シラバスとは，学年や学期全体における授業の内容を時限ごとに記した授業計画の一覧表を指す（次ページの例を参照）。シラバスには，授業全体の到達目標，毎回の授業内容，授業の進め方，使用する教科書・副教材，評価項目と評価方法などを明示する。シラバスはカリキュラム（curriculum）としばしば混同されることもあるが，カリキュラムは教育内容を学習段階に応じて系統的に配列した教育課程全体を指すのに対し，シラバスとは，その教育課程を構成する特定科目の実施計画を示したものである。例えば，高等学校 3 年間の英語科目群の全体像を示すものがカリキュラムであり，そのうちの「英語コミュニケーション I」の授業計画がシラバスである。

シラバスを作成することには，大きく分けて 3 つの意味がある。第一に，シラバスは教師間の意識を統一させることに役立つ。授業の目的や内容，進度を担当者間で共有することで，指導の方向性や足並みをそろえることができる。また，異なる教科の教員間でシラバスを共有すれば，教科を超えて授業内容を横断的に関連させることも可能になる。第二に，シラバスがあることで，学習者は授業に対する明確な見通しを持つことができる。シラバスを見ることにより，学習者は授業に対してどのような準備をして臨み，授業中は何に注意すべきなのかを知ることができる。第三に，シラバスは学校外の人々，例えば保護者に対して，どのような授業を行っているかを示す資料となる。授業に関する情報を得ることで，保護者は学校での学習に対して理解を深め，各家庭で適切な支援をすることも可能となる。このように，シラバスは教師，学習者，そして学外の

【シラバス例】

高等学校　第1学年　英語コミュニケーションⅠ　シラバス　担当者：○○○・□□□

学習到達目標

(1) 知識・技能：目的や場面，状況に応じた表現を理解し，これらを用いて自分の考えを発信できるようになる。

(2) 思考力・判断力・表現力等：必要な情報を整理しながらメッセージの概要や意図を理解し，自分の伝えたいことを論理的に表現できるようになる。

(3) 学びに向かう力・人間性等：外国文化に対する理解を深め，学んだことを用いながら積極的にコミュニケーションを図ろうとする態度を身につける。

使用教材

(1) 教科書○○○（△△△出版社）

(2) プリント（使用時に授業で配布）

年間学習計画表

学期	月	単元	学習の目標	文法事項
1	4	中学校の復習	教室英語が理解でき，その指示に従える 英語でクラスメートと自然なあいさつができる	復習
		Lesson 1 異文化理解（会話文）	友人同士の会話文を読み，会話の要点を読み取れる 自分や身の回りの物事を口頭で簡単に説明できる	基本文型
	5	Lesson 2 異文化理解（手紙）	手紙文を読み，筆者の考えの要点を読み取れる 日本の習慣について絵を見せながら簡単に説明できる	時制
	6	Lesson 3 人物（自叙伝）	自叙伝を読み，筆者の経験と主張の要点を読み取れる 歴史上の人物について時間軸に沿って簡単に説明できる	助動詞 （時制）
	7	Lesson 4 歴史（随筆文）	随筆文を読み，歴史的事実とその解釈の要点を読み取れる 過去の出来事について1パラグラフで説明ができる	不定詞
2	9	Lesson 5 社会（随筆文）	随筆文を読み，論理的なつながりを読み取れる 時事問題についてクラスメートと簡単な問答ができる	動名詞 （不定詞）
	10	Lesson 6 自然（インタビュー）	インタビューを読み，発言の意図を読み取れる 環境問題について原稿を見ながら1分間スピーチができる	分詞 （動名詞）
	11	Lesson 7 芸術（論説文）	論説文を読み，抽象的概念の説明を読み取れる 芸術作品について即興で簡単に批評できる	態 （分詞）
	12	Lesson 8 科学（論説文）	論説文を読み，詳細な事実を読み取れる 科学技術に関する賛否を1パラグラフで述べられる	比較 （時制）
3	1	Lesson 9 平和（物語文）	物語文を読み，筆者のメッセージを読み取れる 平和に関する問題についてグループで意見交換できる	関係詞
	2	Lesson 10 夢（スピーチ）	スピーチの文を読み，その主張と根拠を読み取れる 自分の夢について原稿を見ずに1分間スピーチができる	仮定法 （助動詞）
	3	読み物（小説）	小説を読み，人物の気持ちの変化を読み取れる 物語の内容を1パラグラフで要約できる	まとめ

評価の観点と方法

(1) 知識・技能：目的や場面，状況に応じた表現を理解し，これらを用いて自分の考えを発信する技能を身につけている。

(2) 思考力・判断力・表現力等：必要な情報を整理しながらメッセージの概要や意図を理解し，自分の伝えたいことを論理的に表現する能力を身につけている。

(3) 学びに向かう力・人間性等：外国文化に対する理解を深め，学んだことを用いながら積極的にコミュニケーションを図ろうとする態度を身につけている。

上記の（1）〜（3）の観点について，授業内活動への取り組み，定期考査，小テストにより評価する。

留意事項

(1) 授業の予習と復習を怠らないこと。

(2) 授業でのペアワーク，グループワーク，スピーチなどの活動には積極的に参加すること。

(3) 各レッスンの最後にそのレッスンで習った新出語句の小テストを行う。

人々にとって有益な情報を提供する。

　シラバスには，指導内容の配置の仕方によっていくつかの種類が存在する。よく知られるシラバスの種類としては，習得すべき文法項目（現在完了や仮定法など）ごとに授業を構成する「文法シラバス」，言語使用の場面（レストランや空港など）ごとに構成する「場面シラバス」，表現する概念や言語の果たす機能（時間の概念や謝罪の機能など）ごとに構成する「概念・機能シラバス」がある。これらのシラバスにはそれぞれの特徴があり，例えば，文法シラバスは文法事項を系統的に指導するのに適しており，場面シラバスは実際の場面に即した実用的な言語表現を指導しやすい。また，概念・機能シラバスは，場面を問わず，「依頼する」というような言語使用の目的に合った表現を指導することに適している。教師は自分が使用する教科書がどのような指針によって構成されているのかを認識し，文法項目だけがシラバスの構成要素ではないことを念頭に置きながら，必要に応じてそのようなシラバスの特徴をうまく取り入れるとよい。加えて，授業内容の配置を考える際には，学習者が授業で扱う内容を無理なく習得する段階にあるかどうかという，いわゆるレディネスの問題について，学習者の発達段階や言語能力，学習経験などに照らして考慮すべきである。また，学習したことをより発展的に習得させるためには，学習項目が一度の授業でしか出てこない直線的配置ではなく，それらが何度か繰り返し出てくる螺旋型配置[1]を採用するとよい。

1.3　授業形態と教授法

　指導計画を立てる際には，「何を」，「どの順番で」教えるかということに加えて，それを「どのように」教えるかということについても基本的な方針を決めておかなくてはならない。従って，教師は各学校の実態を踏まえながら，授業形態と教授法についても考えておく必要がある。

（1）　授業形態

　通常，授業は数十名のクラス単位による一斉授業の形で実施される。この形態においては，教師は学習者全員に同様の学習機会を提供することができ，効率性や公平性の観点からは利点があると言える。また，個人に焦点が当たる機会が少ないため，学ぶ側の心理的負担は軽減される。他方，一斉授業においては学習者の個人差が考慮されにくく，学習者が主体的に活動する機会が少なくなり，結果的に教師がクラス全体に知識を伝える「知識伝達型」の授業に陥りやすいという側面もある。

　一斉授業のこうした問題点に対処するには，授業の中にペアやグループでの活動を組み入れることが考えられる。ペアやグループでの活動では，学習者は自分の能力に応じた形で言語を使用する機会を多く得ることができる。また，他者と教え合うことで学習

1）　同じ学習項目を，その難易度を少しずつ上げながら何度も繰り返し学習者に提示する指導形式のこと。

内容の理解を深め，協同作業の中で自分に与えられた役割を果たすことで達成感を感じ，授業に対して積極的に参加しようとする態度を持ちやすくなる。従って，こうした形態は学習者による能動的な学び，つまり「アクティブ・ラーニング」（active learning）を推進するための手法としても有用であろう。アクティブ・ラーニングとは，学習者自身が問題について考えたり，調べたり，話し合ったりしながら，主体的に学ぶ学習のことを指す。例としては，実際の経験を通じて学ぶ体験型学習や，グループで協力して最終課題の達成に取り組むプロジェクト学習などがある。ただし，ペアやグループでの学習形態にはこうした利点がある一方，人間関係の問題や一部の個人にのみ負担が集中するという問題が生じる可能性もある。また，一人で集中して学ぶ学習スタイルを好む者や性格的に他者と学ぶ形態を苦手とする学習者がいることも事実である。教師はそれぞれの学習形態の特性を踏まえ，授業の目標，内容，そして学習者に適した形態を選択する必要があろう。

　通常の場合，授業は教師と学習者が直接顔を合わせる「対面授業」の形で実施されるが，2020 年以降のコロナ禍において，これに代わる授業形態として，オンラインによる遠隔授業，すなわち「オンライン授業」が全国の教育機関で導入された。オンライン授業とは，パソコンやタブレット，スマートフォンなどのデバイスを活用し，インターネットを介して学習者が画面越しに授業を受ける授業形態を指す。オンライン授業には，配信された録画授業や教材を使用して学習者が独自に学ぶ「オンデマンド型」と，Web 会議システムを用いてライブ配信された授業のなかで，学習者が教師や他の学習者とコミュニケーションを取りながら学ぶ「同時双方向型」がある。前者の場合，学習者は好きな時に自分のペースで学ぶことができ，データ通信量も比較的少なく済むが，他者と交流することができず，受け身になりやすい。一方，後者の場合，学習者は質問や意見交換をすることができるが，インターネット環境が整っていない場合，画像が乱れる，音声が途切れるといった問題が起きやすい。オンライン授業を実施する際には，教師は両方式の利点と問題点を把握しながら，例えば，オンデマンド型であれば学習者同士が交流する機会を確保する，また同時双方向型であればインターネット環境や機器に関するサポート体制を整備するなどの工夫をすることが重要となろう。

(2)　教授法

　教授法とは，授業を行う方法論のことを指す。第 3 章にある通り，外国語教育においてはこれまでさまざまな教授法が提案されてきた。しかし，いずれの教授法にもそれぞれの長所と短所が存在し，どのような環境，学習者に対しても有効といった万能な教授法はない。また，教授法の背景には言語や言語習得に関する独自の理論が存在し，各教授法の中で用いられる活動もその理論に基づいている。例えば，パターン・プラクティスの背景にあるのは，言語形式の習得を重視し，言語習得は繰り返しによる習慣形成であると考えるオーディオリンガル・アプローチの学習理論である。また，インフォメーション・ギャップの背景にあるのは，意味のやり取りを重視し，学習者が他者とのやり

取りを通じて言語能力を発達させていくという，コミュニカティブ・アプローチの言語習得観である。教師はこうしたことを理解したうえで，必要に応じて異なる教授法の要素を組み合わせるのが現実的と言えよう。大切な点は，授業の目的に合わせてベストと考えられる活動を組み合わせながら，バランスのとれた総合的な英語力育成をめざすことであろう。

2. 授業構成

　前節の「授業計画」で授業の大枠と方向性が決まったら，次にそれらをどのように授業として展開するかという「授業構成」を考え，それを「学習指導案」として具体化する必要がある。まずは，しっかりと「教材研究」をした上で，授業を行う学級の実態や単元の目的を考慮しながら目標を設定し，題材内容の理解，さらに新しい言語材料の理解と定着までを1コマの授業の中に組み込まなければならない。ここでは，50分の授業を支える学習指導案の作成までの手順を確認する。

2.1　教材研究

　教材研究とは，授業で教材として用いる素材そのものを深く理解し，それを使って目的に応じた授業を行うための用意をすることを指す。教師にとっては，授業を行う上で欠かせない準備作業である。

　教材研究の第一歩は，教科書の素材を繰り返し読み込むことである。素材そのものの構造と意味とを十分に理解し，そこに込められた筆者の意図やメッセージを確実に読み取ることが必要である。その上で，授業の目的を達成するために，その素材をどのように用い，何を教え，結果的にどのような力をつけさせたいのかを意識しながら準備することが重要である。その際に鍵となるのは，素材の「内容」とそこに含まれる「言語材料」である。

(1)　内容

　素材のテーマやトピック，そこに含まれる歴史的，地理的，科学的な事実，また筆者に関する背景情報などを調べ，事前に十分掘り下げておく。こうした知識は，その素材を学習者に理解させる上で役立つだけでなく，授業に対する動機づけを高めることにもつながる。わかりやすい表現と絵図や動画などを用いて行うオーラル・イントロダクションの原稿を準備してもよい。（ただし，それを読み上げるようなことは避けたい。）

(2)　言語材料

　発音に関しては，各単語の発音，語強勢，文強勢，リズム，イントネーション，区切りなどを確認する。実際に手本が示せるよう，事前に教材CDなどのモデル音声を聞き，音読やシャドーイングを繰り返しておく。語彙については，単語の意味を辞書で丁寧に確認し，学習者に提示する日本語訳だけでなく，辞書で引かせる語，文脈からの推測を促す語を決めておく。語形変化，語法，語源，同義語，反義語なども確認し，辞書

に良い例文があれば書き留めておいて授業で提示するとよい。また，各語の発音練習とあわせて，板書で綴りを間違わないように書く練習もしておく。文法に関しては，新出の文型や文法項目について，わかりやすく解説できるよう説明方法を確認し，用法や例文などを書き出しておく。ただ難解な文法用語と英語の形式面だけの説明に終始するのではなく，どのような場面や目的で用いるかという「使い方」の視点からも説明ができるようにしておく。

　教材研究の過程でなすべきことは多い。しかし，教材研究をどれだけ入念にやっておくかによって授業の質が決まると言っても過言ではない。教師はその重要性を肝に銘じ，あくまでも「教科書を」ではなく，「教科書で」何をどう教えるのかという視点を持ちながら，教材研究にあたることが重要となろう。

2.2　目標設定と指導手順

　授業で扱う教材研究をした後に，必ず授業ごとに「本時の目標」を立て，明確にすることが大切である。目標は基本的に，新しく学ぶ言語材料の理解と定着，コミュニケーション活動，題材から学べる知識などを中心に 3 つ程度立てる。

　指導手順については，一般的に (1) ウォームアップ（warm-up），(2) 復習，(3) 導入，(4) 展開，(5) 整理の順で展開される。ウォームアップ・復習・導入を 1 つにまとめ，「導入―展開―まとめ」と 3 つの手順にまとめる場合もある。

　基本的には 4 技能全てを「復習」と「展開」に取り入れるつもりで，4 技能をバランスよく伸ばすための活動を心がける。また，発音指導を「導入」に含めることにより新出単語の音声定着を図り，さらに，「展開」において内容理解を伴った音読を含めるとよい。「整理」は簡潔にわかりやすくまとめ，「本時の目標」が達成できたかわかるように導く。教具・ICT の活用とタイミングの検討も忘れてはならない（⇒第 9 章参照）。

(1)　ウォームアップ（warm-up）

　始業時より，英語学習への雰囲気作りを心がけて，生徒が集中して活動できる学習環境を作る。英語の挨拶のみではなく，英語の歌を歌ったり，small talk として身近なことについて簡単なスピーチや問答を行ったり，最近のニュースなどについて触れるなどいろいろ考えられる。

　　ウォームアップ（warm-up）で行う活動例
　　　•あいさつ　　　•歌　　　•スモールトーク（small talk）
　　　•（担当生徒の）1 分スピーチ　　•ゲーム（簡単なしりとり，クロスワード等）

(2)　復習

　学習には忘却がつきものである。前時までに学習した事項の復習と反復練習は，本時の学習を滑らかに進める上で欠かすことができない。

復習で行う活動例
- 小テスト　　　・ビンゴゲーム（単語確認）　　・音読　　・宿題の確認

（3）　導入

　新しいことを学習するためには，まずそれを「理解」することが必要である。既習の英語や知識をもとに，新しい学習内容や語学的な事項を理解させるための工夫を凝らすことが導入には求められる。

　一般的に導入は，①テキストの内容またはその題材の背景知識，②新出の重要語句，③新出の文型・文法事項，が含まれる。できるだけ英語を使って，オーラル・イントロダクションの形で導入するのが望ましい。絵，図，写真，実物，ビデオなどの補助手段やICTを活用しながら（⇒第9章参照），文法事項などは，コミュニカティブに使用される身近な場面の中でわかりやすく説明する。学習者に合わせ，担当の教師が最も適切と思われる方法を選択することになる。

導入で行う活動例
- オーラル・イントロダクション　　　・オーラル・インタラクション
- レアリア（実物教材）の使用

（4）　展開

　展開は授業の中核をなすものであり，展開が有効に行われるか否かが，授業全体の成否と直接関わっていると言えよう。展開は学習活動と言語使用のふたつの側面で構成するのが望ましい。学習活動では，新しい言語材料の学習と定着のためのコミュニケーション活動などを行い，言語使用では，場面を設定し，課題達成のためのタスク中心の活動を行うとよい。

　学習したことを理解のレベルにとどまらせず，実際に活用することを通じて定着させることが求められる。練習のためのプリント作成や産出のための課題作りなどを工夫するとともに，学習者に主体的に考えさせるアクティブ・ラーニングの活動も含めたい。

展開で行う活動例
- 4技能の練習活動（⇒第7章参照）
- リード・アンド・ルックアップ　　　・ストーリー・リテリング
- シャドーイング　　・ディクトグロス　・インフォメーション・ギャップ
- ショー・アンド・テル　　・ディスカッション　　・タスク　　・ディベート

(5)　整理（まとめ）

　学習した新出事項を確認し今後活用できるようにするため，授業時間の残り5分程度をその日の授業のまとめに割き，板書内容の要点に注意を促したり，理解確認のための音読や書き取りなどを行う。学習内容に合わせて，小テストやスピーチなども考えられる。また，宿題を提示し，家庭学習への指示をする。重要文の暗唱，綴りの練習，音読など一斉授業では十分に指導しえなかった作業を個人で行えるよう環境づくりをし，振り返りシートなどの自己評価を含め，学習者の自律を促すことにつなげたい。最後も英語の挨拶でしめくくることが望ましい。

　整理で行う活動例
　　• ロールプレイ　　• コーラス・リーディング　　• ディクテーション
　　• 小テスト

2.3　学習指導案の作成

　前項で述べた基本的な指導手順に基づき，毎時の指導案を作成する。学習指導案の作成に決まった書式はないが，授業の進め方を誰が見てもわかるように作成する必要がある。また，最近では簡潔な指導案が求められ，A4・1枚程度でまとめるよう指示される場合もある。

(1)　指導目標及び基本情報の明記

　各単元にある指導すべき文型・文法事項や言語活動をもとに，本時の指導目標を決定し，それを学習指導案に明記することにより，授業が焦点の定まった，効果的なものとなる。明記する主な項目として，次の例の1～12が挙げられる。

【例】

第○年○組　英語科　学習指導案
指導教諭：
実習生：

1. 実施日時　　○○年○○月○○日　（○曜日）　第○校時
2. 実施クラス　　○○立○○学校　　第○学年○組（男子○名・女子○名，計○名）
3. 教科書
4. 単元
5. 単元の目標
6. 単元の評価規準　　（⇒第10章 1.5 を参照）

知識・技能	思考・判断・表現	主体的に学習に取り組む態度

7. 教材観
8. クラス状況

9. 指導計画
　　　第1時　○○○○○　　（pp. ○〜○）
　　　第2時　○○○○○　　（pp. ○〜○）　本時
　　　第3時　○○○○○　　（pp. ○〜○）
　　　第4時　○○○○○　　（pp. ○〜○）
10. 本時の目標
11. 使用教具等
12. 指導手順

	指導内容	生徒の活動	留意点・資料など
導入 ○分	1. Warm-up 　・あいさつ 　・Small Talk 　　○○について 2. 復習 　・宿題の確認 　・Chorus Reading 3. Oral Introduction 　・○○について		

　まず，指導手順には，少なくとも指導内容と指導上の留意点として，「何をするのか」「どのようにするのか」「目的は何か」を明記する必要があり，何を学習しているのか一目でわかるように書く工夫が必要である。

　学習指導案は，自治体によってさまざまなパターンときまりがある場合があるので，実習前に必ず受け入れ校の学習指導案フォームに指定があるか否かを尋ねておくと良い。

(2)　指導計画と時間配分

　指導手順の計画に従い，それぞれに時間配分をする。その時の指導内容により異なるが，中学校の場合の1例を挙げれば，以下のような時間配分が基本と考えられるだろう。なお，展開部分では，言語材料の理解を深め定着を図る練習活動から，コミュニケーション活動，言語使用へと発展するように組み立てる。

$$\boxed{ウォームアップ} + \boxed{復 \quad 習} \Rightarrow \boxed{導 \quad 入} \Rightarrow \boxed{展 \quad 開（学習・使用）} \Rightarrow \boxed{整 \quad 理}$$
　　　　（2分）　　　　（10分）　　（8分）　　　　（25分）　　　　　（5分）

　生徒の理解度や目標の難易度によって時間配分をそのつど柔軟に変更することも必要である。予定通り授業を進めようとするあまり，教師主体の授業になってはならない。

(3)　学習と活動の配置

　扱う材料が対話文，物語文，解説文，説明文などによって4技能のウェイトの置き方に違いはあるだろうが，4技能をバランスよく伸ばすために学習と活動の配置を考える

必要がある。生徒全員を活動させる作業をできるだけ多く盛り込み，誰もが意欲的に活動に参加できるように工夫したい。

例 1）　ペアを作り，黒板に絵を書いたり，地図を貼ったりして現実に近い状況を設定し，対話体験をさせる。

例 2）　グループを作り，グループのメンバーの共同作業で内容についての英語の問いを作らせ，他のグループのメンバーに問いかけさせ，問答を活発に行わせる。

例 3）　一人ひとり，他の生徒にインタビュー形式で情報を集めさせ，内容をまとめ発表させる。

(4)　教材・教具使用の決定

　教材・教具は授業の中のどの時点で，どのように使用するかを前もって決めておく。例えば，絵や写真を見せながらオーラル・イントロダクションを行う場合は，見せる絵や写真の準備とともにどのような順番で提示するかを検討する。また，音声機器を利用する場合は，モデル音声を確認しておく。なお，ICT などを使用する場合は，機器の作動確認をしておく必要がある。

2.4　中学校の学習指導案

　中学校の英語は特別な場合を除き，4 技能全てを扱う総合英語である。すでに小学校 3 年生から慣れ親しんできた英語をもとに，4 技能 5 領域をバランスよく教えられるように指導に取り組むことが重要である。協働の効果を狙って，ペア・ワークやグループ・ワークなどのアクティビティを言語使用の活動として取り入れるとよい。また新しい言語材料（文法・語彙など）の知識を吸収する大切な時期なので，学習の動機づけが高まるような指導計画を立てたいものである。

　また，2021 年度からは，中学校においても「英語の授業は英語で」行うことが基本となっている（⇒巻末の資料 3 に Classroom English の具体例を挙げているので参照されたい）。教室における指導はできる限り英語で行い，生徒が普段から英語に触れる機会を増やす環境作りに留意したい。

　以下，『Here We Go!』ENGLISH COURSE 1（光村図書）Unit 4 Our New Friend（pp.62 ～ 71）の教材を扱った学習指導案の例である。題材は，クラスに海外からの転校生がやってくる場面において，自己・他己紹介や質問する表現を考えながら使い，言語材料として，3 人称単数を主語とする be 動詞の平叙文・否定文・疑問文，Who is ～？の構文について学ぶ単元である。計 7 時間で行う第 4 時目の Activity を扱っている。

【指導案例 1】

第 1 学年〇組 英語科 学習指導案

指導教諭：〇〇　〇〇教諭
授業者：〇〇　〇〇

1. 実施日時：令和〇年〇月〇日（〇曜日）第〇校時

2. 実施クラス：〇〇立〇〇中学校 第 1 学年〇組（男子〇名・女子〇名，計〇名）

3. 教科書 Here We Go! ENGLISH COURSE 1（光村図書）

4. 単元名 Unit4 Our New Friend（pp.62 ～ 71）

5. 単元について
1）教材観
　本単元では，光太郎のクラスに転校生ハジンがやってくる。彼に学校の先生を紹介したり，ハジンに興味を持った友人が光太郎に質問をする様子が書かれている。この単元を通して，3 人称単数を主語とする be 動詞の平叙文・否定文・疑問文，Who is ～？の構文について理解し，知らない人について紹介したり質問したりする表現を学ぶことができる。
2）生徒観
　本学級は積極的に発言をする生徒が多く，落ち着いた雰囲気で活動できている。一方，理解度に差があり自信のない生徒も見受けられる。しかし生徒同士のインタビュー活動や，GIGA を使用したクイズ用スライドの作成活動では，多くの生徒が意欲的に取り組んでいる。
3）指導観
　be 動詞 is に慣れさせることを目的として，Speaking・Writing 活動に重点を置き活動する。また理解度に差があるため，反復練習の時間や机間巡視を徹底することで定着を図る。私とあなた以外の人を紹介する場面がこの単元では多く見受けられるので，実際に他己紹介をするクイズを作成するなど，生徒が意欲的に取り組める活動をする。

6. 単元の目標
自分とあなた以外の人物について，基本的な情報の聞き取りや紹介ができる。

7. 本時の到達目標
①三人称単数を主語とする be 動詞の文を理解し適切に使用できる。（知識及び技能）
②身近な人や有名人などについて，基本的な情報を適切に紹介できる。（思考力・判断力・表現力）
③新出の表現や語句を使用し，積極的に発表に取り組んでいる。（学びに向かう力，人間性等）

8. 指導計画 ［Unit4］（計 7 時間）

	学　習　内　容
第 1 時	Unit4 Part1 の新出単語と本文の内容理解
第 2 時	He/She/It ＋ be 動詞「is」について学ぶ インタビューをした内容を他の人に紹介する
第 3 時	疑問詞 who について学ぶ これは誰でしょうクイズを作成する
第 4 時	Activity これは誰でしょうクイズ発表（**本時**）
第 5 時	Unit4 Part2 の新出単語と本文の内容理解
第 6 時	Unit4 Part3 の新出単語と本文の内容理解
第 7 時	教科書 pp.70 ～ 71 Goal 誰のことかを当てよう（Listening）

9. 使用教具：スライド・黒板・ワークシート・タイマー

10. 指導手順

	活動内容	指導上の留意点	評価観点
導入12分	○ Greeting ・曜日, 日付, 天気の確認 ○ Word guessing game ○ Review ・前回平叙文の反復練習で使用した人物紹介のスライドを使用し, 疑問の形で質問を投げかける。(Is he ～? / Is she ～? の発問) →（生徒に Yes, she (he) is. / No, she (he) isn't. で答えさせる活動） ・黒板を指して, 疑問形と答え方を確認。	○テンポよく行う。 ○単語の発音を全体で確認する。 ○黒板に尋ね方と答え方を書いておく。 ○慣れていないので, 答え方を繰り返し発話させる。	★積極的に取り組んでいるか。 （主体的に取り組む態度） ★質問に対して, 正確に答えられているか。 （知識・技能）
展開30分	○ Who is this ? の新しいクイズを提示する。 ※ワークシート③ ○クイズ発表 ・発表の方法について説明する 〈出題者側〉 スライドを聞き手に見せるようにして発表させる。スライドをめくるたびに, Who is this? と尋ねさせる。 〈聞き手側〉 発表者の方を向いて聞くようにさせる。 ・発表練習 ・発表 →4人班で発表（一人1分30秒） →班の代表1人ずつ発表	○こまめに Who is this? と発問を投げかける ○分かった人は Is he ～?/Is she ～? を使い答えさせる。 ○なるべく英語を使い, 理解に誤解が生じるような箇所は日本語で補足説明を加える。 ○生徒の様子をみて, 状況に合わせて指導に工夫を加える。 ○机間巡視 発音に不安のある生徒にはアドバイスをする。 ○タイムキープをする。	★正確に質問できているか。(知識・技能) ★聞き手に伝わりやすいように発表や表現の工夫をしているか。 （思考・判断・表現） ★発表者の話す姿勢 スライドを使った発表に積極的に取り組んでいるか。 （主体的に取り組む態度） ★聞き手の姿勢 クイズの内容を適切に捉えようとしているか。 （主体的に取り組む態度）
まとめ8分	○ Writing の振り返り ・文を書く時のルールについてスライドを使って説明する。 ○本時の振り返り ・ワークシート裏面の振り返りを記入させる。 ○他己紹介で用いた文法事項について確認する。 ○挨拶	○ポイントをワークシートに書きとらせる。 ○わからなかったところに気付かせる。 ○ワークシートを確認させる。	

11. 本時の評価

(1) 三人称単数を主語とする be 動詞の文を理解し適切に使用できるか。(知識・技能)

(2) 身近な人や有名人などについて, 基本的な情報を適切に紹介できるか。(思考・判断・表現)

(3) 新出の表現や語句を使用し, 積極的に発表に取り組んでいるか。(主体的に学習に取り組む態度)

Let's make a quiz!!

Who is this?

Class:　　　　No.　　　　Name:＿＿＿＿＿＿＿＿＿＿＿＿＿

Step ①　クイズにしたい人・キャラクターの be 動詞で言えるプロフィールを書き出そう（日本語で OK）
Hint!　be 動詞の後には ｛状態・性格・年齢・出身・職業・得意なこと・興味があること｝ が言えるね。

プロフィール	日本語で書こう	順番	英語で書いてみよう
性格			
年齢			
出身			
職業			
得意なこと			
苦手なこと			
興味あること			
その他			

Step ③　スライドを作成しよう。
○ヒントを出す順番の工夫をしよう
○１枚目のスライドには「Who is this?」
　間のスライドに「He is, She is 〜」で始まるヒントのスライドを作る。最後のスライドには答えの画像
　を貼る。

振り返り

5：よくできた　4：できた　3：ふつう　2：あまりできなかった　1：できなかった

クイズ発表を積極的に取り組むことができた。	5 ・ 4 ・ 3 ・ 2 ・ 1
He is 〜 / She is 〜を使用して人物を紹介できた。	5 ・ 4 ・ 3 ・ 2 ・ 1
他の人の発表から基本的な情報を聞き取ることができた。	5 ・ 4 ・ 3 ・ 2 ・ 1
感想（できたこと・できなかったこと・わからなかったこと，などなんでも OK!）	

2.5　高等学校の学習指導案

　高等学校は普通科のみならず，学校によって外国語科や職業科などがあり，生徒の学習の目的や学力に多様性があるため，すべてを一般化することはできない。また，科目も「英語コミュニケーション」や「論理・表現」など複数化し，授業の主眼を明確にして授業構成をする必要がある。さらに，大学入試を視野に入れると，「4 技能・5 領域」を統合的に育成するのみならず，論理的に表現する能力を育成するための活動が必要となる。高等学校という発達段階においては，中学校のグループワークなどによる学び合いから自律した学習者をめざせるようハンドアウトなどを工夫し，思考をともなう活動を多く取り入れるとよいであろう。

　以下，『LANDMARK English Communication Ⅱ』（啓林館）Lesson 5 Science of love（pp.74 〜 87）の教材を扱った学習指導案の例である。精神医学，遺伝学，生物学の科学的な観点から「人はなぜ恋に落ちるのか」について多角的に考え，内容理解に結びけるとともに，文章構成や英語表現を参考にプレゼンテーションスキルを身につけることをねらいとしている。その他，高等学校の学習指導案は巻末資料で，英語のみの指導案（巻末の資料 4），A4 1 枚で仕上げる指導案（巻末の資料 5）を参照のこと。

【指導案例 2】

第 2 学年　英語科学習指導案

令和○年○月○日　○時間目
○○高等学校　2 年○組
指導教諭　○○　○○
授業者　○○　○○

1　使用教材　『Revised LANDMARK English Communication Ⅱ』（啓林館）
2　単元　　　Lesson 5 Science of love（pp74 〜 87）
3　単元目標　(1) Look up を意識してペアワークや音読をする。
　　　　　　　(2) 科学に関する 3 つの分野からなぜ人が恋に落ちるのかを理解する。
　　　　　　　(3) 自分で考えた問いに対して本文を手掛かりに答えを探求する。
　　　　　　　(4) 本文や自己学習で得た結果を英語で他者に伝えるプレゼンテーションを行う。
4　教材観
　本単元では，「人がなぜ恋に落ちるのか」という疑問について，精神医学，遺伝学，生物学の科学的な観点から書かれている。本文を通じて多角的に自分の答えを見つけ，身近な娯楽やこれまでの経験をアウトプットしながら内容理解に結び付ける。また，この単元の文章はグループでの発表形式という体裁をとっているため，本文中の発表特有の文章構成や英語表現を参考に，実際にプレゼンテーションを行う。
5　生徒観
　本学級は全体的に穏やかな雰囲気で，授業中の集中力は高い。真面目に取り組む一方で全体への発問や意見を述べることに消極的な生徒が多くいる。ペアワークやグループワークでは積極的に活動できるため，対話するワークを取り入れ，協力して授業に取り組める環境を作りたい。
6　評価規準

ア．知識・技能	イ．思考・判断・表現	ウ．主体的に学習に取り組む姿勢
①新出単語と重要表現を身につけ，本文内容を的確に理解している。	①本文内容に関して，的確に情報や考えなどを外国語で理解し，適切に伝えあっている。	①自分で出した問いに対して本文内容や学習活動を経て答えを導きだそうとしている。
②文法，音声，品詞のきまりを理解し，コミュニケーションの場面で正確に活用できる技能がある。	②聞いたり読んだりしたことを活用して自分の意見や考えなどを話したり書いたりして論理的に表現している。	②Look up を意識した言語活動を通じて，他者との英語コミュニケーションを円滑に行おうとする姿勢がある。

7 単元の指導計画
    第1校時   良いプレゼンテーションとは何か。問いを作る授業
    第2校時   教科書 pp.74 〜 75   Part1
    第3校時   教科書 pp.74 〜 75   Part1
    第4校時   教科書 pp.74 〜 75   Part2
    第5校時   教科書 pp.74 〜 75   Part2
    第6校時   教科書 pp.74 〜 75   Part3
    第7校時   教科書 pp.74 〜 75   Part3
    第8校時   教科書 pp.74 〜 75   Part4（**本時**）
    第9校時   教科書 pp.74 〜 75   Part4
    第10校時   プレゼンテーション

8 本時の目標 (1) 気分が上がる瞬間について自分の英語で表現する。
             (2) 新出単語と重要表現を理解し本文の内容を大まかに捉える。
             (3) 生物学と恋愛の結びつきについて理解する。
             (4) 本文を聞き取り，英単語を書く。
             (5) 本文の内容理解を踏まえ音読する。

9 使用教具等
    ハンドアウト，パワーポイント，教科書

10 本時の展開

	時間	学習内容	生徒の活動	教師の活動	◆留意点 ●資料など	評価の観点
導入 9分	2	・前回の復習	Part3 の Reading Map を書けていない生徒は埋める。	Lesson5 での発表者と分野の流れを説明する。	● Part3 のまとめスライド	
	2	・Oral introduction		on a high の説明とモデルスピーキングを行う。		
	5	・スピーキング "When do you feel on a high? について	ペアで話し英語表現を確認した後，違うペアで1分間英会話を行う。			イ① ウ②
				Part4 の分野を提示する。		
展開 38分	7	・ディクテーション 答え合わせ	本文音声を聞き空欄に入る英単語を記入する。 周りと答え確認	2回目は内容も予想するよう声掛けをする。 生徒を指名する。 単語の解説をする。	●ハンドアウト	ア①
	5	・New words Idioms	教師に合わせて単語発音と意味を確認する。 イディオムの訳をプリントに記入する。 個人で発音と意味を確認する。	新出単語の発音と意味を豆知識を加え解説する。	◆重要なアクセントはアクセント記号を記入する。	ア①
	3	・New words チェック	1分ずつ交互に新出単語と新出表現の英訳と和訳をランダムに出しペアは即座に答える。	ペアの順番決めする。 Look up を意識させる。	◆机間指導	ア① ウ②
	5	・黙読 (Reading question)	本文を黙読し，Reading question を解答する。 周りと答え確認する。	"can't help falling love" を流す。	● "can't help falling love" の YouTube	ア① イ①
	3	答え合わせと解説	本文の大まかな内容を捉える。	生徒を指名する。 答えに該当する文を解説する。	◆ドーパミンとオキシトシンの違いを説明する。	ア①
	3	・"can't help falling love" の解説	"can't help falling love" の意味を理解する。	"can't help falling love" の歌手や背景知識を解説する。		

146

12	・本文解説 （前半，⑦ま で）	重要表現や文法に関してス ライドを見ながらプリント に記入する。 音声に続いて音読する。	本文を番号ごとに分け，ス ライドに書き込みながら， 英語表現と本文内容を解説 する。	ア① ア②

板書計画
③ compare A with B で何を比較しているのか説明する。
④ She found that の that を関係代名詞，同格との違いを説明しながら問う。
④ people who were in love の下線部の文法を確認する。
⑤ a chemical which is produced の下線部の文法を確認する。
⑥ It plays a key role の意味を解説する。
⑥ in controlling の意味を問う。
⑦ From this result が話の展開になっていることを解説する。
⑦ on a high の意味をスピーキング活動から振り返り解説する。
⑦ the conclusion that we are literally の that の意味を問い，同格の that の特徴を復習する。

整理 3 分	3	6.まとめ 次回の予告	学習した内容を確認する。	次回の授業内容を提示す る。	

2.6　ALT とのティーム・ティーチング（TT）

　最近，ALT と共同で授業をする機会が増えている。英語でのコミュニケーションを目標とする授業では，ALT が話す場面が多くなりがちだが，あくまでも授業運営においては，日本人英語教員が授業を計画し，進行する中心的役割を果たすことが望まれる。教師 2 人がインタラクティブに効果的な役割を果たし，生徒が英語でコミュニケーションを図る機会をできるだけ多く作り出すことが重要である。それぞれの具体的な役割は，次のように特徴づけることができる。

表 1　授業における ALT との TT 例

ALT	JTE（日本人英語教師）
① ALT の生の音声を聞かせる。 ② ペア・ワーク，グループ・ワークにおいて，ネイティブ・スピーカーとのコミュニケーションの擬似体験をさせる。 ③ 自由英会話の一部を担う。 ④ JTE が即答できない事項（他国文化についてなど）を説明する。	① ALT が授業をする間，机間巡視をし，生徒の理解度，授業への参加度等を確認する。 ② ALT と生徒との質疑応答，ダイアログを板書などし，補助する。 ③ ALT の質問や説明の中で生徒が理解できていないと思われる点を日本語で解説する。 ④ 必要であれば訳や文法説明等を日本語で行う。ただし，最小限にとどめておく。

　ALT とのティーム・ティーチングを成功させるには，JTE は ALT とのよい人間関係をまず作り，授業中に行う学習活動の目的と役割を明確にし，2 人の分担をはっきりさせておくことが大切である。

　実際の TT の指導案は次の指導案例 3 のようになる。JTE と ALT それぞれの役割に注目したい。指導手順の欄の「Students (SS)」は，期待される生徒の反応である。指導案中の［→ Interaction ＊］は，JTE と ALT の 2 人でやって見せるコミュニケーション活動になる。その具体的な例は，指導案に続く Plan of Interactions を参照。

Teaching Plan

JTE：○○○○
ALT：□□□□

1. Date: 3rd period, Friday, October 15th 10:30 ～ 11:20 a.m.

2. Class: 1-3, 35 first-year students（Male 18/ Female 17）

3. Textbook: *New Crown English Series 1, New Edition*（Sanseido）

        Do it TALK 3: When do you ～ ?

4. Goal of the lesson: To have the students understand and use the expression for asking for time and action.

5. Target expression: When do you ～ ?

6. Procedure

Activities（min.）	JTE	ALT	Students（SS）
Attendance & Greeting （3 min.）	Greet SS in English	Greet SS Call the roll	Greet the teachers & respond to the call
New words （5 min.）	Check the meaning of new words with flashcard	Sound out loud each word to SS	Looking at the FC, repeat after the ALT
Comprehension of main dialog （5 min.）	Explain the situation of dialog		Watch the teachers' dialog and try to understand
	Demonstrate the model dialog → Interaction * 1		
True/False （5 min.）		Ask questions to check SS' understanding → Interaction * 2	Listen to the Qs and respond with True or False by putting a hand up
Read and Look up: reproduction of the main dialog （5 min.）	Give direction for "read and look up" in pairs	Join in the pair work, giving help to SS	Say aloud the dialog in pairs.
Presentation of Target Expression (TE) （5 min.）	Explain the form, meaning and use of the TE		Listen and watch JTE and ALT, and understand how to use the TE
	Show some examples of Q&A → Interaction * 3		
Pattern Practice with TE （8）	Give directions for pattern practice in pair work	Invites SS to do	Following what the JTE and ALT showed, SS do it loudly in pairs
	Demonstrate paired pattern practice using the sample in the textbook → Interaction * 4		
Interview: production with TE （15 min.）	Give directions for interview task	Walk into SS, check if they are following, and give help for SS in need → Interaction * 5	Listen to JTE and do the tasks on the worksheet. Say English loudly enough. Finish the task all in English
Consolidation （2 min.）	Give summarizing comments on TE	Give positive comments on SS performance	Make sure how to use TE again

Plan of Interactions

＊1　Demonstration of Model dialog（Textbooks are all closed）

JTE	ALT
Now we, teachers, are going to show a conversation. Please watch and try to understand it. I am Ken, a Japanese boy, and…	
	I am Ratna, a girl from India. I talk to Ken just after the music class. Now I start. "Ken, you are a very good singer."
"Thank you"	

＊2　Questions to check SS understanding

ALT
Now let me ask some questions about the dialog we showed. Please listen to my questions carefully and answer either True or False. 　　Question 1, Ken is a good singer. 　　Question 2, Ken sings on Saturday. 　　Question 3, Ken is a fun of Ratna. Let's check the answers. Please raise your hands for T or F.

＊3　Target form use: sample interaction between JTE & ALT

JTE	ALT
When do you wake up ?	
	I wake up 5:30 every day.
Oh, that's early. When do you go to bed ?	
	I usually go to bed 9:00 p.m.

＊4　Pattern Practice（Using the following part in the textbook）

JTE	ALT
Let's change the underlined parts with the target expression. ALT and I will show you an example. Ms. ALT, No.1, practice basketball.	
	OK, "When do you practice basketball ? "
I practice basketball ON SATURDAY. 　(*Showing the rest of examples*) In this way, please use the pictures and practice using "When do you ~ ? "Are you ready ? Let's begin talking in pairs.	

＊5　Explanation of Interview task

JTE	ALT
Please make up your own information. Then we'll have an interview game. We have more information to change for the target expression. Ms. (ALT) and I will show you how to do it. So please look and listen to us. ~ Now let's check how to read all the words in this part.	
	OK, repeat after me. "Video games, Video games...."

2.7 授業の振り返り

学習指導案の通りに必ずしも授業が展開するとは限らない。実際の授業では，その日の生徒たちの状況により，指導案には盛り込まなかった臨機応変の対応と工夫が求められることが少なくない。

授業が終わったら，それで終わりではなく，自分の指導法や指導過程を振り返り，日々の英語授業を向上させるためにフィードバックすることが重要である。生徒と教師の活動を客観的に記録し，授業の良かった点と問題点を評価しておきたい。

さらに，「授業分析」を取り入れると，自分の授業力を向上させることにつながる。例えば，観点を絞ることにより客観的な分析が可能になる。具体的には，以下のようなチェックポイントが考えられる。

表2　授業分析のポイント（望月昭彦（編）2001改編）

量的分析	質的分析
1. 教師が英語を用いている時間，生徒が英語を話している時間の量は適切か。 2. 英語を読んでいる時間，聞いている時間の量は適切か。 3. 導入，展開，練習などに割いている時間の量，バランスは適切か。 4. 学習活動，言語活動，言語行為の時間の量，バランスは適切か。 5. 生徒が思考している時間の量は適切か。 6. 生徒を名前で指名している回数と，座席などで指名している回数。	1. 4技能が個別に扱われず，統合的な活動があったか。 2. 指示や発問が明確に伝わっているか。 3. 適切な背景知識の活性化が行われていたか。 4. 生徒が答えにつまったり，間違った際，最終的に正しい答えが出るように適切な助言をしていたか。 5. 機能や概念など，言語が用いられる場面や目的がしっかりと与えられていたか。

授業分析は，客観的に自らの授業をふりかえる機会となる。あわせて，生徒からのフィードバックなどにも耳を傾け，生徒の学力の伸びなども考慮し，日々の反省を次回の授業に活かすことがよりよい授業を創り上げることにつながる。

授業の年間計画・学期別計画・毎時計画に対し，毎時の授業の構成が縦糸と横糸のようにしっかりとかみあって，良い授業が仕上がっていく。単発的な指導技術だけでは不十分で，綿密な授業計画と授業構成の工夫によって良い授業が生まれるのである。

研究課題

(1)　カリキュラム，シラバス，学習指導案の違いを説明しなさい。

(2)　自分で教材を選び，単元の最初の授業に行う，Oral Introduction の指導手順と英語のスクリプトを作成しなさい。

(3)　以下のような指導教官の指示に従い，学習指導案を作成しなさい。

指示

- ・明後日の5時間目に，授業をお願いしますね。（本日は，10月15日月曜日）
- ・クラスは中1の3組。男子が16人，女子が15人だったかな。
- ・座席は，男女隣同士で座っています。窓側の最後列は男子1人だけど…。
- ・教科書は，『Progress 21 book 1』で，出版社はエディックです。
- ・Lesson 11 の「ひとそれぞれ… Ann and Pat」で64ページをお願いします。
- ・前の時間に，63ページは終わっていますから。
- ・64ページからは，can の用法が出てくるから，意味と合わせてしっかり理解させて下さい。
- ・それから，「得意・不得意」に関する表現が出てくるから，コミュニケーションを図る場で有効に活用できるようにしたいですね。
- ・「得意なスポーツや楽器」などについて説明する言語活動があるといいかもしれませんよ。
- ・このクラスは，男女の仲が良い方だし，元気いっぱいです。ただ，中学校生活にも慣れ学力の差が広がり始めてきたようです。
- ・そうそう，宿題出すのも忘れないでくださいね。
- ・この単元は，4時間で終わる予定なので，あなたの担当は，第2回目の授業ということになります。
- ・捺印を忘れずに。
  では，よろしくお願いします。

テキスト

〔1〕Billy はどこへ　p.63
Pat: Where's Billy?
Ann: He isn't here now. He went back in England.
Pat: I **remember** his smile.
Ann: Ms. Jones remembers his bad **spelling**. She **miss**es him.
Pat: I miss him, too.

〔2〕Ann の悩み　P.64
Pat: What's the **matter**, Ann? Are you **sad**?
Ann: Well, I **practice** tennis every day. But I'm still **poor** at it.
Pat: Don't worry, Ann. You **can** swim very well. You can play the piano very well, too.

※　英文太字は新出単語である。

（エディック『Progress 21』　一部改変）

〈作成のポイント〉

1. 指導教官の話の要点を記録する。クラス状況，学習進度の把握。
2. 教材研究（語彙，言語材料，題材など）をていねいに行う。
3. 本時の目標を立てる。
4. 学習活動と言語活動をバランスよく取り入れる。
5. 「何を，どのように，なぜ」行うのかが明確に分かるように簡潔に書く。
6. 時間配分を考えて，生徒に達成感を与え，一貫性のある授業にする。

第9章

教材・教具

　今までに使った英語教材の中で，どのような教材が効果的でしたか。目的や用途によって違うかもしれませんね。英語の教材は，授業で使った教科書や副教材に加え，音楽や映画，文法書や単語集，スマートフォンのアプリケーションやインターネット上のニュースなど，どんどんマルチメディア化しています。教える立場になった時に何をどのように使うのが一番効果的なのか，それぞれの特徴を学び，これからの時代のニーズに対応できるよう知見を深めましょう。

Keywords

- ・検定教科書
- ・デジタル教科書
- ・題材
- ・言語材料
- ・補助プリント
- ・辞書指導
- ・ティーチャー・トーク
- ・板書
- ・電子黒板
- ・コンピューター支援の言語学習（CALL）
- ・eラーニング
- ・学習マネージメントシステム

　教材は，教育目標達成のために不可欠な存在であり，教具は授業を生き生きとさせるための重要な補助となる存在である。教材の中では教科書がメインであるが，教師の手作りの教材や視聴覚機器などを利用することで授業を活気のあるものとして作り出すことができる。例えば，文字を読むだけでなく，音声を聞いたり，映像を見たりすると，教師以外の英語に接する機会が増える。映像を使うと実際に英語が使われる状況やジェスチャーなどもわかるため，ことば以外のコミュニケーション要素に触れさせることもできる。タブレットやコンピューターを利用してeラーニング教材に取り組ませることで，生徒が能動的に働きかける双方向の学びの機会を与えることもできる。

　教材・教具を効果的に取り入れるためには，教材の位置づけや特徴を理解し，自分の授業の中で何のためにそれを使用するのか，という目的をはっきりさせる必要がある。例えば，映画を使う時，生徒はどのような言語や文化の側面が学べるのか熟慮する必要

152

がある。ますますマルチメディア化する教材や教具を授業計画の中で，「いつ」，「どのように」，「何を学ぶために」使用するのかを考えた上で利用したい。

1.　教科書

1.1　検定済教科書の現状

　教科書とは，一体どのような存在なのであろうか。よく，教師は教材を具材とする料理人に例えられることがあるが，教科書はその中でも主要な役割を果たすものである。また，日本の教育制度の中では，文部科学省による検定を通った教材という法律的な位置づけもある。ここでは，検定教科書が教師と生徒の手元に届くまでの過程を知ることにより，教科書を扱う上での教師の役割について考える。

(1)　学習指導要領と教科書

　教科書は市販の学習参考書などとは異なり，文部科学省が公示している学習指導要領に沿って作られる。その確認のために文部科学省による検定制度がある。検定が済んだ教科書は現場に公開され，教育委員会や教師の手によって選ばれる。その選ばれた教科書が生徒の手に届くことになる。

　なお，中学校と高等学校では状況が異なる。中学校は広域採択制，高等学校は学校単位の採択制である。広域採択制とは，市町村や教育行政区域，都道府県教育員会などが教科書を選択する制度である。市町村や区域，都道府県教育員会などが選択する場合，教師自身が授業での扱いやすさや現場の状況に応じて選択できないといった課題がある。しかし，中学校は義務教育であるため，地域における教育内容の均質性を保つ必要性があるため，教育行政単位で一つのものを選ぶ必要性もある。

　一方，高等学校では，学校間による学力差があるため，各学校単位で教科書を選ぶ。教師が現場の実情にあわせて教科書を選べることは歓迎すべきことであるが，毎年数十点におよぶ選択肢の中から教科書を選ぶ作業は，忙しい現場の教員にとっては容易ではない。また，選択肢が多いため，指導技術の向上よりも，教科書を替えることで授業が大きく変わると期待しすぎてしまう傾向もある。

　総じて，教科書は，多くの教師が使いやすいように伝統的な題材や課題が含まれつつ，現場の教育を改善するために，最新の知見が盛り込まれている。一方，すべての内容が各学校の生徒の実情に合うとは限らないので，現場ごとの指導目標に合わせて「教科書で教える」姿勢を持って援助や追加を施すことが教師の責任である。

(2)　教科書選択の基準

　使用教科書として，どれを選べば良いのだろうか。そのためには，まず教科書の内容を客観的に分析することが課題となる。英語の難易度だけで決めるのではなく，分析の視点として，以下のような点を考慮に入れたい。

①題材のメッセージ性と全体的なバランス（ジャンル，国・地域，性差，生徒の興味）

②言語材料の比重と配列（音声，語彙，文法，語用のバランス，基本から応用への流れ，など）

③活動の構成と難易度（活動の配列，複雑さ，言語的難易度）

④演習問題の質と量（設問と学びの目的は明確か，知識獲得と応用のバランス）

⑤付録の内容と量（小・中・高の接続，復習・整理のために使いやすいか）

⑥生徒の興味を引きつける要素（題材，視覚的特徴，言語的難易度，構成の難易度）

⑦視覚情報，音声情報，マルチメディアによる情報の量（音声媒体，デジタル教材，eラーニングなど展開可能か）

例えば，①の題材に関しては，異文化理解のためにどのように地域のバランスがとられているかを検討する。近年，世界の英語（'World Englishes' ⇒第1章参照）という概念が広がってきており，英米一辺倒の話題に限らず，英語という窓を通して世界各地の話題を取り扱っているかなどの視点で教材を見る。さらに，科学，文学，平和，人権，スポーツ，人物などジャンルのバランス，ジェンダーバランスなども見たい。生徒が主体的に考えて討論したり，作文したりして批判的思考力を養う課題に発展しやすい題材（あるいは問い）が多く含まれているかも重要である。理解した内容が発信活動に生かせるような工夫のある素材が望ましい。

②の言語材料に関しては，文法事項の配列や語彙の扱い，発音などがどのように扱われているかなどを縦列的に見る。新指導要領からの新しい視点として，コミュニケーションができるようになるために4技能が過不足なく扱われているかも重視すべきである。③の構成に関しては，課末の活動が現実に教室で使えるかどうかといった実行可能性と難易度を検討する。さらに，アクティブ・ラーニングへの発展の可能性も考慮したい。この点について⑦と関連して，教科書のQRコードやデジタル教科書全体の使いやすさ，付属コンテンツの機能や充実度なども考慮しなければならない。このような分析の視点は，教科書の内容を加工して活動を作る際にも活かせるため，教師は常に教材を見る眼（批評眼）を養うことが大切である。

(3) 教材研究の仕方

教材研究とは何をすれば良いのだろうか（⇒第8章参照）。基本的に授業の案を考えて言語材料や題材についての準備をすることである。言語材料については，扱う言語材料のあらゆる要素ついて調べて説明できるようにしておく。しかし，実際には教えすぎに注意し，百を知って一を教えるような，要点を凝集して生徒に分かりやすく伝えることを最優先にしたい。構文，文法，語彙・表現，音声，語用など，どのような質問があっても答えられるように，辞書で確認し，意味の取り方や例文も準備する。文法書で語法や説明方法を確認したり，語や表現の使用頻度やコロケーションなど，コーパスなど

を利用して確認するとよい[1]。

　題材に関しては，背景知識と事実の確認を行う。例えば，17 歳でノーベル平和賞をもらったマララ・ユフスザイ（Malala Yousafzai）さんを扱う題材の場合は，彼女のスピーチの全文や近況などを調べ，必要に応じて補助教材として提示する。指導手順についても，目的を明確にし，学習者に何をどのようにさせたいかを考えておく。ここでも，必要に応じて補助プリントなどを用意する。例えば，新語の意味を絵で示したリストを作ったり，リーディング用のチャンク読みのプリントを作ったり，Q&A の質問に対して答えを書き込むプリントを用意したり，ペアで行うインフォーメーション・ギャップ・タスクのプリントを作るなどである。

　教材研究では，調べたり，考えたりする以外に英語を声に出して発する準備を忘れてはならない。授業では教師が英語を発して生徒に示す機会は多い。例えば，クラスルーム・イングリッシュを使う，新語の発音を示す，オーラル・イントロダクションを行う，肉声で本文を読み聞かせる，英語の質問を発して生徒と英語でやり取りをする，ペア活動の例を生徒や ALT と協働して示す，タスクの結果を質疑応答で確認するなどである。指導する前に，単語や英文の音声を発声して確認したり，シャドーイングでモデル音声に近づける練習などをしてから授業に臨みたい。

2.　副教材

　副教材には，教科書付属の音声素材やワークブック，語彙増強用教材，文法演習教材などの既製のものと，教師が生徒の実情に合わせて授業で使用するために作成するプリントなどがある。授業内で 5 分程度の帯活動や家庭学習に使用するなど，教科書での学びを補強したり拡張したりする用途も持つ。近年は，インターネットの普及により，教科書のモデル音声などはインターネット上からアクセスして活用できたり，教科書付属の語彙や文法の知識を定着させるためのデジタル教材などもある。臨機応変に適量を与えることを心がけ，教材が多くなりすぎて何が目的なのか見失わないよう配慮したい。

2.1　教師が授業用に作る副教材

　授業で利用する副教材として教師が自主的に作成する補助プリントは，教師が生徒の実情にあわせて授業を進めるために使用する重要な教材である。授業はあくまでも教科書を主体に行うものであるが，その内容を広げて言語活動を導入する場合には，補助プリントが活動の手順を明確にしたり，例を示したり，追加の言語材料を与えたりするのに役立つ。ここでは，中学校の文法項目に焦点を当てた対話活動のプリントと，高等学校におけるリーディング指導のためのプリント作成に触れておく（次ページの表 1 を

---

1)　インターネットを活用した語の頻度やデータ駆動型の用法検索などは，COCA（Corpus of Contemporary American English）や Complete Lexical Tutor v.8.3 などでできる。

表 1　補助プリント作成の手順例

段階		例
Step 1	教科書本文を熟読し，ターゲット表現を確認する。	現在完了形の経験用法で疑問文形式： Have you ～？
Step 2	目標の表現を「使用場面・ことばの働き・意味→表現」という提示順で具体的に示す。	友達に「今までに～行ったことがありますか」と質問する時の表現： Have you ever been to ～？
Step 3	ターゲットの表現を何度も言ったり，書いたりするためのドリル的練習問題（口頭によるパターン・プラクティス，再生など）。	地名をたくさん提示し，それらを目標の表現にあてはめてペアで質問と応答を行うための表を与える。
Step 4	目標表現の一部に自由に語句を入れてできるような対話活動（談話完成⇒第 7 章 2.1 (9) 参照）。	Step 3 の発展として，自分で地名を考えて，よりたくさんの質問を作り，より多くの友達（例えば 10 人以上）に質問するための表などを与える。
Step 5（発展課題として）	さらに自由度が高いタスクを行うための場面設定に関する情報，ゴールの説明，表現上の留意点などを示す。	例えば，グループで話し合って「小学校時代の最も楽しい経験」ベスト 3 を発表しよう，といったタスクを与え，行ったことがある場所や体験したことなどを質問し合う課題。（⇒タスクの更なる例は第 6 章 3 節，第 7 章 2 節参照）

参照）。

　授業経験が少ない教育実習生などは，指導案作成とともに補助プリントの作成をよく練習しておくとよい。実際の授業では生徒の動きや理解度の確認に注意しなければならないので，指導案を見ながら授業を行うことはできない。そこで，生徒に配布するプリントを一緒に見ながら（あるいは見せながら）指導することで，落ち着いて指導の手順を踏むことができる。

3.　辞書

　辞書で単語の意味とその用例を調べることは，外国語学習に欠かせない活動である。英語辞書には，英和辞典，和英辞典，そして英英辞典がある。これらは，目的に応じて使い分けたり，異なる辞書をあわせて使うことも指導したい。例えば，未知語を理解するためには英和辞典を使用するが，文脈にあった意味を探すために，単語の説明全体に目を通す習慣を身につけるよう指導する。

　とりわけ学習者用の英和辞典には多くの情報が載っていることに気づかせるような指導を心がけたい。例えば，次ページに示す引用に見るように 'catch' を辞書で引いてみると，発音，語源や語形成の情報，品詞，語形変化，意味，解説，用例，熟語，派生語など，さまざまな情報が載っている。

　学習者の習熟度や必要性に応じて，英英辞典を使用する経験なども積ませたい。これは，オーラル・イントロダクションの際に教師が英語で新語などを説明するのと同様に，文字を通して英語を英語で理解する体験となる。

英作文では，和英辞典を使うことが多くなるが，和英辞典では対訳を示すことが主となり用例が不足しがちである。和英辞典で示された語を英和辞典で引き，用法に関する情報をさらに得ることを指導したい。例えば，「日記」を調べて "diary" を見つけ，write a diary としたのでは不十分である。その単語がどのように使われるのかを再度英和辞典で調べると，keep a diary が適切な表現だとわかる。

最近は紙媒体の辞書に限らず，電子辞書，端末用アプリケーションとしての辞書，インターネット上の無料の辞書などがある。教室では携帯用の電子辞書を生徒が使うことも多く，調べたい単語に短時間でたどり着くことができるのは学習者にとって魅力的である。さらに，調べた単語を登録しておくヒストリー機能は，自分なりの単語帳を作成するように使える便利な機能である。また，近年はスマートフォン用の辞書が多数あり，活用の可能性が広がってきている。

電子辞書，紙の辞書，スマートフォンなどによる辞書へのアクセスを比較すると次の表のように，いずれも長所・短所がある。目的に応じて使い分けができるように指導したいものである（⇒第6章2節「語彙」参照）。

『ウィズダム英和辞典』
（三省堂 HP. から引用：http://wisdom.dual-d. net/wdej_sub3.html）

表2　媒体による辞書の利点と欠点

	利点	欠点
紙辞書	ページ見開きで多くの情報量が一望できる（多義，用例など情報が見やすい），質感，書き込める，スペルの先頭から順にアルファベットを頭の中でたどり手でページをめくりながら検索，電子辞書より廉価，壊れない	重い，かさ張る，ページめくりに時間がかかる，汚れる，破れる
電子辞書	軽量，大容量，複数辞書検索，単語帳保存機能，例文検索，タイピングで入力（部分検索）検索履歴	電力が必要，窓が狭く1固視による情報量が限られる，高額，破損の可能性
スマートフォン，タブレット	軽量，アクセスしやすい（手の届くところある），インターネット接続による無料辞書アクセス，廉価な辞書のダウンロードも可能	訳語や用例などの情報が少なめ，学校内では使用が制限される可能性

4. 教具

　授業において，教師はさまざまな教具の特徴を理解した上で，効率的に使うことが求められる。うまく使うことによって，教師ばかりが話す授業から脱却し，生徒の主体的な活動時間を確保する可能性も広がる。教具はあくまでも指導，学習の効率を上げるためのものであり，道具が主体とならないよう，適切な利用法を考える必要がある。ここでは，教具を聴覚メディア，視覚メディア，視聴覚メディアに分類し，その特徴と使用法を検討する。

4.1 聴覚教材を扱う教具

　現在，音声記録メディアとインターネットの普及により，多様な英語の音声素材が手軽に入手できる。このような状況で，英語教師の使命は良質のモデル音声を適宜，適量与えることである。

(1) 教師の声

　教師が話す英語は生徒が日々接する肉声の英語として貴重な教材であり教具である。それゆえ，教師が使う英語は日本語訛りがあっても，音声的に明瞭で（intelligible）理解しやすいもの（comprehensible）であれば自信を持って使って聴かせることが大切である。授業の準備段階の教材研究では，発音を確認し音読やシャドーイングを何度も行っておくとよい。また，教師が話す英語の特徴は語彙的，構造的，論理的にもわかりやすくなくてはならない。教師の話す英語はティーチャー・トーク（teacher talk）とも呼ばれ，①ゆっくりと大きな声で話す，②ポーズ（間）が多め，③発音がはっきり，④簡単な単語が多い，⑤短めの文で質問よりも平叙文が多い，⑥繰り返しが多い，といった特徴があるとされる（Chaudron 1988）。クラスルーム・イングリッシュやオーラル・イントロダクションなどで英語を聞かせる時，状況にあわせてこのような点にも注意して話すと良いだろう。

(2) CD プレーヤー

　教科書に付属する副教材として欠かせないものにモデル音声がある。音声は，新語の発音練習，リスニング，音読，リピーティング，シャドーイングなどのモデルとして活用できる。教科書によっては，同じ英文についていろいろなスピードの音声が準備されている場合もある。例えばナチュラル・スピード，スロー・スピード，フレーズごとのポーズ付きのものなどである。ナチュラル・スピードはおおむね1分間に150語程度で話されるが，ニュースなどは1分間に約200語と速い。学習者にとって適切な音声の速さは，おおむね1分間に100語〜120語程度とされるが，学習者のリスニング習熟度によるので臨機応変に対応し，活動の目的にあわせて適切なスピードで与えることが望ましい。なお，CD プレーヤーやコンピューターの CD ドライブなどの再生機器は必要な音声の箇所に至るまで時間がかかることがある。予め使用する音声ファイルの番号や開

始時間をメモしておき，スムーズに音声が提供できるようにしておくと良い。

(3)　デジタル・オーディオプレーヤー（DAP）

　デジタル・オーディオプレーヤーはデジタル方式の音声ファイルを再生する機器で，CD や PC などから音声を取り込んで保存し再生することができる。PC と接続することで編集や再生がしやすい利点がある。また，たくさんの音源を取り込んでおくことができる上に，小型なので持ち運びが便利である。これを CD プレーヤーなどの拡声器または教室サイズに対応できる出力のスピーカーに接続することで，音声を生徒に聞かせることができる。教科書準拠の CD だけを音源として使う授業では CD プレーヤーで十分であるが，多様な音声を駆使したい教師には DAP は必携品となる。

　デジタル・オーディオプレーヤーの特に優れた点は録音機能である。録音時の音質や記憶容量の大小はさまざまだが，教師が話す英語や，生徒の音読や対話などを録音することができる。また機種によっては映画やビデオなどの動画も複数保存できる。さらに，短時間の録画ができるカメラを搭載したものもあり，お手製の教材を作ったり，授業中の生徒の活動を録画することも可能である。

4.2　視覚教材

(1)　黒板

　黒板にチョークで書かれた情報は生徒にとって最も身近な視覚情報である。ホワイトボードや電子黒板などが併用されている教室もあるが，いまだに多くの学校では黒板が主流である。

　板書に当たっては生徒に対するわかりやすさと，見やすさが大切である。入門期の学習者向けに英語を書く際は，わかりやすさの観点から，まずは基本となる活字体（ブロック体）を導入すべきである。４線紙に書くつもりでアルファベットを正確な書き順で書くよう注意したい。書き方が定着した後で草書体（筆記体）を導入するかどうかは教師の裁量に任されている。

　板書の見やすさに関しては，教師が書く際の立ち位置にまで注意したい。教師が生徒に背中を向け板書する時間があまり長いと，生徒の注意力が散漫になったりする。実習生の授業などでは，板書しながら黒板に向かって話し続けている光景も見られる。手早く板書し，書き終えてから生徒の方を向いて語る習慣をつけたい。

　板書した情報をどの時点まで残しておくかも考える必要がある。黒板のどの部分に何を書くか，左右に２分割して使うかなど，前もって考えておく。２分割ならば左側から順に使い，右側が一杯になったら左側部分を消して使う。あるいは後で使う可能性の低い側を消す。板書のわかりやすさに関しては，黒板は文字だけでなく，図絵を描いたり，ポスターや写真，フラッシュ・カードなどを貼りつけたりすることもできる。

　以上の点に注意して，指導案作成と同時に板書計画を大まかに描いておくと，授業をスムーズに進めることができる。特に教育実習生は，板書に手間取ることが多いので，

十分に板書練習をして授業に臨む必要がある。板書に時間をとりそうな部分はポスター用紙などに書いておき，貼り付けるなどの工夫をするとよい。

(2)　プリント

　プリントは英語では "handout" と呼び，授業を円滑に進めるための有効な教具である。教師自らが内容を作成したり，著作権の範囲内で原典の一部を加工して配布したりする。プリントは，情報提示の効率を高めるための「補助プリント」，授業ではあまり扱わないが補足的な課題や情報を載せる「追加プリント」，課題や宿題などの「自習プリント」に大別できる。

　授業中の補助プリントに関しては，指導案作成の部分でも触れたが，教師が生徒の実情とそのねらいに即して，教科書と関連のある情報や活動を記す。対話活動のプリントでは，教科書で扱っていない語句を載せる場合もあり，その場合は改めて音読練習などが必要となる。また，授業においてプリントの情報を説明するのに想定外に時間がかかったりすることがある。生徒の活動時間を確保するためのプリントであることを念頭において，あまり凝ったものを作る必要はない。

　追加プリントは，授業での課題の遂行上，生徒全員の手に届けておいた方が良いと思われる情報を載せる。例えば，和訳先渡し授業における全訳や英作文の別解などである。

　課題プリントには，次回への宿題として配布する書き込み式ワークシートなどが挙げられる。語彙や文法，英作文など，生徒が手書きで記入する演習問題なども一般的である。

(3)　フラッシュ・カード

　フラッシュ・カードを利用することで学習者の注意力を維持しながら新語を導入できる。カードは縦 15cm，横 40cm 程度の厚めの用紙を用い，片側に英語，裏側に日本語訳を書いておくとよい（めくった時に見せやすいように片側を逆さまに書く（下図参照）。

表　　　　　　　　　　裏

　フラッシュ・カードは新教材の導入時だけでなく，復習や整理などでも使える。日本語を見せて英語を言わせたり，一瞬だけ英単語を見せて日本語を言わせたり，提示時間を変えるなどいろいろな扱い方ができる。ちなみに，単語を見て意味へのアクセスがすばやくできることは，リーディング力の基礎とされている。中学だけでなく高校でも，新語の導入時などには活用すべきである。電子媒体として，スライド提示ソフトで作成

写真 1　小学生向け知育道具，6 万語以上の英語を収録した AR 地球儀「Shifu Orboot
（シーフ　オーブート）」（2018）　https://ict-enews.net/2018/10/15globalasiapartners/
（提供：株式会社グローバルアジアパートナーズ）

したり，デジタル教材として準備されている同様のものを，プロジェクターや TV モニ
ターに投影する方法もある。

（4）　ピクチャー・カード，QR コード（2 次元バーコード），AR（拡張現実）

　教科書の内容などに関する写真・絵・図・表などを，教室全体に見せられる大きさに
する。最も身近で手に入れやすいものは，教科書本文のページにある写真や絵などであ
る。生徒に教科書を閉じさせてオーラル・イントロダクションを行う場合などには，そ
れらの写真や絵を拡大コピーして黒板に貼りつけたりして，Q&A などに取り入れると
よい。開本した時に，再び同じ絵や写真を見ることになるので，親近感を持たせやす
い。

　それ以外の入手先としては，書籍やインターネットなどがある。手に持って見せた
り，黒板に貼ったりする場合は，少なくとも A3 版（A4 の 2 倍）程度かそれ以上の大
きさが見やすい。図表に関してはさらにポスター大に拡大するか，追加プリントとして
全員に配布することも考えられる。なお，これらの視聴覚情報は，OHC（⇒次の（5）
参照）で拡大して提示したり，PC に取り込んでプロジェクターで投影したりすること
も可能である。

　さらに，近年のデジタル技術として，教科書に QR コードが示してある場合，タブレ
ットなどの QR コードリーダーでリンク先の URL にある情報や画像などが見れる。ま
た，AR（Augmented Reality：拡張現実）を取り入れた図や絵がある場合は，読み取り
用のアプリケーションがインストールされたタブレットなどで画像を映すと，ディスプ

レイを通して絵が立体的に動いて見えたり，動画が見れたりする。例えば，CLIL（内容言語統合型学習）の授業ならば，これらの技術を通して，実際の映像を見せることで英文理解の補助や確認ができる。例えば，宇宙エレベーター開発の英文を読みながら，その構想の図をARで見て，その仕組みや大きさなどを理解したり，ニューヨークのイーストリバーの潮力発電について読んだ後，発電の仕組みを見て理解を確認するなどができる。このように，QRやAR技術は建造物を立体的に見て中を探索するような擬似体験をするなど，さまざまな分野の内容に対応できる視覚教材である。

（5）書画カメラ（OHC）

OHCとはOver Head Cameraの略称である。印刷物や写真，実物教材などをカメラ

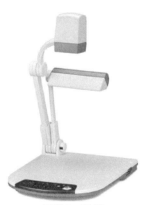

写真2　OHC

で上から写して生徒に見せることができる。スクリーンやTVモニターなどに接続する必要がある。中・高の普通教室に常設されていることは余りないが，最近は小型のものもあるので，教室に持ち込んだ場合，色々な用途に利用できる。OHP（Over Head Projector）とは違って，本などをそのまま映すことができて使い勝手が良い。教師がさまざまな写真を見せてQ&Aを行ったり，記述問題の答えあわせ，新たな英文をクラスに向けて提示して共有するなどができる。また，教師がノートをカメラの下に置いて，英語を聞き取る際のメモのとり方や英作文を実際に書くところを見せたり，関連する資料を見せたりしながら授業を行う場合にも使える。英作文の指導では，匿名性に配慮した上で，生徒が書いたものを映しながらクラスで一緒に検討していくことが可能となる。

写真3　ミニプロジェクター「C-13W」（提供：キヤノンマーケティングジャパン株式会社）

（6）プロジェクター，TVスクリーン，電子黒板

プロジェクターやTVなどの投影装置は，教師が授業で使う教科書の本文や例文，設問，図や絵などの視覚情報をスクリーンや画面に投射する道具である。教師が簡便に絵や写真なのビジュアル情報を見せることができ，語句や文，和訳などを示す場合は板書の時間を節約できる。さらに，学習者がプレゼンテーションやリテリングなど，アクティブ・ラ

ーニングの発表の際にも図や絵を示すのに使える。

　教師がプロジェクターを普通教室に設置する場合，設置に時間がかかるので注意が必要である。プロジェクターによっては，PC 接続が不要で USB などのメディアを直接接続して提示できるものもある。また，スクリーンを設置する代わりにホワイトボードに直接投影したり，スライドで文字だけを示す場合は背景を黒にし，文字を白に設定すれば黒板にもそのまま投影できる。さらに，短焦点で投影できるものや，スマートフォンを直接接続して PC なしで投影できる小型プロジェクターなどもある（写真 3）。

　電子黒板は投影機能に加えて，インターアクティブ・ボードとして電子ペンで文字や絵を書き込めるので，解答を書いて示したり，学習者が書いたものを投影して添削したりできる。

(7)　デジタル教科書，タブレット端末

　デジタル教科書は，英語に限るものではないが，紙の教科書と同等に扱うことができるようになった。デジタル教科書を教師が使う場合は，教師の PC から電子黒板で教科書の本文，図，絵，語彙，文法，発音，演習問題，言語活動の教材などを簡便に提示できる。板書などの時間が節約できるほか，補助プリントにするような情報も保存しておけば示せるので，活動用の情報を提示しやすくなる。

　生徒がタブレット端末を持つことができる教室環境ならば，紙の教科書と併用してさまざまな活動が可能になる。追加の教材を示して聞いたり，読んだりできるほか，タイピングによって書くこと，録音や録画によって話すこと（やり取り，発表）など，効率的に 4 技能に対応した活動を幅広く実施できる。

　デジタル教科書やタブレット端末を使う場合には，情報を一度にたくさん与えすぎないようように配慮し，利用手順をわかりやすく説明すること，また，生徒の声や作文などをクラスで共有する時はプライバシーに配慮するなど，注意したい。

4.3　視聴覚メディア
(1)　DVD

　映像を見せるための媒体として，現時点でも一定の頻度で使われている。市販の DVD や教科書付属のもの，教師が TV 番組などから録画したものなど，持ち運びが容易で利用しやすい。利用方法としては，教科書の題材に関係する映像を見せることで，生徒の興味や関心を引きつけることができる。また，人物伝や映画作品などを扱う場合は，学習の前後にストーリーの背景となる場面を見せたりすることで，英語学習の内容を豊かにすることができる。ただし，英語の授業時間数は限られているので，目的を明確にしてポイントとなる部分のみを見せるようにしたい。

(2)　パーソナルコンピューター（PC）

　PC は語学教育に大きな変化をもたらしている。ここでは，ラップトップコンピュー

ター，ネットブック，タブレット，スマートフォンなども含めて PC とする。これらの PC は普通教室で教師のみが使う場合と，CALL 教室（Computer Assisted Language Learning/Laboratory）のように生徒全員が端末を使える場合，またネットワークによって教師と生徒が情報や作業を共有する場合とに分けて考える。

A．教師が PC でできること

　日常的な用途としては，拡声スピーカーの接続が前提となるが，CD プレーヤーの代わりとして使うことができる。音声ファイルとして情報をインストールしておけば，モデル音声の引き出しが簡便にできる。また PC 上の音声プレーヤーで，再生途中でも停止したり，好みの位置に戻って反復再生を行ったりすることができる。ディクテーションなどを行う際に，特に便利な機能である。また，プロジェクターに接続することで，英文テキストや写真などを印刷することなく生徒に提示することができる。さらに，プレゼンテーション・ソフトのスライド機能を利用して英単語を提示することにより，フラッシュ・カードの代わりとして利用することもできる。単語にとどまらず，句レベルの英語も日→英，英→日で適宜提示して，音読や直読直解の訓練にも利用できる。PC がインターネットに接続している場合は，ウェブ上の情報を見せる，聴かせる，読ませる，クラウド型アプリケーションを使わせるなど，多様な技能の育成に役立てることができる。

　なお，普通教室で PC を投影する場合は，プロジェクターやスクリーンなどの提示装置を設置するのに時間がかかるため，時間に余裕を持って準備する必要がある。また，インターネットの利用に関しては，教育的視点から提示できる情報かどうかを予め確認しておく。また，ChatGPT などの生成 AI による検索や出力結果の利用など，教育的にどの部分で活用するのか吟味する必要もある。

B．生徒が PC でできること

　PC を利用した授業展開は，情報教室や語学用の CALL 教室を利用する場合や，普通教室で個々の生徒にラップトップやネットブック，タブレットなどを持たせるなど，さまざまな形で可能である。元来の LL（Language Laboratory：語学演習室）は，音声の再生・録音機能を利用した反復練習や 4 段階学習法（質問を聞く→自分で答える→モデル・アンサーを聞く→それを繰り返す）というような反復を基本とした習慣形成理論に基づいたプログラム学習が中心であった。しかし，PC では，反復再生や録音が簡便になったことに加え，英語学習ソフトやインターネットによるネットワーク情報の活用と，双方向による多様な学習活動の可能性が広がっている。

　ここでは，CALL 教室を含む情報教室でどのような学習が可能かを紹介する。CALL 教室は，語学用に音声活動に対応する機能を備えた，生徒一人一人に PC が備えられた教室である。機能としては，マイク付きヘッドホンが常備され，音声ファイルの送受信（教材配信に加え，生徒が話す声の録音と回収・保存なども含む），ペアやグループ作成機能と対話の録音・回収，生徒間のテキストチャット，画像や動画の配信などが可能である。

PC利用の語学学習には以下のような利点がある。①ヘッドセットがあるので良質な音声を直接生徒の耳に届けることができる（例：リスニング，発音，音読，シャドーイングなど），②生徒も教師も必要に応じて簡便に反復再生できる（例：リスニング，ディクテーション，シャドーイングなど），③学習用ソフトウェアの利用による語彙学習，速読練習，リーディング演習，音読練習，④映像配信機能を使った反復視聴によるリスニング，ディクテーション，シャドーイング，録音を伴った言語活動，などが挙げられる。さらに，多様なソフトウェアやインターネット上のコンテンツを活用すれば，英文タッチタイピング，発音演習，文法演習，各種検定対策などさまざま目的で学ぶ機会を得ることができる。教師の仕事は，生徒にこれらのPC利用を体験させながら，学習をサポートしたり，学習量や成果をきちんと確認するような指導を行うことになろう。

(3)　テレビ会議システム，テキストチャット

　テレビ会議システムやリアルタイムで文字で交信するテキストチャットは，コンピューターを介して実際に英語でコミュニケーションができるインターネット上のプラットフォームである。インターネットに接続したPC（カメラとマイク付き）で，テレビ会議やチャットなどのやり取りを実際に行うことができる。英語を使ってやり取りの体験が簡便にできることは，英語教育において画期的な出来事である。学習者にとって英語を母語あるいは公用語とする国や地域の人々と，リアルタイムでコミュニケーションを体験する機会は語学のみならず異文化理解にも役立つ。留意すべき点は，話題と活動の準備である。日常会話だけでは自分が使える範囲の英語を使うことに終始し，新たな語句や表現を学習する機会がなく，知的な内容のやり取りにはならない。学習者の学びの導入や仕上げとして，授業計画に有機的に取り込むことで，テレビ会議やテキストチャットは効果をあげるであろう。

　画像とともに交信できるオンライン対話は，国内外を問わず，安定したインターネット接続がある地域にいる相手と，機器を通して一対一，あるいは一対多の対話ができる。民間企業による有料での英語の対話相手を提供するサービスや，学校間の交流事業（e-tandem）として実施する場合などがある。

(4)　学習マネージメントシステム

　学習マネージメントシステム（Learning management system：LMS）には，インターネットで接続したサーバー上に，教材を学習者と共有できるフォルダを置いたり，課題設定と回収，掲示板，アンケートやテスト実施，成績管理などさまざまな機能がある。例えば，教材フォルダに，音声ファイル，補助プリントなどを置いておくと，学習者が授業時間外にアクセスして利用できる。掲示板上で発言を投稿し合ってディスカッションを行わせたり，期限を設定して音読の音声や作文などを提出させたり，アンケート調査やテストを行うこともできる。

　オープンソースのソフトウェアとしてMoodleやSakaiがあり大学などで普及してい

るが，近年は世界的に G Suite for Education（Google）の利用が盛んになってきている。ネットワーク環境が確保できれば，Google Classroom によって LMS と類似の機能が無料で構築できる。Google Docs，Google Slides などの機能によって学習者間，教師と学習者間で共有のドキュメントやプレゼンテーションの作成もできる。さらに，Google Drive のような共有ストーレジは学習者のポートフォリオの作成や管理にも利用できる。

　新学習指導要領では求められる内容が多く，限られた授業時間内で 4 技能を扱い，対話的な授業を行う必要性が生まれている。そのような状況に対応するには，対面授業と組み合わせた LMS の活用は有力な補助手段となる。例えば，リスニング課題を授業前に実施させるための音源を配布する，音読やスピーチの課題として学習者に音声を録音してアップロードさせる，掲示板に意見文をアップロードし，グループ内で他のメンバーの投稿にコメントを書き合うなど，多様な活動ができる。

　注意すべき点は，あらゆる e ラーニングに通じることであるが，何を授業内で行い，何を授業外で行うかのバランスを考える必要がある。対面でできること，教室でやるには時間がかかりすぎ e ラーニングの方が効果が高いと思われることなど，対面と e ラーニングのどちらが効果があるのか判断する必要がある。

4.4　ICT を活用した指導方法の効果

　文部科学省は『学びのイノベーション事業実証研究報告書』（2014）を通じて，評価の観点にもとづく ICT 活用の事例と効果をわかりやすく示している。表 3 は中学校において実践された活動のまとめである（第 2 章「ICT を活用した指導方法の開発」，p.24 を改変）。

表 3　ICT を活用した活動の観点と評価

関連する評価の観点	主な ICT 活動例	活用の効果
コミュニケーションへの関心・意欲・態度	・電子黒板に映像や写真，イラストを提示し，生徒がそれに関連して自分の考えや気持ちなどを英語で表現する。	・視覚に訴え，英語へのイメージを膨らませることで，英語で表現することへの興味・関心を高めることができた。
	・英語の歌詞を電子黒板に提示し，全員で歌を歌う。	・歌詞を提示することで生徒の視線を集中させ，英語で歌うことへの興味・関心を更に高めることができた。
	・文法説明の際，プレゼンテーションソフトで作成したクイズを電子黒板に提示する。	・クイズ形式で全員に提示することで，生徒の参加意欲を高めることができた。
外国語表現の能力	・テレビ会議システムを利用して，外国の中学生と自国・他国の文化について英語で伝え合う活動を行う。	・当日までの活動の中で，どの表現を使えばより明確に伝わるかを考えることで，英語に関する表現力を育成した。

	・インターネットの画像を取り入れ，生徒がタブレットPCで自己紹介の英文を作成する。	・画像を取り入れることで，楽しみながら多くの英語表現に挑戦することができた。また，辞書機能を活用して英単語を確認することで，より詳細な表現を工夫することができた。
	・生徒がタブレットPCで自分の音読練習の様子を録画して練習する。	・各自が撮影した動画を確認しながら練習に用いることで，音読による表現力が向上した。
外国語理解の能力	・指導者用デジタル教科書に読み取りのポイントなどを書き込んだものや拡大したものを提示する。	・文字色の変化やマスキングを活用し，視覚的にも生徒の理解を促進することができた。
	・生徒が学習者用デジタル教科書・教材を利用して，音読練習する。	・音声を聞きながら，語句や英文の色の変化に注意させることで，内容の理解を助長することができた。
言語や文化についての知識・理解	・生徒が学習者用デジタル教科書・教材を利用して，各国の文化に関する映像を視聴する。	・他国と自国の文化との相違点や共通点を見つけることで，自国について理解を深めることができた。
	・生徒が校内にある物をタブレットPCで撮影し，その画像について学習者用デジタル教科書・教材の辞書機能を活用しながら複数形の英単語を調べる。	・身近な物をどのように英単語で表現するかに関し，辞書機能を活用することで理解を深めることができた。
	・テレビ会議システムを活用し，諸外国の方にインタビューをする。	・インターネットだけでは知ることのできない各国の文化や現地との時差なども感じることができ，異文化の違いに触れるいい機会になった。
	・文法の導入の際，学習者用デジタル教科書・教材のマスキング機能を活用して提示する。	・文法の知識や正しい語順等の知識を身に付けることができた

研 究 課 題

(1) p.113（第7章2.3.1（4））のパターン・プラクティスの対話例をもとにして，対話活動を行うためのプリント副教材を作りなさい。

(2) フラッシュ・カードを使ってできるいろいろな活動をグループで話し合いなさい。

(3) 教室に教具としてパソコンとつないだTV，またはプロジェクターがある場合，教科書の本文を教えるにあたり，どのような活動ができるか，グループでアイディアを出し合いなさい。

第10章

テストと評価

　学習の成果を評価するためには，何らかの方法によって学習者の英語力を引き出さなければなりません。その意味でテストは避けることができません。評価の方法には面接，観察，作品，ポートフォリオ[1]などありますが，教育現場で一般的に行われている方法は口頭や筆記によるテストです。この章では，テストの目的と種類，良いテストの条件について考え，問題の作り方や結果の分析などについて考えてみましょう。

Keywords

- ・直接測定／間接測定
- ・絶対評価／相対評価
- ・観点別評価
- ・形成的評価／総括的評価
- ・信頼性／妥当性／実用性
- ・採点の客観性

- ・平均値／中央値／最頻値
- ・標準偏差
- ・標準得点
- ・偏差値

　テストはただ単に点数をつけて，学習の成果を測るだけではなく，教師から見ればテストと授業は表裏一体の関係にあり，また学習者からみればテストは自分の勉強と一体の関係にある。何をテストするかは，どのように授業を組み立てるかで決まってくる。そして，そのテスト結果は，教師にとっては，「自分が行ってきた指導方法を検証する方法」でもあり，また，学習者にとっては，「今後何を勉強すれば良いのかの指針」となる。テストは上手に活用すれば，教師の指導向上や学習者の動機づけにプラスの効果を及ぼす手段となりうる。このように，テストや評価が，教え方や学び方に影響を与えることを「ウォッシュバック（波及）効果」（washback effect）と言う。

---

1)　学習者の学習成果をまとめた記録である。学習者が自分の学習歴を客観的に見つめなおすことができると考えられている。

1.　テストの目的と種類

　入学試験のように学習者の顔が見えないテストでは，当該学習者を合否判定するために序列づけをすることが主たる目的となる。一方，小テストや定期テストのように同じ顔ぶれの中で行われるテストでは，序列づけや理解の確認よりも，テストのために勉強させることで既習事項の定着を図ることがむしろ重要となる。このように，テストは同じような出題の仕方にみえても，学習目的の違いに応じて機能も異なるものである。ここでは，代表的な目的と機能からテストを分類し，評価方法を確認したい。

1.1　直接的測定・間接的測定

　正しく発音できるかどうか調べたければ発音させるのが一番確実な方法で，直接的に測定する方が良いことは言うまでもない。しかし，クラスの何十人もの生徒を一度に測定することはできない。また，スピーキング，ライティングといった発信的な技能は直接観察が可能でも，リスニング，リーディングといった受信的な技能は間接的に測定するしかない。聞いたり読んだりしたことをどう理解しているかについて，頭の中で起こっている理解度を筆記テストで観察しようとすれば，どのような問題形式を使っても間接的にしかならない。

　従って，リスニング，リーディングのテストを作成する場合は，単に理解力といっても学習者のどのような側面を測定したいのかをできるだけ具体的に考察する必要がある。次に，それを観察するためにはどのような問題形式が適しているかを検討しなければならない。注意しなければならないのは，どのような側面を測定したいかということを十分に考えないまま，やみくもに一般的な問題形式（例えば，空所補充，語句整序，下線部説明など）を当てはめてテスト項目を作成してしまうことである。目的を十分に考えた上で，それに適した問題形式（⇒本章 3.3 参照）を選ぶようにしたい。

1.2　テストの分類─何を明らかにするか

　定期テストのように，日常学習してきたことをもとに，限られた範囲での到達度を測定しようとするものは「到達度テスト」（achievement tests）と呼ばれる。一方，入学試験のように全般的な熟達度を測定しようとするものは「熟達度テスト」（proficiency tests）である。いろいろな資格試験のうち，TOEIC や TOEFL はひとつの尺度で到達度を測る一方で，実用英語技能検定（英検）は段階別の合否判定をするのみである。それぞれのフォーカスはやや異なるものの，測定の対象となる領域は到達度テストに比べてかなり広く，熟達度テストに含まれる。

　学期始めに行う「プレイスメント・テスト」（placement tests）は，適切なクラス分けを行うためのテストである。例えば，習熟度別クラス編成のために利用されるのがこの種のテストになる。また，学習者の弱点を明らかにするためのテスト設計であれば，「診断テスト」（diagnostic tests）と見なすことができる。診断テストの場合，学習者がテスト結果からどの分野が弱いのかわかるように，対象の領域（語彙，文法，読解な

ど）をはっきりさせることが大切になる。

表1　到達度・熟達度・プレイスメント・診断テストの違い

	主たる目的	特徴
到達度テスト	既習事項の定着度確認	範囲が限定的，教材は既知
熟達度テスト	実力の判定	範囲が広く，教材は初見
プレイスメント・テスト	学習者のレベル分け	コースの内容に特化
診断テスト	弱い分野の特定	分野ごとに問題群が分かれている

1.3　学習内容とテストの評価—形成的評価・総括的評価

　小テストも定期テストもどちらも到達度テストではあるが，小テストのように頻繁に行われる評価は**形成的評価**（formative evaluation），定期テストのような学期に2回程度行われる評価は**総括的評価**（summative evaluation）と分類される。形成的評価では範囲が狭いので学習内容の大部分をテスト項目として出題できるのに対して，総括的評価では「その学期に扱った単元全て」というようにカバーする領域が広く，テスト項目の出題数は学習内容の重要度に応じたものになる。

　形成的評価は到達目標へ向かうプロセスの評価であり，その主たる目的は学習者の学習傾向の診断，教師が教え方を振り返り改善するための材料の提供にある。つまり，学習者は自分の勉強の仕方を，教師は自分の教え方を見直す材料となる。それに対して，総括的評価は学習者の到達度を総合的に判定する，つまり評価を出すことが主たる目的となる。この2つの評価は常に連動しており，継続的な形成的評価をくり返しながら，総括的評価が生まれる。学習者が指導を受ける中で自ら学習段階を知り，学習方法や活動を振り返り，改善を加えながら目標達成をめざすことができる。それを通して学習が習慣として身につき，自律した学習者への成長が期待できる。

表2　形成的評価・総括的評価の違い

	対象とする学習領域	テストと学習内容の関連性	目的
形成的評価	狭い	高い	学習の診断
総括的評価	広い	中程度〜低い	到達の判定

1.4　得点の解釈

　テスト結果をどのように解釈するかによって，**集団基準準拠テスト**（norm-referenced test: NRT）と**目標基準準拠テスト**（criterion-referenced test: CRT）という分類ができる。集団の中で学習者がどの位置にいるかを見ることが目的であれば集団準拠であり，到達目標に対して学習者がどれだけできるようになったかを見ることが目的であれば目標準拠と言える。

　集団基準準拠テストでは，その受験者集団（norm）の中で得点を解釈するため，問題は同じでも受験者集団が変われば評価も変わるという点で「相対的」と言える（相対

評価）。例えば，同じ 60 点でもクラスによってトップになることもあれば最下位になることもあるということである。

　一方，目標基準準拠テストではそのテストを構成する項目群ごとに目標に到達したと見なす基準（criterion）を設定して得点を解釈する。この基準は受験者集団の違いによって左右されないという点で「絶対的」と言える（絶対評価）。例えば，TOEIC は，いつ，どこで受験しても，730 点が持つ意味は常に同じである[2]。

表 3　集団基準準拠・目標基準準拠テストの違い

	得点の解釈
集団基準準拠テスト	集団内の他者との比較（相対的）
目標基準準拠テスト	到達と見なす基準との比較（絶対的）

1.5　評定と観点別評価

　平成 14（2002）年の学習指導要領の改訂で，「評定」（通知表の成績）を目標準拠評価（絶対評価）によって行うことになった。これに伴い，目標に即した観点をいくつか設定し，到達した度合いをあらわす観点別評価を重視するようになった。

　新学習指導要領では，令和 2（2020）年以降，小学校から順次，各教科の学力を 3 つの観点から評価することが基本となっている。観点の評価及びその趣旨は以下のような資質と能力の視点から具体的に示されている。

　①知識・技能：何を知っているか，何ができるか。
　②思考・判断・表現：知っていること，できることをどう使うか。
　③主体的に学習に取り組む態度：どのように社会，世界と関わり，よりよい人生を送るか。

　以下は，中学校外国語の新学習指導要領に即した「観点別学習状況の評価」に関する「観点の評価及びその趣旨」についての具体例である。

表 4　中学校　外国語　観点の評価及びその趣旨

観点	知識・技能	思考・判断・表現	主体的に学習に取り組む態度
趣旨	・外国語の音声や語彙，表現，文法，言語の働きなどを理解している。 ・外国語の音声や語彙，表現，文法，言語の働きなどの知識を，聞くこと，読むこと，話すこと，書くことによる実際のコミュニケーションにおいて活用できる技能を身に付けている。	コミュニケーションを行う目的や場面，状況などに応じて，日常的な話題や社会的な話題について，外国語で簡単な情報や考えなどを理解したり，これらを活用して表現したり伝え合ったりしている。	外国語の背景にある文化に対する理解を深め，聞き手，読み手，話し手，書き手に配慮しながら，主体的に外国語を用いてコミュニケーションを図ろうとしている。

2）　得点のもつ意味が同じになるように統計学の手法により，「等化」されているからである。

「評定」とは，学期ごとの総合的な教科の成績である。「評定」は，測定しやすい「教科の知識」だけで評価するのではなく，日ごろの授業より上記3つの観点から学力を総合的に評価するものである。各観点に適した評価方法については，以下の表が参考になる（表5）。例えば，授業中にある題材について，「関心・意欲・態度」に関する評価をする場合は，自己評価やコメントの自由記述をさせることが最も適した方法のひとつとなる[3]。

表5　観点別評価と評価方法の適合関係（北尾・長瀬2002）

評価方法（用具）＼観点	関心・意欲・態度	思考・判断	技能・表現		知識・理解
			(1)	(2)	
①観察法 （行動，発言，発表，実技）	◎	○	○	◎	△
②作品法 （ノート，プリント，作品）	◎	○	◎	◎	△
③評定法 （評定尺度，序列法など）	◎	○	○	◎	△
④自己評価法・相互評価法 （自己評価票，自由記述）	◎	○	○	○	○
⑤テスト法 （ペーパーテスト）	△	○	◎	△	◎

※◎最も適した方法，○適した方法，△あまり適さない方法を示す。
　技能・表現の (1) は読み・書き・計算・資料活用など，(2) は作品表現・実験・運動技能など。

2.　よいテストの備えるべき条件

2.1　信頼性

　信頼性（reliability）とは，テストの「ものさし」としての精度を意味しており，同じテストを同一の学習者に別の日に実施してもほぼ同じような結果が得られるか，同一の学習者集団に実施した場合にほぼ同じような順位が得られるかどうかの指標である。同じテストを同じ学習者に2回実施しても，誰が採点しても同じ結果になれば，信頼性が高いと言える。

　記述式の主観問題の場合，採点側の揺れが影響する点に注意しなければならない。異なる採点者間の信頼性はもちろんだが，同一採点者内の揺れも極力小さくする工夫が必要である。一般的には，記号や○×で答えさせるテストは，採点者がだれであっても結果は同じなので，採点者間の信頼性が高いと言えるが，面接試験や自由英作文では，同一採点者が採点した場合でも，最初の受験者と最後の受験者では採点基準が異なってしまう場合があるので，信頼性が低くなる。そのような揺れを克服するために，採点者を

---

3)　実際の到達目標（何をできるようにしたいか：評価規準）と評価尺度（何ができれば合格と判定するか：判定基準）は地域や学校によって異なる。

２人にするとか，評価するポイントを明確にすることが考えられる。

2.2　妥当性

　妥当性（validity）とは，そのテストで測定したいことが正確に測定できているかどうかの指標で，該当するテストが的外れでないことを示す。例えば，テニスの実技の技能を測定するのにテニスの歴史に関する知識を問うことは的外れであるので，その評価は妥当性が低いといえる。つまり，妥当性のあるテストというのは，測定しようとする受験者の特性に関して，テストの得点がその受験者の能力を忠実に反映しているテストのことである。妥当性については，具体的に次の３つの側面がある。

表 6　妥当性の種類と例

基準関連妥当性 （criterion-related validity）	自分の作成したテスト結果と A 業者の模擬テスト結果の相関を調べたところ，相関が認められないとすれば，基準関連妥当性が低い。
内容的妥当性 （content validity）	授業で重点的に扱われたことがほとんど出題されなかったり，授業でやった練習では全く対応できないとすれば，授業と内容の整合性がないので妥当性が低い。
構成概念妥当性 （construct validity）	ペーパーテストの発音問題の結果が実際の発音能力をほとんど反映していなければ，つまり発音できないのに正解できたとすれば，妥当性が低い。

　ただし，英語のテスト成績と実際の英語運用能力が必ずしも一致しないということは十分起こりうる。これは「英語力とは何か？」という問いに簡潔かつ明瞭に答えることは容易ではないのと同じで，「英語力」と一口に言ってもさまざまな構成要素からなる。語彙力からスピーキング力までの複合的な力を，一度にしかも正確に測るテストを作り出すことは不可能に近い。

2.3　実用性

　テストの実用性（practicality）は，テストの実施しやすさを意味する。作成しやすいかどうか，採点しやすいかどうか，実施しやすいかどうか，解釈しやすいかどうかという４つの面がある。全ての面を等しく高めることは難しく，他の要素とのバランスを考えながらテストを作成することになる。

　例えば，自由作文問題は作成にはさほど時間がかからないが，採点は難しく時間もかかる。逆に，客観式の選択問題は採点には時間がかからないが，作成はそう容易ではない。４肢選択が一般的だが，選択肢を作るにも，見たとたんに誤答と判別されないような「錯乱肢」（distractor）を作るのには苦労させられる。

　また，個別のスピーキング・テストは実施に時間と手間がかかるが，直接的に力を見ているという点で妥当性は高い。ただし，評価の信頼性にはやや疑問が残る。実施の実用性の問題をクリアするために，各自に音読を録音したものを提出させるというアイディアが有効となろう。（⇒本章 3.3（2）A. を参照のこと。）

3. 到達度テストのあり方

学期末テストのような到達度テストの平均値はよく話題にはのぼるが，例えば，小テストの平均は 80 点で，定期テストの平均は 60 点という状況の良し悪しが議論されることはめったにない。また，選択式の客観問題の配点よりも記述式の主観問題の配点を高くするのは当然と考えられがちであるが，そうした根拠はどこにあるのだろうか。テストに関わるビリーフを検証しながら，到達度テストのあり方，作り方について考えてみよう。

3.1 平均点

定期テストの平均値は何点くらいが適当と考えるべきなのだろうか。仮に 80 点では高すぎる，40 点では低すぎる，60 点程度が妥当，という考えは妥当だろうか。小テストよりも定期テストの平均値が低くなるのは，学習領域の広さ，およびテストと学習内容の関連性の違いから当然のことなのかもしれない。しかし，どちらも結局は到達度テストであり，授業で学んできたことを学習者ができるようになったかどうかを確認するという視点からすれば，全員が全てできるようになることが理想であろう。平均値が 60 点程度だとバランスのよいテストのようにも映るが，教育的な観点から考えると，そうした難易度のテストを作成しようとする教師の姿と，全員が全てをできるようになることをめざす授業作りをする教師の姿はある意味で矛盾する。

定期テスト作りで重要なのは平均値の設定よりも，テストの持つ外発的動機づけの機能，つまり学習の方向づけとしての役割に着目することである。テストに備えるための勉強方法が授業の中で具体的に示され，実際にテスト勉強することが自分の力になると実感させることができれば，家庭学習への取り組みも前向きになることが期待できる。

3.2 配点

配点とは「重みづけ」のことである。

重みづけを考えるためには，問題がテストの中で持つ重要性の度合いを検討しなければならない。それと同時に，問題に解答するのに要求される作業量や認知的レベルも配点に反映されねばならない。例えば，同じ読解問題でも要約問題（長文を読んで 100 語程度でまとめる）と T/F 問題では配点は大きく異なってこよう。

スピーキングやライティングの評価においては，全体の意味理解に影響を与えるような誤りと，三単現の s が落ちていたというような誤りでは重要度が異なる。前者の「全体的な誤り」（global error）は深刻であるが，そうでない「局所的な誤り」（local error）の場合は配点を低くするか，内容中心のスピーキング活動の場合には無視してもよいかもしれない。

3.3 問題形式

同じ題材を扱っていても問題形式を変えることで難易度を調整することができる。何

を測ろうとしているかという目的に加えて，テストが及ぼす効果や学習者の発達段階を
考えて問題形式を選びたい。

(1)　おもに理解力を測る形式

A.　空所補充，クローズ・テスト（Cloze test）

空所補充は作成や採点の手軽さから多用される問題形式で，記述式と多肢選択式
（multiple choice）がある。選択肢は 4 つが一般的である。ただし，何を空所にするか
をよく考えないと，何を測定しているのか全くわからない。例えば，リーディングの場
合，文章の論理性に着目する習慣を身につけさせたければ，前置詞などの機能語よりも
接続詞や副詞のような内容語を空所にする。

　例 1)　(　　　　) I had a high fever, I attended the meeting.

また，時制のような文法項目に焦点がある場合には，選択問題の方が適しているであ
ろう。何に重きを置くかは，普段の授業との整合性で決まってくる。

　例 2)　Last night, we（ア：ate　イ：have eaten）a whole turkey at the party.

クローズ・テストとはもともと 7 ～ 10 語目を機械的に消去した空所補充テストのこ
とであるが，語彙知識を測定するだけでなく，英語の総合力を測る尺度として有効だと
言われている。以下のようなバリエーションがある。（［　　］内では右側の方が難度が高
くなる。）
- ・消去する語を［意図的に・機械的に］決める。
- ・消去した語を［選択肢として与える・自分で記述させる］。
- ・消去した語の出だしの文字を［与える・与えない］。

B.　ディクテーション（Dictation）

聞き取った文または文章の全部や一部を書き取る形式を一般にディクテーションと呼
んでおり，以下のようなバリエーションがある。（［　　］内では右側の方が難度が高くな
る。）
- ・読みあげた文の［一部・全部］を書き取らせる。
- ・書き取らせる語数を［指定する・指定しない］。

書き取らせる箇所を知らせるには，文章中に下線部または空所を設けた問題用紙を用
意する。また，その場合，下線部に書き取らせる語数を指定するか指定しないかで難度
を調整できる。ただし，長くても 7 語以上にならないようにする。

一般的に 3 回読み上げる。1 回目と 3 回目は普通の速度で，2 回目は聞き取りやすい
ようにポーズをつけるとよいだろう。ディクテーションは書き取り要素が加わるため一
概にリスニング能力だけを測定しているとは言えないが，普段の授業や小テストでも使
っていれば家庭学習への良い波及効果が期待できる。

なお，採点に際しては，語の脱落や追加，置きかえ，ミススペリングなどをどのよう

に扱うかという問題がある。減点の割合は，内容語の脱落や置きかえのような内容にかかわる誤りの場合は大きく，機能語の脱落やミススペリングのような局所的な誤りの場合は小さくするのが一般的である。ただし，練習段階では注意を喚起するために局所的な誤りでも減点の割合をあえて変えないことがあってよい。また，ミススペリングも含めて，書かせようとした総語数に占める正解した語数の割合で採点を考えればそれほど煩雑にはならないだろう。

C．真偽テスト（True or false test）

　読んだり聞いたりした文章の内容に合っているものにはT，そうでないものにはFと答えさせる形式である。真偽テストは客観テスト（objective test）なので，採点時に採点者の主観が含まれないという長所を持つ。一方で，短所として，でたらめに応えた場合でも答えが当たってしまう確率が50％と高くなる点がある。その場合，問題数を多くするなどの配慮が必要である。到達度テストにはあまり向かないであろう。

D．指示語内容の説明

　記述式または，多肢選択式のバリエーションがあり，それによって難度を調節できる。実施，採点，解釈のいずれの実用性も高く，日頃から it, this, they など指示語内容に注意しながら読む態度を養うことにつながる。作成は比較的容易ではあるが，授業との整合性を考えながら出題箇所や選択肢を考えるべきで，授業での扱いが不十分な箇所を出題して混乱を招くようなことのないように十分配慮する必要がある。

E．並べかえ

　作成面と採点面での実用性から多用される形式である。並べかえる項目を語句にすれば文法問題として，パラグラフやセンテンス単位にすればリーディング問題として使える。なお，語句を組み立てさせる場合には，尋ねるポイントを明確にし，何を測っているかを明瞭にする必要がある。むやみに項目数を増やさないよう気をつけるべきである。7つ以内が1つの目安である。

F．英文和訳

　和訳の出題は簡単であるが，それで何を測ろうとしているのかを練っておかないと妥当性の面で問題になってくる。例えば，和訳の形式をとってはいても，本当に尋ねたいことは指示語の内容だったかも知れないし，文の構造に関する知識だったかも知れないということである。また，和訳を求めることで学習者の普段の学習にどのような影響を及ぼすかという面も十分考慮しなければならない。

　英文和訳には賛否両論がある。総合的な思考訓練として優れているとする立場と，出力が全て日本語になるので英語自体を使う力に至らないとする立場がある。和訳作業を授業で重視しないのであれば，当然定期テストでも和訳を出題すべきではない。また，採点がどうしても主観的になってしまう傾向があるので，複数の採点者で採点する場合には基準を明確にしておく必要がある。

(2)　おもに発信力を測る形式

A.　スピーキング・テスト

　スピーキングはライティング同様直接測定できる能力なので，実施と採点の面で実用性の問題はあるが，できる限り実施したいテストである。しかしながら，いきなりトピックを与えて自由に話させるのは難しいので，事前に準備や練習をするなどして，徐々に人前でのスピーキングに慣れさせていくべきである。例えば，教科書の音読，暗唱，聞き取った文をそのまま繰り返させる，自己紹介，インタビュー，絵の内容を説明させるというように段階を踏むとよいだろう。慣れれば，その場でトピックを与える即興スピーチへと発展させることができよう。

　また，同じスピーキングでも「やり取り」（interaction）に関しては，日常の授業の中でのQ&A（受け答え）を記録しておくことが有効となろう。

　なお，スピーキング・テストの採点の客観性を高めるためには，全体的な印象で採点するよりも，「発音，正確さ（accuracy），流暢さ（fluency），内容」というようないくつかの観点を設けてそれぞれ加点していく方法をとることが有効である。

B.　自由作文（Free composition）

　自由作文は採点が大変だが，英語を使って自己表現しようとする態度を養う効果が期待できるので，工夫して到達度テストにも取り入れたい。ただし，自由に書きなさいと言うだけではなかなか書けるものではないので，トピックや語数を指定するなど作成や実施上の工夫が必要である。また，誰に向けて，何を目的として，どの程度の分量で書くかを明確に示すとよいだろう。これは「制限作文」（controlled composition）と呼ばれるもので，例えば，「ホームステイ先の受け入れ家族に対して，自分の自己紹介文を書く」というような形で場面を設定すると，書く目的が明確になる。これにさらにいくつかの条件をつけると「条件作文」となる。（例えば，①到着日時と迎えの依頼②食べ物アレルギーについて）。（⇒第7章4.3（5）を参照のこと）

　普段の授業で教科書の表現を利用して同様の活動をさせたり，必要に応じて添削するなど段階を踏みながら学習者の不安を軽減し，意欲を引き出すようにしておくとスムーズに取り組めるだろう。

　また，採点の客観性を高めるためには，全体的な印象で採点するよりも，「語彙の豊かさ，文法の正確さ，分量，内容」というようないくつかの観点を設けて，それぞれ加点していく方法をとることが有効である。

C.　英問英答

　読んだり聞いたり内容について英語で質問して，英語で答えさせる形式である。授業でも同様の活動をしていれば，普段から英語をアウトプットする態度を養う波及効果が期待できるだろう。また，Yes/Noで答えられる選択解答式の質問（closed-ended question）と，Wh-文による自由解答式の質問（open-ended question）の割合を変えることで難度調整もしやすい。さらに，テキストにあるfactsを尋ねる問題と推論を要する問題では難易度も異なる。いわゆる行間を読ませるような問題とか全体をまとめる問

題などは，認知的要求度が高くなる。テストに先立って，授業の中で「本文の内容についてどれだけたくさん質問が作れるか」というような準備活動をしておくことも有効であろう。

D. 要約

　要約もリーディングのテストで使われることの多い問題形式だが，英語での解答を求めれば発信力を問う問題として使用できる。パラグラフごとにトピック・センテンスを特定してそれをつなぎ合わせるような活動から始めれば高度な活動という印象はさほど与えないだろうし，パラグラフの構造についても理解を深めることが期待できる。また，採点に関しては指定された分量を守っているか，抑えるべき要点をどれだけ盛りこんでいるかなど，観点ごとに加点していくことで採点の一貫性を保つことができよう。

3.4　問題の量と配列

　原則的に，問題は易しいものから難しいものへ，時間のかからないものからじっくりと取り組むものへと配列する。基礎用語→基礎概念→技能→応用の順に配列するとよい。50分程度で行う定期テストなどを作成する際は，観点別評価の視点から4技能5領域を意識する必要がある。これらの具体的な能力や知識が身についていることを調べるためには，その基礎能力や基礎知識ごとに大問を設定する必要があり，異なるものを混在させた問題（総合問題）は避けるべきである。表7は，具体的なテスト問題の配列と量（配点）の例である。ここで注意すべきことは，欲張り過ぎないことである。問題量が多すぎると限られた時間内に終えることができず，スピードだけのテストになり，思考力が軽視されてしまう。

表7　定期テスト作成例（定期テスト作成簡易マニュアル：www.perf.kanagawa.jp より一部改変）

評価の観点	問題の内容	配点	小計
言語や文化についての 知識・理解 （語彙・文法）	アクセント：語彙（選択）	1点×3＝3	35
	同意語：語彙（選択）	2点×4＝8	
	語形変化：文法（選択）	2点×4＝8	
	同意文の書き換え：文法	2点×4＝8	
	語順整序：文法	2点×4＝8	
外国語理解の能力 （聞くこと）	内容に関するQ＆A（選択）	2点×3＝6	20
	会話文での応答（選択）	2点×2＝4	
	部分的ディクテーション	2点×5＝10	
外国語理解の能力 （読むこと）	指示語内容	2点×4＝8	25
	ディスコース・マーカー（選択）	2点×4＝8	
	英文の情報検索（選択）	3点×3＝9	
外国語表現の能力 （書くこと）	1文英作文	2点×4＝8	20
	課題英作文	4点×3＝12	
			100

　「主体的に学習に取り組む態度」は平常点として処理するにしても，「知識・技能」と「思考力・判断力・表現力」を定期テストで評価するためには，そのねらいを明確にし，出題に配慮する必要がある。

「知識・技能」を問う問題では，英単語や英文法などの言語材料を確認するのが中心となる。たとえば，単語の意味を答えさせる問題や，英単語を並び替え日本語の意味に合う英文を完成させる問題などは，語彙や文法の知識があれば英文を読んだりしなくても機械的に解答することができる。

「思考力・判断力・表現力」を問う問題では，実際に英語を4技能として使わせる必要がある。定期テストを想定すると，3技能（聞くこと，読むこと，書くこと）を測るのが現実的である。出題例としては以下のようなものが挙げられる。

○聞くこと：英文を聞いて，必要な情報とそうでない情報を考え判断する。
・あなたは，ホノルル行き766便に搭乗予定です。空港のアナウンスをよく聞いて，搭乗ゲートを回答欄に書きなさい。
・英文を聞いて，内容に最も合う絵を選びなさい。

○読むこと：英文を理解した上で，必要な情報とそうでない情報を考え判断する。
・次の英文を読んで，20字程度で要約しなさい。
・あなたはレポートを書く準備をしています。次の英文を読んで，電気自動車の普及に関するメリットとデメリットを表にまとめなさい。
・次の英文の概要として，最も適切なものを選択肢から1つ選びなさい。

○書くこと：英単語や英文法の知識を活用して自分の考えを表現する。
・次の問いに対して，あなた自身の考えを30語程度の英文で書きなさい。
・「桃太郎」の話を英語で書いてみましょう。

また，定期テストに限らなければ，理解領域（聞くこと・読むこと）と表現領域（書くこと）を統合的に組み合わせることで，さらにauthenticな英語使用の力を測ることもできる。たとえば，パンフレットを読みながら，英語の説明を聞き，申込書に必要事項を書く活動などがあげられる。話すこと（表現領域）については，定期テストの他にスピーキング・テストなどのパフォーマンス・テストの結果が評価材料となり，最終的な評定に欠かすことができない。スピーキング・テストは，定期テスト前などに計画的に時間を設けて実施するとよいが，学習者の人数が多い場合は長時間必要になるため，一人一人に対する時間の確保が難しい。最近は，端末（タブレット）などの環境が整っている場合は，同じ条件で一斉に音声記録をすることができるため，時間の調整もしやすく評価の信頼性も高い。

4. 結果の分析

近年は，計算ソフト（Excelなど）に得点を入力すれば，さまざまなデータ結果が表出される。しかしながら，そのデータを読み取り適切な分析をしなければ，学習者の集団傾向や個人傾向を把握することはできない。計算ソフトを使った成績処理やデータ分析などは，教育の方法及び技術を学ぶ科目（「教育方法論」など）で扱うであろうから，ここでは基本的なデータ分析について紹介する。

4.1 平均値・中央値・最頻値

ある集団をとらえるとき，その「真ん中」の値を知ることにより特徴が見えてくる。その真ん中がどこかを示すのが「平均値」（平均点）である。また，得点を最高得点から最低得点まで順番に並べて，ちょうど真ん中にくる得点は「中央値」である。例えば，人数が奇数のときはちょうど真ん中にくる者がはっきりするが，偶数の場合は，真ん中にあたる者がいないため，真ん中前後の2名の点数の平均を「中央値」とする。

例） 人数が奇数の場合：4点・5点・<u>6点</u>・7点・8点　　　6点が中央値

　　 人数が偶数の場合：4点・5点・<u>6点</u>・<u>7点</u>・8点・9点　　　6.5点が中央値

さらに，中央値の他に「最頻値」という指標がある。得点ごとにその得点を取った人の人数を数えて，一番人数が多い得点が「最頻値」である。例えば，小テストで，5点取った人が3人，6点取った人が4人，7点取った人が5人，8点取った人が2人だったとする。この時，一番人数が多いのは7点であるから，最頻値は7点ということになる。最も頻度が高い値のことである。

8点　●●

7点　●●●●●　　⇦　最頻値

6点　●●●●

5点　●●●

集団を分析するのに，これらの「値」を知るだけでは十分ではない。表8・表9は，2つのクラス（A組・B組）のあるテストの得点一覧と度数分布の例である。両クラスとも平均値，中央値，最頻値すべて50点である。

この指標だけみると同じようなクラスと考えられるが，これをグラフにしてみると図

表8　個人ごとの得点（教育データ分入門 p.19 より抜粋）

出席番号	得点		出席番号	得点		出席番号	得点	
	A組	B組		A組	B組		A組	B組
1	50	20	11	50	40	21	40	60
2	50	20	12	50	50	22	40	60
3	50	30	13	50	50	23	40	60
4	50	30	14	50	50	24	40	60
5	50	30	15	50	50	25	40	60
6	50	40	16	50	50	26	60	70
7	50	40	17	50	50	27	60	70
8	50	40	18	50	50	28	60	70
9	50	40	19	50	50	29	60	80
10	50	40	20	50	60	30	60	80

表9　度数分布[4]（教育データ分入門 p.19 より抜粋）

クラス	得点ごとの人数									
	～10点	～20点	～30点	～40点	～50点	～60点	～70点	～80点	～90点	～100点
A	0	0	0	5	20	5	0	0	0	0
B	0	2	3	6	8	6	3	2	0	0

1 のようになり，A 組では個々の点数が真ん中に集中しているのに対し，B 組では散らばっているのがわかる。「平均値」「中央値」「最頻値」はあくまでも全体的な傾向を知る指標であるため，より細かく集団の特徴をとらえるためには，全体のばらつきについても注意を払う必要がある。

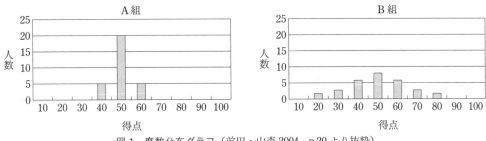

図 1　度数分布グラフ（前田・山森 2004, p.20 より抜粋）

4.2　標準偏差（SD）[5]

　得点のばらつきを示す指標に「標準偏差」（偏差値とは異なる）がある。これは，次ページの図 2 に示したように，平均値からのばらつきを示していると考えてよい。例えば，表 8 の個人得点を Excel などの計算ソフトに入力すると，A 組の標準偏差は 5.87，B 組の標準偏差は 15.76 という数字が出る。この場合，B 組の方が得点のばらつきが大きいと解釈できる。集団の特徴をより詳しく知るためには，平均値などの真ん中の指標を見るだけではなく，標準偏差からばらつきの差を見ることが必要である。

4.3　標準得点・偏差値

　テストが異なれば，平均点も異なる。リーディングのテストと文法のテストの得点が 70 点であっても，リーディングの平均点が 50 点，文法の平均点が 70 点であれば，それぞれのテストの出来具合は異なる。文法よりもリーディングの方が，出来具合は上であるとわかる。

　平均値が異なると，もとの得点だけでは，テストを受けた人の中での自分の位置がわかりにくいだけでなく，異なるテストとの比較もしにくい。そのため，平均値が変わっても比較できるように，平均値の違いによらず，集団での位置を数値化したものを「標準得点」という。学習者個人の得点が平均値から標準偏差何個分離れているかがわかる。しかしながら，標準得点は，平均値を 0 とし，平均値より低い場合は，マイナス（―）を用いて表すので，マイナス（―）を使わずにわかりやすく変換したものが「偏差値」となる。「偏差値」は 50 を平均値として表され，標準得点 ± 1 が標準偏差 10 に

---

4)　量の大小の順で並べ，各数値が表われた個数を表示したもの。
5)　標準偏差は SD（standard deviation）で表される。

なるように設定されている。

　次の図２は，標準偏差，標準得点，偏差値と得点の分布の関係を表したものである。

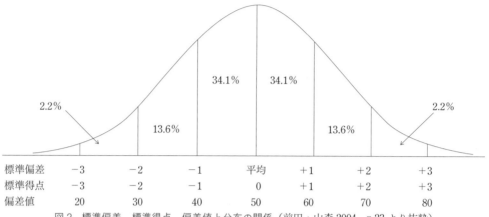

標準偏差	−3	−2	−1	平均	+1	+2	+3
標準得点	−3	−2	−1	0	+1	+2	+3
偏差値	20	30	40	50	60	70	80

図２　標準偏差，標準得点，偏差値と分布の関係（前田・山森 2004, p.23 より抜粋）

　この図は，データが平均値を境にして左右対称に広がっている。このようにデータが分布することを「正規分布」という。大人数からデータを集めると，一般的に分布がこのような形になる。データが正規分布する場合は，平均値から標準偏差１個分だけ上がったところまでの範囲に約34.1%の集団があるとされる。

　ただし，偏差値は「絶対的な実力の指標」ではない。例えば，ある生徒が模試を受け，英語の偏差値が55であったとする。その後に別の模試を受けたら偏差値が45であったとすると，この生徒の英語の実力は落ちたと考えられるだろうか。偏差値を読み取るときに気をつけなければならないのは，偏差値が示すものは，テストを受けた人の中でどの辺に位置するのかということである。テストを受ける集団が変われば偏差値も変わるのである。つまり，偏差値とはそのテストを受けた受験者集団の中だけで有効なものであり，テストを受けた集団に依存するものである。

4.4　学習者一人一人の傾向

　テストの返却時に教師が学習に伝える情報は，平均点や最高点・最低点などであろう。それだけでも学習者は自分と集団との差を知ることができるだろうが，学習者が自分の傾向を把握する上で有効なのは，学習の大問ごと，項目ごとに「まわりができていることを自分もできているかどうか」を知ることである。テストの大問や項目ごとの平均点を求めることで，学習者側の情報量は一層増えるであろう。

　学習者には項目別正答率だけ取り出して伝達すればよいが，誤答者がごく少数しかいない項目などの伝え方には配慮が必要である。項目正答率を知らせる目的は，あくまでも「まわりができていることを自分もできるようにする」ことである。また，正答率が高い項目を間違えるのはケアレスミスの場合が多く，「きちんとやり直せば必ずできる」という励ましにつなげたい。

研 究 課 題

(1) スピーキング，ライティングのテストと，リスニング，リーディングのテストでは何が大きな違いとなるか考えなさい。

(2) 次のテストについて，本章3を参考に，どのような問題形式か，何を測ろうとしているのか，良い点・悪い点について話し合いなさい。

中1英語　復習テスト

【1】今から読まれる英語を聞いて，それが以下のどの絵に当てはまるか，記号で答えよ。1度しか読みません。　　　　　　　　　　　(　/8)

ア　　　　イ　　　　ウ　　　　エ

オ　　　　カ　　　　キ　　　　ク

(1)＿＿＿＿　(2)＿＿＿＿　(3)＿＿＿＿　(4)＿＿＿＿
(5)＿＿＿＿　(6)＿＿＿＿　(7)＿＿＿＿　(8)＿＿＿＿

【2】先生が言う英語の質問に対する答えをア～ウから選んで答えなさい。2回読みます。　(　/16)

(1)＿＿＿＿　(2)＿＿＿＿　(3)＿＿＿＿　(4)＿＿＿＿
(5)＿＿＿＿　(6)＿＿＿＿　(7)＿＿＿＿　(8)＿＿＿＿

【3】次の対話が成り立つように，空所に適当な語を1語ずつ入れなさい。　　　　　　(　/16)

Clerk: (　　　　) (　　　　) dogs do you have?
Yumi: I have two, Spot and Toby.
Clerk: (　　　　) (　　　　) are they?
Yumi: Spot is one year old and Toby is three years old.
Clerk: Do you often (　　　　) them for a walk?
Yumi: Yes, I do. I (　　　　) new dog collars for them.
　　　 (　　　　) (　　　　) is that collar?
Clerk: It's ten dollars.

【4】次の対話が成り立つように，カッコ内から最も適当な語を1語ずつ選び，○で囲みなさい。(　/8)

Yumi: Where is (my / me / mine) blue pencil?
Karen: Is it on (you / your / yours) desk?
Yumi: No, it isn't.
Karen: Look at the pencil under that chair. Is it (you / your / yours) ?
Yumi: No. It isn't (my / me / mine).

【5】次の対話が成り立つように，空所に適当な語を1語ずつ入れなさい。　　　　　　(　/9)

※ (　) 1つにつき1点

(1) A: (　　　) (　　　) (　　　)
　　　 does Ken have?
　　 B: He has ten balls.
(2) A: (　　　) (　　　) is this pencil?
　　 B: It's three centimeters.
(3) A: (　　　) (　　　) is that building?
　　 B: It's 30 meters.
(4) A: (　　　) (　　　) is this bag?
　　 B: It's 3,500 yen.

(3)　次の自由英作文について効果的な評価を与えるためのポイントについて，本
　　章 3.3 (2) B. を参考にして考えなさい。（対象学年：中学 3 年生）

The Place I want to visit in Okinawa

The place I want to visit in Okinawa is Okinawa Churaumi
Aquarium.
It has 77 water tanks.
I want to see the biggest water tank called "Kuroshio Sea".
There are many fisihes in it.
Three whale sharks are in it, too.
Whale shark is the biggest fish that we can see in the world.
It will be over 10m when it grown up.
And I want to see the water tank called "danger sharks sea".
Bull sharks are in it.
Bull shark is one of the most dangerous fish in the world.
It attacks other fish and humans.

第 11 章

教員養成と教員研修

　外国語学習が成功するかしないかを問う時，学習者がすぐれた教員に出会ったかどうかが大きく影響を与えます。立派な先生と出会ったことから英語の楽しさに目覚め，大きな要因になるものです。特に多感な小学校高学年から中学校，高等学校にかけては，英語という科目の好き嫌いには，先生が好きだから，嫌いだからという理由が大きな位置を占めます。すぐれた教員であるためには，英語力，授業力が備わっているだけでなく，学習者をよく理解し，学習者との信頼関係を築くことのできる人間力が問われます。信頼関係があってこそ，生徒は「○○先生のように英語が使えたら」と思って努力するでしょうし，人生の先輩として自分のロールモデルにしたいと思うでしょう。

Keywords

- ・英語教員になるための英語力／授業力
- ・現職教員研修
- ・教員免許更新講習
- ・外国語コアカリキュラム
- ・FD
- ・理想の英語教員像

1.　英語教員になるための英語力・授業力

1.1　教員採用試験が求める力

　従来，英語教員になるための英語力は，英語の教員免許状の取得条件である英語の科目の単位を取り，採用試験に合格すれば証明できたと言ってよい。学校現場に立つためには英語力と授業力の両方が必要であるが，指導力については，従来，明確な規準が示されていなかったが，この点については第 2 節で説明する。

　自治体の英語教員の採用にあたっては，第一次試験では，教育法規や学習指導要領に関する知識のほか，専門分野として英語を読む力，書く力，文法，語法，語彙などの知識が問われる。自治体の中には第二言語習得研究や教育心理学に関する基礎的知識に関

する出題をすることも多い。二次試験では，さらに専門的技能，対話力や口頭による英語の運用力などが試される。また，英語検定や TOEFL，TOEIC や IELTS¹⁾ などの試験の高得点者には英語の筆記試験を免除したりすることもあり，最近では採用試験の際に英語による模擬授業を課して授業力を見ようとすることも一般的になってきている。

1.2　さらに教員に求められる資質

　TOEFL や TOEIC で満点を取得したからといって，良い教員になれるとは限らない。採用試験で課される限られた時間の模擬授業で測定できる力も限られている。教員にはそれ以上の資質が求められるため，教員採用試験では人物評価を重視するための工夫もなされる。それは，教員志望者が単に学生時代にボランティアや社会活動で成果を上げたかどうかの事実よりも，それらを通して他者と関わりながらどのように対人関係を構築したか，コミュニケーションを取ったのかを問うのである。

　しかし現実には，採用試験で高成績を修めていても，1 年以内に離職する者が少なくないという。学校現場で起こる予測不能な問題への対応や，児童・生徒や保護者との対人関係構築にかなりのエネルギーを費やしてしまい，理想と現実のギャップに心身が疲弊してしまうケースも多いようだ。こればかりは知識の量だけで片付く問題ではない。学校現場という新しい環境での体験を通して自己を成長させることのできる，社会人としての精神的なたくましさが必要であり，それは学習指導要領が児童生徒に求める「生きる力」と相通じる力が，教員になろうとする者にも求められていると考えてよい。

1.3　教育実習に向けて

　英語科教員免許状の取得は，主に大学の教室での学習が中心となるが，唯一，実践を体験できるのが「教育実習」である。教職課程の授業で学んだすべてを備えて臨むのが教育実習だと考えれば，どのような企業のインターンシップも比較にはならないであろう。それほど実際の教育現場に立ち児童・生徒を指導することの責任は重いのである。同時に，実習を経験することで，自身の教員としての適性や指導力，また，授業企画力，プレゼンテーション力，コミュニケーション力などに関して認識することになるだろう。

　小学校での実習は 4 週間，中学校は 3 週間以上，高等学校は 2 週間の実習が必要である。現職教員の指導を受けながら授業を実践し，実習生といえども児童生徒から見れば先生であり，学生だからという甘えは許されない。それ相応の備えをして臨まなければ，生徒にも実習校にも迷惑をかけることになる。教育実習は確かにハードワークではあるが，実習を通じて教育の意義や魅力を見出し，教師になろうという意欲を新たにす

----

1)　IELTS（アイエルツ：International English Language Testing System）はイギリス，オーストラリア，カナダ，ニュージーランド等への留学や移住のための英語能力検定試験である。

る学生も少なくない。英語科教員になるために必要な英語力の基礎は，各大学で提供される英語科目で養われるが，高度な運用能力を磨くためには自律的に努力をすることも大切である。

2.　現職英語教員の研修

採用試験に合格することがゴールではない。すぐれた教員でいるためには，個人の絶え間ない努力が必要であることはもちろんだが，国や自治体や教育機関，学術団体などが，さまざまな研修の機会を用意している。そのような研修を受けることで最新の指導理論に触れ，また指導法に応じた英語の運用力を高めることが可能になる。

2.1　充実する公的研修の機会

教員として採用された年に義務として課されるのが，「初任者研修」である。学校現場にあって日常の授業を行いながら，指導案を作り，指導担当教員に授業を見てもらい，振り返りを繰り返す。このプロセスで授業技術が向上するだけでなく，授業の中で課題を発見しながら児童生徒とともに改善をめざすという「アクション・リサーチ」[2]の習慣化も身につくのである。

英語教員にとって，授業力の向上とともに英語力そのものを向上させることは重要な課題である。まず，英語教員の英語力向上のための研修について，これまでの経緯を振り返ってみたい。

2002年7月に文部科学省から発表された「『英語が使える日本人』の育成のための戦略構想」（以下「戦略構想」）は，日本の英語教員が，生徒のコミュニケーション能力を育成するための資質として，英語検定準1級，TOEIC730点，TOEFL（PBT）550点（IBT換算で80点）を超えることが望ましいとした。当時，教員の英語力測定とは異なる目的の外部標準化試験を義務づけることを問題視する声もあったが，英語教員の英語力について，国が一定の基準を初めて示したことには意義があった。

この「戦略構想」を受け，2003年からの5年間，全国の中高英語教員6万人を対象として，指導力向上をめざした2週間程度の悉皆研修[3]が計画された。英語力の充実や指導法に関わる研修は，多くの教員に良い刺激を与えた。研修後，もとの授業方法に戻ってしまうケースも多かったようではあるが，教員に授業改善を意識させるためのインパクトを与えたことは評価された。

その後，自治体による教員の指導力育成に関わる研修はさまざまな形を取りながら充

---

2)　研究者と実践者との密接な協働のもと，実践的課題に基づいた介入・支援を計画・実践して，その成果を分析するとともに実践に活かし，さらに実践の中から研究課題を見つけて再介入・支援を行うというような，実践と研究の密接な結びつき（錦戸，2017）を前提とした研究スタイル。ドイツの心理学者レビン（Lewin 1946）が提唱。言語教育の実践に応用される。
3)　「悉皆」（しっかい）とは，「ことごとく」，「すべて」の意味。

実していく。特に，2014年に文部科学省の「英語教育のあり方についての有識者会議」が発表した「今後の英語教育の改善・充実方策について報告〜グローバル化に対応した英語教育改革の五つの提言〜」[4]には，小学校英語の教科化も視野に入れた，それぞれの地域や学校内での研修を充実させることが言及された。そのシステムでは，地域の「英語教育推進リーダー」となる教員を文部科学省主催の中央研修で養成し，その教員が地域に戻り研修の講師となる。さらに地域の研修を受けた教員は「中核教員」として，それぞれの学校の核となって同僚とのチームによる研修を強化するというものである。このシステムでは，下にいくほど効果が薄れる可能性が高まるので，教育委員会や地元の大学の専門家などが個々の校内研修に直接の援助を行うサポート体制づくりも必要になるだろう。

2.2　個人の研修について

　個人の特定の技能を伸ばすような研修は，自分でプランするしかない。特に英語の技能を高めるためには，自分の技能の状況と関心に合った方法を探ることが必要になる。英語教育を研究する学会や研究団体が各地にあるので，それに参加することも有効な研修になる。特に，自分の指導法や指導理念を高めたい時には，多くの先輩たちの研究や実践例に触れることが，視野を広め，自分の課題を再確認することに役立つ。

　公的研修が充実した一方で，教員の忙しさが社会的な問題になっている。義務研修をこなすだけでも忙しく，それに加えて学会や研究団体が主催する研修会に出ることはさらに難しいと考える教員は多い。特に若いうちは，部活動の指導などの方が授業法研究よりも大切に思えるかもしれない。しかし若く体力のあるうちだからこそ，指導技術に関わる学会や研究団体とのつながりを持って授業法改善のための視点を手に入れることが大切である。自分の授業実践を客観的にとらえる目を養ってこそ，教員は進歩できるのだ。

　教育公務員に「研修休業制度」というものがある。2001年から実施された制度で，国内外の大学院で専修免許の取得を目的として，1年を単位として，最長3年を超えない期間，休職できる制度である[5]。

3.　教員の義務研修について

　2009年から13年間，教員免許状は，運転免許証のような有限の資格であり，全ての

---

4)　その5つとは，「1.　国が示す教育目標／内容の改善」「2.　学校における指導と評価の改善」「3.　高等学校・大学の英語力の評価及び入学者選抜の改善」「4.　教科書・教材の充実」「5.　学校における指導体制の充実」であり，上記の研修については本章第5節で述べる。
5)　研修休業期間の身分は保障され仕事が免除される。給与は出ないが，健康保険等に相当する額は充当される。ただし，任命権者（県立高校の場合は県知事，市立小中学校の場合は市長，実際には校長の判断で決定）の許可が必要であるので，自分の校内での責任分担や同僚との関係を考慮して希望する必要がある。

教員は10年ごとに大学等で開催される更新研修を受け，免許を更新することが義務づけられていた。2022年に法改正が行われ[6]免許状更新制度は廃止され，それに伴い更新制度以前と同様に教員免許状は無期限の資格に戻った。その改正された教育公務員特例法が求める研修制度の整備について，2023年，文部科学省は各都道府県と政令指定都市教育委員会に向けて通知[7]を出した。概要は次のようである。

1. 文部科学大臣が示す指針を参酌し，任命権者（都道府県・指定都市）が毎年度，研修計画を作成，研修を実施する。
2. 研修実施者（教育委員会）と大学等による協議会を設置，研修計画の内容を検討する。
3. 教員は，情報システムや電子ファイルを用いて自己の研修記録を記入，研修履歴を蓄積する。国は全国的な研修履歴記録システムを構築する。
4. 学校管理者（校長等）は研修履歴を参考に，個々の教員の資質向上について対話に基づく受講奨励を行う。

　このように，新制度は「研修履歴の記録」と「管理職との対話による受講奨励」がキーワードである。都道府県や指定都市が企画する研修を中心として，理想的には，教員ごとに個別化された研修プログラムが可能になるとする考え方に基づくものだが，研修記録の書き方しだいでは教員にとって新たな負担になりうる。また，管理職が個々の教科教育に精通しているとは限らないので，管理職は学校内外の同教科の教員や指導主事の助言を活用するなど，連携体制を整えることが必要になるだろう。

　研修は，自分の教員の資質を向上させる機会と捉えること，そして，研修記録は自己の学びの記録として積極的に活用できるように書くことが期待されるのは言うまでもない。

4.　教員養成制度の改革（コアカリキュラム）

　文部科学省は，2017年，これまでの免許制度が学校現場の変化に対応できていないこと，また，大学の教職課程の指導内容が学術研究的な方向に偏る傾向があることを是正する必要があるとして，教育職員免許法と教育職員免許法施行規則を改正した。これまで推進してきた，一連の英語教員の資質向上をめざす改革の一環でもある。

4.1　英語教育課程コアカリキュラム

　これまでの教員免許制度との違いは，主に次の3点である。

6)　令和4年法律第40号「教育公務員特例法及び教育職員免許法の一部を改正する法律」https://hourei.ndl.go.jp/simple/detail?lawId=0000157093&current=-1
7)　文部科学省. 2022.「改正教育公務員特例法に基づく公立の小学校等の校長及び教員としての資質の向上に関する指標の策定に関する指針の改正等について（通知）」https://www.mext.go.jp/b_menu/hakusho/nc/mext_00052.html

第一に，従来の制度では，教職に関する科目（英語科教育法はここに含まれる）と教科に関する科目，教科の指導に関する科目の3つの分野を履修するように定められていたが，改正により，これらがひとくくりになった。

　第二に，この大枠の中で，英語科の指導法と言語学，文学，外国語教育学等との間の垣根が低くなり，それぞれを組み合わせることなども可能になった。

　第三には，他の科目と同様に，小学校，中学校，高校の英語科教員の備えるべき資質が詳細に規定されたことである。これは，「全国すべての大学の教職課程で共通的に修得すべき資質能力を示したもの」（文部科学省 2017）である。この中では，「全体目標」「一般目標」「到達目標」の3段階での目標設定がなされている。「全体目標」は抽象的な表現であり，「一般目標」はもう少し具体的に書かれ，「到達目標」は教員志望の学生が到達するべき目標，すなわち Can-Do リストとして示されている。

免許法改正のイメージ（小学校教諭1種免許状の場合）

（改正前）			（改正後）	
教科に関する科目	10 単位	教科及び教職に関する科目 59 単位	教科及び教科の指導法に関する科目	30 単位
教職に関する科目	41 単位		教育の基礎的理解に関する科目	10 単位
教科又は教職に関する科目	8 単位		道徳，総合的な学習の時間等の指導法及び生徒指導，教育相談等に関する科目	10 単位
			教育実践に関する科目	7 単位
			大学が独自に設定する科目	2 単位

教職課程に新たに加える内容の例

・特別支援教育の充実　・総合的な学習の時間の指導法　・学校体験活動
・アクティブ・ラーニングの視点に立った授業改善　・ICT を用いた指導法
・外国語教育の充実　・チーム学校への対応　・学校安全への対応
・学校と地域との連携　・道徳教育の充実　・キャリア教育　等

教職課程に新たに加える内容の例

全体目標	教科における教育目標等について理解し，学習指導要領の内容と背景となる学問とを関連させて理解を深めるとともに，授業設計を行う方法を身に付ける。
一般目標	具体的な授業場面を想定した授業設計を行う方法を身に付ける。
到達目標	学習指導案の構成を理解し，具体的な授業を想定した授業計画と学習指導案を作成できる。
	模擬授業の実施とその振り返りを通して，授業改善の視点を身に付けている。

図　免許法改正のイメージ（文部科学省 2018，2019 から作成）

これまで，英語学，英文学，コミュニケーションの 3 分野においては，科目構成や内容はそれぞれの大学に任されていたが，今回の改定では，どのような科目であれ，その内容が，教員に求められる資質のどれを開発するためのものなのかを，コアカリキュラムに照らしてシラバスの上で明らかにすることが求められている。

次ページの表に示すように，小学校の「外国語の指導法」についての科目では，具体的な「学習項目」と対応する同数の「到達目標」が，「～することができる」という Can-Do 形式で示されている。例えば，「2.　授業実践」の「学習項目」にある「1　英語での語りかけ方」は，「到達目標」の「1) 児童の発話につながるよう，効果的に英語で語りかけることができる。」と対になっている。他の項目も同様であることがわかる。

このように，この制度改革は，教員養成の段階で，英語教員に求められる資質を具体的に規定して育成しようとするものである。大学教育の画一化との批判もあるが，最新の指導理念に基づいて将来の教員が養成されるのなら，大きな意義があるだろう。

5.　FD について

教員養成と教員研修がこのように充実してきた背景には，コミュニカティブな英語教育を展開していく上で教員の指導技術向上が不可欠だからである。学習指導要領が改訂されるたびに，4 技能のバランスが強調され，英語を通して情報を得たり発信したりすることが強調されているが，それは裏を返せば，教育現場では依然として文法訳読式の授業が広く行われていることを意味している。

教員研修は，国や自治体のレベルでも進められているが，今後は，学校単位でチームとして研修の成果を活かしていく必要があると考えられる。組織として研修を企画・実践していく FD（Faculty Development）という考え方が必要なのである。教員がばらばらな方法で授業を提供するよりも，組織として明確な目標や目的を持って一丸となって取り組むことで，学校全体の教育レベルが上がり，学習者の満足度も高くなるだろう。

中学・高校において取り組むべき FD 活動には，以下のようなものが考えられる。

1.　学年・科目の目的・目標の明確化
2.　達成目的・目標の検証
3.　授業観察
4.　授業評価調査
5.　保護者への説明

中学・高校の現場では，教科書を中心に授業が展開されてきたが，どのような単元を扱うにせよ，その中で目的を明確化し，学習者が到達すべき目標を示すことが必要である（上記 1）。例えば，文法指導を目的として設定する場合，「具体的な場面において言語規則を運用できるように促すこと」というような認識の下に，個々の達成目標，いわゆる Can-Do リストを設定する。例えば，未来表現を扱うのであれば，「週末の予定に友人を誘い，会う時間を約束することができる」というように具体的な達成目標にする。

表　小学校教員養成課程コアカリキュラム（抜粋）

[2] 外国語の指導法 【2単位程度を想定】

【全体目標】
小学校における外国語活動（中学年）・外国語（高学年）の学習・指導・評価に関する基本的な知識・指導技術を身に付ける。

【学習内容】

1. 授業実践に必要な知識・理解

(1) 小学校外国語教育についての基本的な知識・理解
◇一般目標：小学校における外国語教育に係る背景知識・主教材，小・中・高等学校の外国語教育における小学校の役割，多様な指導環境について理解する。

◇学習項目	◇到達目標
1　学習指導要領	1) 小学校外国語教育の変遷，小学校の外国語活動・外国語，中・高等学校の外国語科の目標・内容について理解している。
2　主教材	2) 主教材の趣旨・構成・特徴について理解している。
3　小・中・高等学校の連携と小学校の役割	3) 小・中・高等学校の連携と小学校の役割について理解している。
4　児童や学校の多様性への対応	4) 様々な指導環境に柔軟に対応するため，児童や学校の多様性への対応について，基礎的な事柄を理解している。

(2) 子どもの第二言語習得に就いての知識とその活用　◇一般目標：児童期の第二言語習得の特徴について理解する。

◇学習項目	◇到達目標
1　言語使用を通した言語習得	1) 言語使用を通して言語を習得することを理解し，指導に生かすことができる。
2　音声によるインプットの内容を類推し，理解するプロセス	2) 音声によるインプットの内容の類推から理解へと進むプロセスを経ることを理解し，指導に生かすことができる。
3　児童の発達段階を踏まえた音声によるインプットの在り方	3) 児童の発達段階を踏まえた音声によるインプットの在り方を理解し，指導に生かすことができる。
4　コミュニケーションの目的や場面，状況に応じて他者に配慮しながら，伝え合うこと	4) コミュニケーションの目的や場面，状況に応じて意味のあるやり取りを行う重要性を理解し，指導に生かすことができる。
5　受信から発信，音声から文字へと進むプロセス	5) 受信から発信，音声から文字へと進むプロセスを理解し，指導に生かすことができる。
6　国語教育との連携等によることばの面白さや豊かさへの気づき	6) 国語教育との連携等によることばの面白さや豊かさへの気づきについて理解し，指導に生かすことができる。

2. 授業実践

(1) 指導技術　◇一般目標：実践に必要な基本的な指導技術を身に付ける。

◇学習項目	◇到達目標
1　英語での語りかけ方	1) 児童の発話につながるよう，効果的に英語で語りかけることができる。
2　児童の発話の引き出し方，児童とのやり取りの進め方	2) 児童の英語での発話を引き出し，児童とのやり取りを進めることができる。
3　文字言語との出合わせ方，読む活動・書く活動への導き方	3) 文字言語との出合わせ方，読む活動・書く活動への導き方について理解し，指導に生かすことができる。

(2) 授業作り
◇一般目標：実際の授業作りに必要な知識・技術を身に付ける。

◇学習項目	◇到達目標
1　題材の選定，教材研究	1) 題材の選定，教材研究の仕方について理解し，適切に題材選定・教材研究ができる。
2　学習到達目標，指導計画（1時間の授業づくり，年間指導計画・単元計画・学習指導案等）	2) 学習到達目標に基づいた指導計画（年間指導計画・単元計画・学習指導案，短時間学習等の授業時間の設定を含めたカリキュラム・マネジメントなど）について理解し，学習指導案を立案することができる。
3　ALT等とのティーム・ティーチングによる指導の在り方	3) ALT等とのティーム・ティーチングによる指導の在り方について理解している。
4　ICT等の活用の仕方	4) ICT等の効果的な活用の仕方について理解し，指導に生かすことができる。
5　学習状況の評価（パフォーマンス評価や学習到達目標の活用を含む）	5) 学習状況の評価（パフォーマンス評価や学習到達目標の活用を含む）について理解している。

【学習形態】上記の内容を学習する過程においては，教員の講義に留まることなく，以下の学習形態を必ず盛り込むこととする。

1　授業観察：小・中・高等学校の授業映像の視聴や授業の参観
2　授業体験：授業担当教員による指導法等の実演（学生は児童役として参加する等）
3　模擬授業：1単位時間（45分）の授業或いは特定の活動を取り出した模擬授業

　　　手順例：計画→準備→実施→振り返り→改善→再計画……

　さらに，その目標が達成できたかどうかを検証するテストを用意する（上記2）。それによって，学習者が未来表現の運用力を習得できたかどうかが確認できるのである。到達目標はレッスンごとにバラバラにせず，複数のレッスンを有機的に結びつけた「単元」を構成するように計画する。

　授業観察も各教員が向上していくための重要な要素である（上記3）。授業観察は，単に他の教員の授業を見て，良いか悪いかの判断を下すものではない。授業観察方法の基本は2つ，ひとつは「何を」であり，もうひとつは「何のため」である。

　「何を」とは，学習者と教員が授業の中でどのような活動をしているのかを客観的に観察することである。例えば「話すこと」の授業であれば，学習者が授業中に英語で発言したのは何分か，発言の内容は，自分の意見か，教科書の練習問題の解答か，というようなポイントを設定し，具体的な活動を観察する。また，教員の活動であれば，どのようなタイプの発問をしたのか，日本語の使用はどのような場面だったのか，などである。

　「何のため」とは，授業内のひとつひとつの活動を省察的に見ることである。例えば，なぜ授業の始まりのsmall talkで日付と天候の話をするのか，なぜあの練習の後にこの言語活動をしているのか，などを考えながら観察するのである。理由もなく習慣的に行っている授業内の活動を浮かび上がらせることが可能になるだろうし，授業者の活動に込めた目的が見えてくることもあるだろう。このように，授業観察は各教員が自分の授業を客観的に振り返るための資料となり，教員として成長するための欠かせないステップとなる。

　FD活動の中でも重要な項目である授業評価調査（上記4）は，学校現場に広まってほしいものである。授業評価には，学習者が行うものと第三者が行うものとがあり，学校の現場では学習者による評価が現実的な方法だろう。学習者からのフィードバックは教員にとって有益な情報となる。学習者にとっても，毎回の授業での振り返りが自己の学習を客観的に見ることにつながる。始めは「楽しかった」「むずかしかった」のような情緒的なコメントでも良いが，次第に，客観的，具体的なフィードバックができるように指導する必要があるだろう。

　最後に，保護者への説明であるが，学校で指導する英語がどのようなものであれ，それが学習者にとってどのように役立つかを説明しておく必要がある（上記5）。受験指導を望む保護者には，英語の入試方法も変化しており，コミュニカティブな英語教育が受験に十分役立つし，それが将来の英語力に結びついていくことを力説する必要があるかもしれない。教員の意見がまとまっており，チームとして自分たちの実践に自信を持ち，学習者が授業内容を理解し積極的に参加していれば，保護者に対する説得力も増すことになるだろう。

6.　理想の英語教員像

　「授業の達人」と呼ばれる，すぐれた教員が存在する。では，すぐれた英語教員に必

要な要素とは何であろうか。まず「英語力」が思い浮かぶだろうが，単に，発音がネイティブ・スピーカー並であるとか，語彙の知識が豊富であるとか，文法的に正確な文を産出できればよいのだろうか。それだけではない。まず，英語教員に期待される英語の運用能力とは，学習者のレベルに対応して英語で授業を行うことのできる力である。学習者の理解度に応じた英語を駆使し，学習者の英語力を無理なく引き上げるための「足場がけ」（scaffolding）[8]になるような，いわゆる teacher talk[9]が必要になる。教員の側に十分な英語力があってこそ，そのような有効なインタラクションが可能となる。教員の英語力は授業力と不可分なのである。

　英語教員に必要な2つ目の要素は，指導技術についての向上心である。自己を客観的に分析し，常に新しい知見に触れるよう努力したい。学習指導要領が求めるように，従来のような一方的な知識の注入型の授業から脱して，学習者が思考し，判断し，表現できるような場を与え，さらには，自律的に学びを深めることができるようにしてやるには，教員はどのような支援ができるのか，常に研修を重ね努力する必要がある。

　すぐれた英語教員に必要な三番目の要素は，学習者への関心と共感力である。学習者はどの程度まで理解できているのか，学習者はどのような活動ができるのか，また，自分の教えているクラスで何が起こっているのか，などを把握する力である。当然ながら，スローラーナーを見下さず，どのような学習者にも肯定的に接しようとする姿勢を持つことで，学習者との間に良好な人間関係を構築することが可能になる。叱るよりほめ上手の方が良い結果をもたらす。

　中学や高校の教室であれば，個々の学習者のニーズや信念は異なる。例えば，受験志向の強い教室にあって，日常会話ばかりに焦点を当ててしまうと学習者はついてこないだろう。そのような場合は，例えば，学習者が満足するような知的な題材で興味をひき，難易度の高い長文を和訳せずに概要を把握したりパラグラフでの論理展開なども扱いながら，内容について英語でやり取りすることによって彼らの英語での総合的なコミュニケーション能力を伸ばすよう努めることができるだろう。そして授業のさまざまな場面を通じて，学習者一人ひとりが将来に夢を持ち，外国語を学ぶことが自分にどのような意味を持つのかを考えるように仕向けることができるような教員でありたい。

---

8)　スキャフォルディング（scaffolding：足場がけ）は，もともと教育心理学用語。学習者が一人で解決できないけれど他者の支援があれば解決できる場合，支援を建設現場の足場（scaffold）に例えてこう呼ぶ。「足場がけ」は親や教師との対話の中で現れ，言語習得を促すと考えられている。
参考：Harmer, J. (2007), 改訂版英語教育用語辞典（2009）他
9)　Ellis (2008) によれば，言語の授業を担当する教員は，他の科目の授業とは異なる語りかけ方をするとし，言語形式と言語機能について，他の社会的場面とは異なる調節の仕方をすると述べている。学習者とのコミュニケーションを成立させるために教員が学習者のレベルに合わせてゆっくり話したり，短い文を多用したり，難しい語彙を避けたりするのが teacher talk の特徴である。

研究課題

(1) ペアで，受験英語しか念頭にない高校生と，その生徒を説得し総合的なコミュニケーション能力をつけてやりたい高校教員の役に分かれてロールプレイをしなさい。互いに相手を冷静に説得するように努めなさい。

(2) 校内での FD を活性化するための第一歩として，どのような具体的な提案ができるか，短期的，長期的の両方の展望に立ち，話し合いなさい。

(3) 本章 2.2 の初めに「個人の特定の技能を伸ばすような研修は，自分でプランするしかない。」とあるが，どのような研修が考えられるか話し合いなさい。

第12章

小学校英語

これまで中学校・高等学校での英語教育を中心に議論してきました。2020年度からは小学校3年生から外国語活動，そして5・6年生では教科としての外国語が開始しました。そのため，小中連携を視野に入れた小学校外国語教育についても学ぶことが必要となります。さらに，2024年度から2回目の検定教科書が使用されます。この章では，小学校外国語教育についてこれまでの経緯を概観し，2020年度からの新学習指導要領に示された小学校英語教育について理解を深めたいと思います。

Keywords

- ・必修化から教科化へ
- ・外国語活動と外国語科
- ・異文化理解
- ・言語活動
- ・他教科との関連
- ・検定教科書とデジタル教科書
- ・音から文字へ
- ・ティーム・ティーチング

1. 小学校英語教育の変遷

　国際化の流れに伴い1980年代からの課題であった小学校における外国語教育は，その後20年を経て，2008年度の「外国語活動」の新設につながった。まず具体的な動きとしては1992年以降，国際理解教育の一環としての英語教育を実験的に導入する研究開発学校が指定され，1998年に「総合的な学習の時間」が設置され，特別活動などの時間を活用して小学校段階にふさわしい体験的な学習が始まった。その後2006年3月，小学校5年生から英語必修化方針がまとまり，2008年「総合的な学習の時間」とは別に第5学年および第6学年で年間35時間の「外国語活動」が導入された。その取扱いは，教科ではなく道徳と同じく必修の「領域」として位置づけられ，英語活動のための共通教材として『英語ノート』が希望する小学校に配布された。外国語活動の全面実施に伴い，2012年には『英語ノート』は補助教材『Hi, friends!』に改訂され，日本全国の小学校に配られた。

　2017 年 3 月新学習指導要領告示において，小学校 3 年生から外国語活動，5・6 年生に「教科」としての外国語科が導入されることになった。2018 ～ 19 年の学習指導要領移行期には補助教材『Let's Try!』（小学校 3・4 学年用），『We Can!』（小学校 5・6 学年用）が作成された。そして，2020 年度からいよいよ新学習指導要領が日本全国の公立小学校において，第 3・4 学年は年間 35 時間，第 5・6 学年は年間 70 時間，全面実施となった。

　上で述べたような小学校英語教育に関する変遷を表にまとめると，次のようになる。（⇒「学習指導要領」全体の変遷については第 5 章を参照のこと。）

表 1　小学校英語教育の変遷

1992 年（平成 4 年）	研究開発学校での英語教育
1996 年（平成 8 年）	「21 世紀を展望した我が国の教育の在り方について」 国際理解教育の一環としての「総合的な学習の時間」言及
1998 年（平成 10 年）	学習指導要領告示「総合的な学習の時間」が設置される。
2002 年（平成 14 年）	「幼稚園・小学校・中学校学習指導要領」実施
2006 年（平成 18 年）	中央教育審議会外国語専門部会「小学校における英語教育について」小学校 5 年生からの英語必修化方針をまとめる。
2008 年（平成 20 年）	「小学校学習指導要領改訂」（2011 年度から施行）
2009 年（平成 21 年）	小学校第 5・6 学年に「外国語活動」が導入される。 希望する小学校に『英語ノート』を配布
2011 年（平成 23 年）	小学校 5・6 年生を対象に外国語活動が必修化・全面実施
2012 年（平成 24 年）	『Hi, friends!』を各校に配布
2013 年（平成 25 年）	「グローバル化に対応した英語教育改革実施計画」の公表。「小学校 3・4 年生では活動型で週 1 ～ 2 時間，5・6 年生では教科型で週 3 時間程度」という計画が提案される。
2014 年（平成 26 年）	「英語教育の在り方に関する有識者会議」設置 「今後の英語教育の改善・充実方策について：グローバル化に対応した英語教育改革五つの提言」
2016 年（平成 28 年）	「答申」とりまとめ
2017 年（平成 29 年）	「新学習指導要領告示」において，中学年に外国語活動年間 35 単位時間程度，高学年に外国語科年間 70 単位時間程度が導入される。
2018—19 年	学習指導要領移行期（中学年で 20 時間程度，高学年で 50 時間程度実施）『Let's Try!』『We Can!』を配布
2020 年度	日本全国公立小学校中学年で外国語活動，高学年で外国語科が全面実施される。高学年の外国語科実施にともない，検定教科書が使用される。

2.　小学生の特徴—学習者として[1]

2.1　認知の発達

　ピアジェ（Piaget 1950）は認知発達理論において，生まれてから 2 歳ごろまでの「感

---

1)　年令など「学習者要因」に関しては，第 4 章を参照のこと。

覚運動期」，2歳から6・7歳までの「前操作期」，6・7歳から11歳までの「具体的操作期」，11歳以降の「形式的操作期」の4つの段階に分けてとらえている。前操作期は，世界を主観的な視点からしか見ることができず，自己中心的な発話や思考が優位である。児童期は，具体的操作期から形式的操作期へ移行する時期であり，初めのうちは具体的なものに基づいた行動や思考から，徐々に数式を使用した抽象的思考，論理的思考への発達が著しい。ことばの理解力は，児童期に飛躍的に伸びていくと言われるが，子どもが抽象的な概念についても考える力を持てるようになるのは児童期の後半（11，12歳ごろ）である。子どもが学校でL2（第二言語）を学ぶ時，子ども同士で使う言語（BICS：生活言語能力）と学校の授業で使う言語（CALP：認知学習言語能力）[2]は，それぞれに必要な語彙と表現法に違いがある。子どもにとって学業にかかわる言語CALPは，日常の生活や友達同士のやり取りで使う言語BICSよりも認知レベルが高く，習得が難しく遅れる。

2.2　社会性の発達

　学校現場では9歳，10歳頃に子どもたちの様子が大きく変わることが指摘されている。例えば，敬語（丁寧さ）への認識，自己中心から協調・協同することへの気づきなどである。9歳，10歳頃は身長が大幅に伸びたり，体重が増えたりする「身体的な発達」との関連や，目の前にある出来事だけでなく抽象的な出来事についても理解が可能になるといった「考える力」の急成長，独創的な発想の発達といった「想像力」の発達，複雑な感情の理解と表出が可能になる「感情面」の発達など，さまざまな面で大きく伸びていく時期である。この時期の発達がスムーズに進まなかった場合（多くは学習面でのつまづきを意味する），乗り越えるべき「壁」として「9歳・10歳の壁」[3]ということばが用いられるが，「壁」と同時に「飛躍」の時期として，子ども達の変化を見守る視点が必要であろう。また，ことばとそれが指し示す物との対応について考える力や，自分が話したことが文法的にあっているかどうかということばの規則に対する意識など，一層複雑な言語運用能力の発達が可能になる。

2.3　母語の発達

　学校には仲間同士の言語，教師と児童の関係の言語，教室の言語，教科の専門用語，外国語，書きことばなど多様な言語形態がある。子どもは，それらの言語を用いた社会生活に実際に参加することで，母語にもさまざまな表現方法があるということを身につけていく。児童期には，幼児期まで以上に難しい言い回しも可能となり，授業での学習を通して，読み書きの力も系統的に習得していく。そして，小学校高学年に入ると，教

---

2)　カミンズ（Cummins 1979）⇒第2章1節（特にp.16の脚注10）参照。
3)　発達心理学では「ギャングエイジ」という。

科書のことばも認知度・抽象度が上がり，論理的思考力が要求されるようになる。例えば，5年生の理科では，物の溶け方，電流が作る磁力，6年生では燃焼の仕組み，水溶液の性質など，観察・実験などを行い問題解決の力を養うことをめざす。

　読み書きという面からみると，就学前に読む力を獲得していた子どもは読むスピードが速く，読解の能力も高い。スムーズに読める子どもは，それだけ書かれていることを理解するのも容易となる。読書を通じて獲得した語彙の豊富な子どもほど，読解の能力も高い。このように，母語の発達は全ての教科の学業成績に影響を与える。

3.　学習指導要領と小学校外国語

3.1　小学校外国語教育の目標

　全ての教科等の目標及び内容に求められるように，小学校外国語教育の「外国語活動」及び「外国語」においても，「知識及び技能」，「思考力，判断力，表現力等」，「学びに向かう力，人間性等」の3つの柱を，児童の発達段階に応じて，バランスよく育成することが求められる。

　小学校中学年は，主に学級担任を中心にALT等を積極的に活用したティーム・ティーチング（TT）を中心とした指導が求められ，外国語を通じてコミュニケーションを図る楽しさを体験する活動型で，コミュニケーション能力の素地を養うことを目標にしている。

　小学校高学年は，教科型で学級担任が専門性を高めて指導する。併せて専科指導を行う教員やALT等を一層積極的に活用したTTが求められる。外国語やその背景にある文化の多様性を尊重し，読むことや書くことも含めた初歩的な英語運用能力を養うことを目標にしている。

3.2　英語教育の目標

　中学年では「聞くこと」「話すこと」を中心とした外国語活動を通じて外国語に慣れ親しみ，外国語活動への動機づけを高めたうえで，高学年から発達段階に応じて段階的に「読むこと」「書くこと」を加え，教科としての学習を行う。次の表2は，外国語活動と外国語の言語活動を4技能5領域に分けて，Can-Do形式で具体的に示したものである。

表2　外国語活動と外国語の言語活動

	外国語活動（第3・4学年）	外国語（第5・6学年）
聞くこと	・ゆっくりはっきりと話された際に，自分のことや身の回りの物を表す簡単な語句を聞きとることができる。 ・身近で簡単な事柄に関する基本的な表現の意味がわかる。 ・文字の読み方が発音されるのを聞いた際に，どの文字かが分かる。	・ゆっくりはっきりと話されれば，自分のことや身近な事柄について基本的な表現を聞き取ることができる。 ・外国人の簡単なスピーチの音やリズム，イントネーションを意識して聞くことができる。

読むこと		• 音声で十分に慣れ親しんだ簡単な語句や基本的な表現の意味を推測しながら読むことができる。 • 単語を見て何度も発音されているのを聞いて，文字と音の関係を大まかに理解して読むことができる。 • 活字体で書かれた文字を識別し，その読み方を発音することができる。
話すこと 「やり取り」	• 挨拶，感謝，簡単な指示をしたり，それに応じたりできる。 • 相手に配慮しながら，サポートを受けて，自分や相手のこと及び身の回りの物に関する事柄について，質問したり，質問に答えたりすることができる。	• 他者に配慮しながら，自分や相手のこと及び身の回りの物に関する事柄について，その場で質問をしたり質問に答えたりして，伝えあうことができる。 • 英語の発音やリズム，イントネーションを意識して発音したり話したりできる。
話すこと 「発表」	• 相手に配慮しながら，自分のことについて，人前で実物などを見せながら，簡単な語句や基本的な表現を用いて話すことができる。	• 他者に配慮しながら，自分のことについて，伝えようとする内容を整理したうえで，簡単な語句や基本的な表現を用いて自分の考えや気持ちなどを表現することができる。
書くこと		• 大文字，小文字を活字体で書くことができる。 • 語順を意識しながら音声で十分慣れ親しんだ簡単な語句や基本的な表現を書き写すことができる。 • 自分のことや身近で簡単な事柄について例文を参考に書くことができる。

4. 小学校の外国語としての英語教育

　小学校外国語活動・外国語科では，教材は重要な役割を果たす。子どもの成長段階に合った主体的に学べる授業づくり，活動のねらいに合わせて子どもの意欲を喚起する教材の開発や工夫に努め，授業の充実をめざしたい。

4.1　教材：文科省配布教材

　新学習指導要領に円滑に移行するため，2018〜19年に文科省は外国語活動教材『Let's Try!』（小学校3・4年用），外国語教材『We Can!』（小学校5・6年用）を作成し配布した。学習する語彙は，外国語活動を履修する際に取り扱った語を含めて600〜700語程度である。小学校英語では中学年と高学年の接続，高学年と中学校の接続がスムーズになるよう，必要最低限の内容を指導すること，さらに各学校の判断により，より多くの内容を指導することも可能とした。(2017年新教材説明会資料5)

　小学校高学年（5・6年）の外国語が教科になってからは，文科省発行『We Can!1,2』に代わり検定教科書が使用されている。また，2024年度から小学校5年〜中学校3年の英語で「デジタル教科書」が先行導入される見通しとなった。ただし，当面は紙の教科書との併用になる。

(1)　『Let's Try! 1, 2』

- 「聞くこと」「話すこと（やり取り）」「話すこと（発表）」の 3 領域における言語活動を通して，コミュニケーションを図る素地となる資質・能力を育成。
- 初めて外国語に触れる児童が積極的に話したり聞いたりするようにするため，小学校 3・4 年生という発達段階に合わせて，扱う題材や活動，語彙，表現を設定。

　　例）3・4 年児童にとって身近な動物や食べ物，文房具，あいさつ，曜日，天気など
- 扱う語彙や表現が使われる必然性のある場面を設定し，児童が語彙や表現の意味を推測したり繰り返し使ったりしながら体験的に身につけることができるよう工夫。
- 「聞くこと」から「話すこと」へつなげる。音声を聞くことを通して，正しい英語表現を体験的に身につける。

(2)　『We Can! 1, 2』

- 各ユニットでは「聞くこと」「話すこと」からスタートし，音声に十分慣れ親しんだ後に，「読むこと」「書くこと」の言語活動に取り組む。
- 「聞くこと」「話すこと」を中心とした中学年における外国語活動の学習内容を繰り返し活用しつつ，広がりのある話題を設定。

　　例）言ってみたい国や地域，オリンピック・パラリンピック，中学校生活・部活動
- 「読むこと」「書くこと」に対応したコーナー（'Let's Read and Watch', 'Story Time'）を設置。
- 中学校への接続を重視し，より豊かなコミュニケーションとなるよう，代名詞（三人称），動名詞，過去形などを含む基本的な表現に繰り返し触れるよう工夫。

4.2　教具

教具に関しては，感覚ごとに分類すると，次のようなものがある。

- 視覚　　：絵カード[4]，写真，実物，地図，世界地図，地球儀，ウォール・チャート，パネル，英語ポスター，パンフレット，広告，絵本，児童の作品，動画・映像など
- 聴覚　　：CD，DVD，デジタル教材
- 味覚　　：実物（果物，野菜，給食（献立）など）
- 触角　　：実物（教室や校庭にある物，児童の持ち物）
- 嗅覚　　：実物（花，果物など）
- 感情感覚：絵本，story book，写真

4.3　指導と活動例

日本の小学校では，児童のコミュニケーション能力を高める手段として，歌・チャン

▷▷─────────────────────────────────────◁◁

4)　ピクチャー・カードと同じ。

ツ，ロールプレイ，ゲームなどのアクティビティーを通した音声指導が教室内で広く行われている。これらは外国語教授法に基づいた小学生段階に相応しい指導法である（⇒第3章参照）。子どもには言語の機能面に注意を向けさせ，聴覚・視覚を使い具体的な材料をたくさん提供して子どもの好奇心をそそる活動を行うことが効果的となる。

図　絵カード（文部科学省『We can! 2』『Let's Try! 1』）

(1)　絵カード

　絵カードは教室に持ち込めない実物に代わるもの，既習事項の確認に使うものである。音声と概念が結びつくもの，はっきりと分かりやすい絵，示される概念がはっきりしていることが大切である。あまりにたくさんの情報が入っているカードは，見栄えがよくても何を示しているのかわかりづらく効果的でない。カードの種類には，アルファベットのためのカード，フォニックス[5]のためのカード，数のためのカード，words のためのカード，sentence のためのカードがある。絵カードを使った代表的なゲームは，ビンゴゲーム，カルタ取り，神経衰弱，ミッシングゲーム[6]等がある。一度導入した絵カードを後で繰り返し発音練習する時は，音声を聞かせ，子どもがその概念を頭に浮かべた後に絵カードを見せる等，カードと音声の提示の順番を逆にするなど工夫するとよい。

(2)　主な活動のスタイル

　目標表現を使った主なコミュニケーション活動には，ロールプレイ，インフォメーション・ギャップ，ペアワーク，グループワークなどがある（⇒第3章参照）。単元の中でタスク練習・定着段階で使われる指導法である。実際の場面，必然性のある英語の発話，自然な文章に留意することが大切である。

　小学校で学ぶ英語は日常生活に直結した英語である。「英語はコミュニケーションの道具である」という考えのもと，学習の中に知識や情報の伝達や，感情を表現することができる場面を設定して，どのように使えるのかという実例を指導者が英語学習の中で児童に示すことが大切である。

(3)　絵本

　中学年に読み聞かせる絵本はシンプルな絵が多く，絵がストーリーを伝えてくれるも

5)　フォニックスに関しては，この後の 4.3 (9) を参照。
6)　最初，数枚の絵カードを見せた後，1枚カードを伏せ，その絵が何であったかを当てさせるゲーム。

202

のを選ぶ。絵本は一冊を通して読み聞かせるとストーリーの展開がわかってよい。

　代表的なものとして，次のようなものがある。

- ・繰り返しが多くリズム感のある *Brown Bear, Brown Bear, What do you see?*（Bill Martin, Jr. 作，Eric Carle 絵）
- ・楽しくユーモラスな *The Lady with the Alligator Purse*（Nadine Bernard Westcott 絵，Little Brown and Co.）
- ・数え歌や昔話を基調にした文化情報のある *The Enormous Turnip, The King, the Mice and the Cheese*（Nancy and Eric Gumey 作・絵）
- ・中学校との接続を意識した指導に活用できる *Graded Readers*

先生に絵本を読んでもらう時もお母さんに読んでもらう時のように温かみがあると，子どもは絵に夢中になりながらストーリーを追いかけていく。

　絵本は教師と児童がやり取りしながらインタラクティブに読み進めることができるので自信がつく。

（4）　ゲーム

　ゲームは繰り返し部分が多く含まれた活動である。ゲームにはルールがあり，そのルールに従って協力しあい，楽しみながら何回も繰り返し発話する。発話する表現が学習している内容と関連していること，生きた英語を体験できることが大切である。繰り返しが多く，ゲームに熱中していると，無意識にたくさん練習していることになる。その結果，英語の指示に慣れスムーズに反応する。日本語を禁止して学習に集中させることが出来るので，ゲームは指導者がコントロールできる活動である。

　中学年向けの代表的なゲームには，ボンゴゲーム[7]，コネクト・ザ・ドッツ[8]，神経衰弱，サイモンセズ，コマンドゲーム[9]，ミッシングゲーム，タッチングゲーム，伝言ゲーム，絵描きゲーム，ジェスチャーゲームなどがある。高学年向けのゲームは，タッチ＆セイゲーム，ビンゴゲーム，ファインド・ザ・ワードゲーム，インタビューゲーム，インフォメーション・ギャップ，スリーヒントゲーム[10]などのように知的好奇心に訴えるゲームを選ぶとよい。

（5）　歌・チャンツ

　歌やチャンツは，子どもが音程やリズムに合わせて活動することができ，楽しみながら自然に英語の音声や表現に慣れ親しむことができる。歌は英語のリズムを体感できるようなテンポ，メロディーのものを選曲する。中学年の子どもたちは英語を読めないの

▷▷────────────────────────────────────◁◁

7)　シートに記入する代わりに絵カードをビンゴの要領で並べてビンゴゲームをする。
8)　アルファベットの文字や数を線で結ぶ。聞いてわかったことを線で結ぶ。
9)　相手の言った通りに動く。例えば，"Stand up." "Touch your nose." など。
10)　ある物についてヒントを聞いて，それが何かを推測して当てる活動。

で聞こえた英語の音，音のかたまりをそのまま真似て口ずさむ。子どもは意味がわからなくても気にしない。音に対する柔軟性も高く，英語らしい発音，イントネーションが自然に身につく。高学年は文字指導が始まり，英語の歌詞を自力で読もうとする。聞こえた音と文字・単語が一致した時，読める喜びを感じ，歌う時の英語独特の発音，イントネーションを身につけていく。

　チャンツは英語のリズム，イントネーションなどになじむのに効果的である。日常的な場面における英語の話しことばの学習を，リズムにのせて発話するという方法を用いて指導する。

　　例）

　　　What time?
　　　What time?
　　　What time is it?
　　　It's seven o'clock.

(6)　ジェスチャー（TPR：全身反応法）（⇒第3章3.3参照）
　英語の指示を聞いて動作をさせる教授法である。聞くことでリスニングの練習になり，良い発音，イントネーションを吸収する。ジェスチャーや顔の表情などを使用するので行動的，活動的な子どもたちには適している。

　指導者の指示英語と動作とが一致していることが重要で，指導者ははっきりと発音し動作をすることに留意する。子どもはわけがわからない動作も躊躇なくするが，次第に動作が意味を表すことに気づく。繰り返し聞いていると指導者の英語にも慣れ親しみ，発話できるようになる。

　　例）

　　　Go straight. Go straight. Stop.
　　　Turn right. Turn right. Go straight. Stop.
　　　Turn left. Turn left. Go straight. Go straight. Stop.
　　　Turn right. Turn left. Turn left. Go straight. Stop.
　　〈手順〉
　　①先生の英語の指示を聞きながら，子どもは先生の動作をよく見る。
　　②先生の英語の指示に従って，子どもは先生と一緒に動作をする。
　　③先生の英語の指示を聞いて，子どもはその英語を繰り返しながら動く。
　　④先生の英語の指示を聞いて，子どもはその英語を繰り返しながら動く。先生は動かない。

(7)　他教科との関連
　教科横断型学習は，英語の形式のみを教えるのではなく，英語を使って他教科を教え

ることを通して，その「内容」を理解させるのと同時に自然に英語も身につけさせることを目標にした指導法である。内容言語統合型学習（CLIL）とも言われ，通称「クリル」と呼ばれている。他教科で取り扱っている内容で適したものを選べばよい。例えば，家庭科の調理実習と関連させて，食材の名前とその産地を英語で学習する（家庭科と社会），植物を育てて，成長過程を観察して植物の部位の言い方を学ぶ（理科），スーパーの広告を見て値段を計算しながら買い物をする（総合学習と算数），外来語について（国語）などが考えられる。体育でボールゲームを英語でする（体育）など，小学校の担任なら題材に事欠かない。

(8)　音声指導

　小学校英語では 5 年生，6 年生を通して文字の表す音への気づきを育て，中学校へ橋渡しをする。5 年生では音声と文字の関係に気づく力を育てる。6 年生ではそれぞれの文字の音と単語の初頭音を関連させて単語の発音の仕組みに親しむようにする。
　音声指導で取り扱う内容として指導要領の解説には，以下の 5 点が示されている。[11]

1. 現代の標準的な発音
   - cat の母音［æ］や math の［θ］の子音など日本語の発音にはない母音や子音があること。
   - singer や easy などの /si/ や /zi/ を，日本語の「し」や「じ」と同じように発音しないように注意する。
2. 語と語の連結による音の変化
   - I have a pen.（have と a が連結）
   - Good morning.（/d/ が脱落）
   - Nice to meet you.（/t/ と /j/ が /tʃ/ になる。）
3. 語や句，文における基本的な強勢
   - 語 ápple　・句 on Mónday　・文　Whére do you go?　I go to schóol.
4. 文における基本的なイントネーション
   - 平叙文や命令文，疑問詞を用いた疑問文は下降調
     Go straight. ↘　Where do you want to go? ↘
   - yes-no　疑問文やことばを列挙する時は上昇調
     Are you a soccer player? ↗　I like English, ↗ Japanese, ↗ and science. ↘
5. 文における基本的な区切り
   文の構成や意味のまとまり（chunk）をとらえて区切りながら話す。

---

11) 本書では，これらの 5 点について第 6 章 1.「音声指導」で詳しく扱い，練習問題もつけているので参考にしてほしい。

(9)　Sounds and Letters（フォニックス）

　アルファベットの文字には名前と音がある。そして，英語のつづりと音にはある一定のルールがある。それをまとめたものが「フォニックス」（Phonics）と呼ばれる指導法である。英語を読むためのルールを学ぶことで単語の丸暗記を避け，より英語に興味を持たせることが出来る。フォニックス導入までに学習者はアルファベットの大文字，小文字の形，名前がきちんと認識できていることが大切である。それぞれの正確な音を知ることにより，わかりやすい音で発音できるようになる。

フォニックス指導の順序

1)　アルファベット26文字の読み，書きが終了したのを確認してフォニックス指導を始める。大文字，小文字の文字の形，名前がきちんと認識できるよう指導しておく必要がある。

2)　アルファベットには名前と音があることを教える。アルファベットジングルを何度も言わせることでアルファベットのそれぞれの音を体感し覚えることができる。文科省配布教材『We Can!』でも Sounds and Letters というページで一文字一音，初頭音について次のように紹介している。

a	apple, ant	j	jam, jungle	s	sun, sea
b	baseball, birthday	k	koala, king	t	tennis, Turkey
c	cat, corn	l	lemon, library	u	up, umbrella
d	dance, day	m	melon, mountain	v	vest, volleyball
e	elephant, egg	n	nature, nest	w	window, watch
f	festival, fall	o	octopus, October	x	box, fox
g	game, girl	p	pizza, park	y	yellow, yogurt
h	hat, horse	q	quiz, queen	z	zoo, zebra
i	Italy, ink	r	rice, river		
ch	China, chalk	sh	shoes, shrine	th	Thursday, think
th	this, that	wh	white, whale	wh	what, who

3)　音の足し算

　アルファベットジングルで文字の音を学んだ後，それぞれの音を足して一つの単語が読めるようになる。

　　p + e + t = pet

　　d + o + g = dog

4)　組み合わせ文字
　　　sh + i + p = ship
　　　wh + a + t = what
　　　th + i + n + k = think
　　　b + e + n + ch = bench

　このように，文字と音の関係を学ばせることにより単語の丸暗記による学習負担を減らし，自分で読める自信をつけていくことが目的である。この文字と音の関係には一定のルールがあり，それらを組み合わせることで初めて見る単語でも発音することが可能になる。

(10)　文字の導入
　音声で慣れ親しんだ単語や身近な単語が読めるようになったら，同じ単語・語句・文を書き写したりする活動から始める。よく知っている単語の中の文字をなぞり書きすることで単語に慣れ親しむようにする。アルファベットの大文字，小文字，マッチングは中学年の時期に始め，5年生の文字の導入の時期までにそれができていると子どももスムーズに「書くこと」に入っていける。4本線を使って文字の高さを意識しながら書く，また単語は文字のかたまりで書く，センテンスになったら単語と単語の間にスペースを取ることを注意するよう指導する。

4.4　教室での指導言語

　「英語の授業は英語で」と提唱されるように，授業ではできるだけ多く英語を使い，日本語を多用することは避けたい。なぜなら，日本のようなEFLの学習環境の場合，いったん教室の外に出てしまうと，ほとんど英語と接触する機会がないので，教室内ではできる限り目標言語（英語）に触れさせたい。「教室英語」（Classroom English）については，巻末の資料3を参照のこと。

　英語での指導は，以下の利点が挙げられる。
　①英語の音声に自然になじむことができる。
　②英語でものを考える習慣をつけることができる。
　③児童に自信と集中力を与えることができる。

この場合，ジェスチャーや絵を利用してことばの要素を徐々に増やしていきながら，児童に使わせたい表現を教師がたくさん使うことが大切になる。
　しかし，原則的に目標言語（英語）を使う中でも，次のような場合には学習者の母語（日本語）を用いることも効果的になる（Auerbach 1993）。

　①学習初期段階での学習の促進をする。

②ついていけない学習者の数を減らすことができる。

③学習者の精神的な負担を軽減する。

④外国語での思考の助けとなる。

⑤状況によっては時間の節約が可能となる。

　小学校英語の場合，英語で指導することを心がけながら，必要な場合日本語でフォローする程度にとどめる工夫をするとよいであろう。

4.5　小学校英語の指導者

　小学校では学級担任が中心になるものの，それと同時に，他の教員，外国人指導助手（ALT），地域人材などのさまざまな組み合わせ（ティーム・ティーチング）で指導が行われる。小学校5・6年の一部の授業で，2022年度から「教科担任制」を進める。つまり「専科」になる。

(1)　学級担任（HRT：Homeroom Teacher）

　HRTは，日頃から児童と接する時間が多く，子ども一人一人をよく理解しているため，学級指導と生活指導の両面に配慮し，子どもの発達段階に応じた授業内容を設定できる。また，子どもが普段から慣れ親しんだ指導者なので，緊張せずいつも通り授業に臨むことができる。さらに全教科を担当しているため，他教科等での学習内容を外国語学習に取り入れることもできる。学級担任がALTと英語を使って話す姿を見せることはコミュニケーションのよいモデルとなり，子どもに安心感を与えることになろう。

(2)　英語専科教員

　外国語の教科としての専門性と学級担任の仕事量を軽減する目的から，小学校5・6年の一部の授業で専科教員制度が導入された。専科教員は学校全体の外国語授業を系統的に指導することができる。

(3)　外国語指導助手（ALT：Assistant Language Teacher）

　ALTには，アメリカ，イギリス，オーストラリア，カナダ，ニュージーランドなどからの英語母語話者の他，インド，フィリピン，シンガポール，ガーナ，ロシア，イタリア，スロバキア，ポーランドといった多様な国々の出身者がいる（⇒第1章2.2「世界の英語」参照）。これはALTの出身国，母語について，多様な言語的背景を持つALTがいることを示している。たとえネイティブ・スピーカーでなくても，世界の共通語として英語を使っている人である。英語話者として発音を聞かせたり，それぞれの母国の生活や文化等の情報を伝えたりすることを主な役割としている。その存在自体が異文化を体現するものであり，学んだ英語を実際に使うコミュニケーションの相手となり，クラスに「外国」を持ち込める存在である。

(4)　日本人英語指導者（JTE：Japanese Teacher of English）

　JET はたいていの場合，第二言語習得理論や教育法を学んだ英語指導の専門家である。小学校の現場に入ってもすぐに英語指導に関する適切な活動や方法を提案することができ，担任とのコミュニケーションにも不自由がないため，HRT と ALT のティーム・ティーチングに効果的な支援をすることが可能である。

(5)　外部地域人材

　地域の英語が堪能な人材を活用することも考えられる。多くの場合ボランティアであったり，外国籍の児童の保護者の場合もある。

5.　授業展開

　これまでの議論をもとに実際の授業展開を考えてみたい。「外国語活動」と「外国語」に分けて，それぞれの指導案を掲げる。

5.1　外国語活動（第3・4学年）

　外国語活動においては，「聞くこと」「話すこと（やり取り）」「話すこと（発表）」の3領域で言語活動が示されている。英語の音声に十分触れることと，実際に使ってみることが重要である。文科省配布教材『Let's Try!』の単元内容は，「あいさつ」，「ごきげ

【外国語活動指導案例】

第4学年　外国語活動指導案

授業者：HRT　○○○

1.　授業日時　　20XX 年 10 月 21 日（金）
　　　　　　　　第3校時（10：45 ～ 11：30）
2.　対象　　　　4 年 2 組　31 名（男子 15 名，女子 16 名）
3.　単元名　　　文房具セットを作ろう "Do you have a pen?"
4.　単元目標　　相手に配慮しながら，文房具など学校で使う物について伝え合おうとする。
5.　指導計画（全2時間扱い中の第1時）
　　第1時：文房具などの学校で使う物や持ち物の英語の言い方を知り，"Do you have a pen?" "Yes, I do. ／ No, I don't." の表現に慣れ親しむ。
　　第2時："I have / don't have a ruler." の表現で自分の持ち物について伝え合う。

6.　本時の目標（第1時）
　　先生の質問を聞いて，自分の道具箱にその文房具が入っているかをやり取りする。
　　glue stick, scissors, stapler, magnet, marker, pencil sharpener, pencil case, pen, eraser, ruler, desk, chair, clock, calendar
7.　教具など
　　絵カード，文房具，身の回りの物，CD

8. 本時の展開（1／2）

学習の流れ （時配）	学習活動	指導者の活動 Classroom English	○留意点　☆評価
Greeting Warm up （5分）	・先生とあいさつをする。 ・"Hello Song" を歌う。 ・歌・チャンツ	HRT：Let's start our English class. 児童：Hello, Mr./Ms. ____.	やり取り
Today's Lesson （15分）	・道具箱から先生の言った文房具を出して見せる。 ・一通り机の上に出したら，それぞれの文房具の英語の言い方を練習する。	HRT：Do you have a pen?/an eraser/ a ruler/ ～. 児童：Yes. HRT：It's a pen/an eraser/ a ruler/ ～. 児童：It's a pen/an eraser/ a ruler/ ～.	聞くこと 繰り返し
Activity （20分）	・「持っていますか？」の質問に Yes, I do./No, I don't. で答える。 ・道具箱に6つ文房具を選んで入れる。先生の質問に答えてやり取りをする。 ・慣れてきたら児童が質問をする。	HRT：Do you have a ruler? 児童：Yes, I do./No, I don't. HRT：Put 6 items in the tool box, please. Are you ready? Do you have a stapler? 児童：Yes, I do./No, I don't.	やり取り ☆持っている時，いない時のふさわしいやり取りをしているか。 やり取り
Review Greeting （5分）	・"Good-bye song" を歌う。 ・授業の終わりのあいさつをする。	Let's sing the good-bye song. That's all for today.	

ん いかが」，「数えて遊ぼう」，「好きな物を伝えよう」，「何が好き」，「アルファベット大文字」，「カードをおくろう」，「これは何」，「きみはだれ」，「世界のいろいろなことばであいさつ」，「すきな遊び」，「すきな曜日」，「何時」，「文房具」，「アルファベット小文字」，「ほしいものは何」，「お気に入りの場所」，「僕・私の一日」である。

5.2　外国語（第5・6学年）

　外国語科においては，「聞くこと」「話すこと（やり取り）」「話すこと（発表）」「読むこと」「書くこと」の5領域で言語活動が示されている。実際に英語を使用して互いの

【外国語指導案例】

第6学年　外国語学習指導案

授業者：HRT　○○○

1．授業日時　　20XX年5月15日（水）　　2時間目（9：35〜10：20）
2．対象　　　　6年1組　35名（男子17名，女子18名）

210

3.　単元名　　　自分たちの町・地域 "I like my town."
4.　単元目標　　地域にどのような施設があるか，また欲しいか，地域のよさや課題などについて気持ちを
　　　　　　　　伝えあう。地域のよさや課題などについて例を参考に語順を意識しながら書く。
5.　指導計画（全 5 時間）
　　第 1, 2 時：施設の英語の言い方を学ぶ。
　　　　　　　　自分の地域にある施設，ない施設を考える。
　　　　　　　　town, amusement park, aquarium, swimming pool, stadium, library
　　第 3, 4 時：テキストの例にある地域の説明を聞き理解する。'ある／ない'の表現を学び自分の住んで
　　　　　　　　いる地域の事を説明する文を書く。
　　　　　　　　We have /don't have (a library). / We can enjoy (reading many books).
　　　　　　　　自分の町を紹介するミニポスターを作る。
　　第 5 時　　：ミニポスターを発表する。
6.　本時の目標（第 4 時）
　　地域のよさや課題について，例を参考に語順を意識しながらポスターを作成する。
7.　教具等
　　ポスター用紙，色鉛筆
8.　本時の展開（4 ／ 5）

学習の流れ（時配）	学習活動	指導者の活動 Classroom English	○留意点☆評価
Greeting Warm up（5 分）	・日直が挨拶する。（月日，曜日，天気）What's the date today? What day is it today? How is the weather? ・Let's chant. / Let's sing.	Let's start our English lesson. Are you ready? Today's leader, come to the front, please.	○日直の質問に答える。やり取り 聞くこと
Today's Lesson（15 分）	・学習した施設の単語を十分使えるように練習する。 ・自分の住んでいる地域にある施設，ない施設を考え英語で表現する。・地域の課題を考える。	We have ～ . We don't have ～ . I want ～ . In pairs, share the information about our town.	○児童と教師，又は児童同士やり取りをする。やり取り ○自分の町について書いた英語を参考に話す。話すこと 読むこと
Activity（20 分）	・自分の町の紹介文を考えて例文を参考に英語でポスターを作成する。Look ！ This is my town. We have a shopping street. We don't have a big park. I want a big park, because I like walking. ○○ is a nice town.	Let's make a poster of our town. 写真やイラストを入れて自分の町の特徴，あったらいいなと思う施設とその理由を紹介する。	☆語と語の区切り，文字の高さ，大きさに注意してポスターに英語で紹介文を書いているか。書くこと
Review Greeting（5 分）	・授業の終わりのあいさつをする。	That's all for today. Thank you. See you next time.	

考えや気持ちを伝えあう等の言語活動を中心としながらも，言語材料について理解したり練習したりするための指導を必要に応じて行うようにする。文科省配布教材『We Can!』の単元内容は，「自己紹介」，「行事・誕生日」，「学校生活・教科・職業」，「一日の生活」，「出来ること」，「行ってみたい国や地域」，「位置と場所」，「料理・値段」，「あこがれの人」，「日本の文化」，「自分たちの町・地域」，「夏休みの思い出」，「小学校生活・思い出」，「将来の夢・職業」，「中学校生活・部活動」などで，地域や他教科（社会）に関連した内容が含まれている。

6. 小学校外国語教育の評価

評価については，今後，国における具体的な検討を受けて，学習指導要領に追記・修正される予定である。現時点では，3年・4年の外国語活動の学習に関する所見は，数値による評価は行わず，顕著な事項がある場合その特徴を文章で記述する。5年・6年の教科としての外国語の学習に関しては，観点別学習状況の評価を「知識・技能」，「思考・判断・表現」，「主体的に学習に取り組む態度」の3つの観点に沿って行うことが示されている。

学習指導要領をもとに教員が指導内容と，どこの場面で評価をするか設定して，評価計画を作成することが望ましい。毎回の授業ではなくても，単元や題材のまとまりで教師自身が指導案の内容と評価が一体化した評価規準を作成し，授業内観察をするとよい。例えば，上記の指導案例をみると，単元「文房具セットを作ろう "Do you have a pen?"」では，「先生の質問に持っている時，いない時のふさわしいやり取りをしているか」，単元「自分たちの町・地域 "I like my Town."」では「ポスター作成で語と語の区切り，高さ，大きさに注意してポスターに英語で紹介文を書いているか」のように，指導の内容と活動の評価が一致していると評価はしやすい。

市販のペーパーテストを活用し，主観にとらわれない評価をする小学校もある。内容は，「聞こえた音声の内容に相応しい絵を選ぶ」，「聞こえた音声の順番に絵を選んで線で結ぶ」，「少し長い文章が読まれるのを聞いて，最後に正しい絵を選ぶ」「単語の発音を聞いて，初頭音の同じ単語を選ぶ」等，選択式である。

さらに，発表やグループでの話し合い，ポスター作製等，多様な活動に取り組ませるパフォーマンス評価を取り入れたい。「主体的に学習に取り組む態度」については，子どもたち自身が学習の目標を持ち，進め方を見直しながら取り組み，その過程を評価する「振り返り」も重要になる。その日の目標との関連で子どもが「できる／もう少し頑張ろう／頑張ろう」「新しくわかったこと」「今日の授業で今後にいかそうと思ったこと」という振り返りをすることは学習に取り組む態度の改善になり，それを教師が知ることは授業評価につながるであろう。

研 究 課 題

(1)　外国語活動（3年生，4年生）「カルタゲーム」のルールを英語で説明するティーチャートークを考えて書きなさい。

(2)　外国語「自分たちの町・地域」の1，2時間目の指導案を作成しなさい。

(3)　外国語「行ってみたい国や地域」の単元ではどのようなコミュニケーション（やり取り）が考えられますか。下の会話の続きを考えて書きなさい。

A: Where do you want to go?

B: I want to go to Italy.

A: Why?

●巻末●

付録資料

資料1　基本母音（Jones 15 版より）　⇒第 6 章 1.1

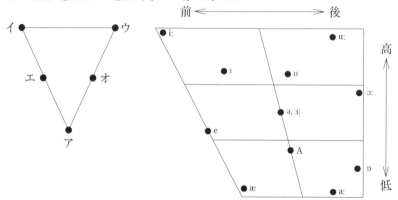

資料2　英語の子音一覧　⇒第 6 章 1.1

調音点 / 調音法	両唇音	唇歯音	歯音	歯茎音	後部歯茎音	硬口蓋音	軟口蓋音	声門音
破裂音	p, b			t, d			k, g	
鼻音	m			n			ŋ	
摩擦音		f, v	θ, ð	s, z	ʃ, ʒ			h
破擦音					tʃ, dʒ			
接近音	w			l	r	j	(w)	

資料3　Classroom English　⇒第 7 章 1.3，第 8 章，第 12 章 4.4

1	おはようございます皆さん。元気ですか。	Good morning, class. How are you today?
2	今日は何月何日ですか。	What's the date today?
3	今日の天気はどうですか。	How's the weather today?
4	今日の欠席者は誰ですか。	Who is absent today?
5	なぜ遅刻したのですか。	Why were you late?
6	宿題はやってきましたか。	Have you done your homework?
7	誰かわかる人（やってくれる人）はいますか。	Any volunteers?
8	昨日の夜は何を食べましたか。	What did you eat last night?
9	昨日休んだのはどうしてですか。	Why were you absent yesterday?
10	今日は以上で終わりです。また次回。	That's all for today. See you next time.
11	教科書の 13 ページを開きなさい。	Open your textbooks to page 13.
12	教科書を閉じなさい。	Close your textbooks.
13	紙に名前を書きなさい。	Write your name on the paper.
14	紙を前に送ってください。	Pass your paper(s) forward, please.
15	よく聞いてメモを取りなさい。	Listen carefully and take notes.
16	1 枚取って後ろにまわしてください。	Please take one and pass the rest backward.
17	余りはありますか。	Do you have any extra?

18	ちょっと聞いてください。	Can I have your attention, please?
19	読み終わったら座ってください。	When you have finished reading, please sit down.
20	お互いに向かい合ってください。	Please face each other.
21	紙を表にしてテストをはじめなさい。	Turn your paper over and start the test.
22	ペアを作って答えを確認しなさい。	Make pairs and check the answers.
23	辞書でその単語を調べなさい。	Check the word in your dictionary.
24	後について繰り返しなさい。	Repeat after me.
25	黒板を見なさい。	Look at the blackboard.
26	終わったら，手を挙げてください。	When you have finished, please raise your hand.
27	明日までに（それを）提出しなければなりません。	You must turn it in by tomorrow.
28	もっと大きい声で言って下さい。	Speak up, please? / Say louder, please.
29	もっと早く／ゆっくり／はっきり言ってみましょう。	Try to say it faster / more slowly / clearly.
30	3回言って下さい。	Please say it three times.
31	ペアを作ってください。	Please make pairs.
32	パートナーを変えてください。	Please change your partners.
33	終わったら役割を変えてもう1回やってください。	When you have finished, change the roles and do it again.
34	4人1組のグループを作ってください。	Please make groups of four.
35	よくできました。	Well done!

資料4　英語のみの指導案　⇒第8章

Teaching Plan for English Communication

School : ＊＊＊ Senior High School
Instructor: ＊＊＊　＊＊＊＊
Intern: ＊＊＊＊　＊＊＊＊
Date: June 1, 20＊＊
Class: 1ˢᵗ grade（＊＊ boys, ＊＊ girls）
Time: 14:20 ～ 15:10

1. Information about the students

　　Basically, the students study diligently and understand the importance of English. However, they find it a bit challenging to learn grammar and parts of speech because they do not seem to remember much of the grammar content from junior high school. It may take them some time to get used to the class overcoming this difficulty, but all things considered, they have a positive attitude towards the class. They prefer learning in groups rather than on their own.

2. Information about this lesson

　　This lesson is consistent with interview among a student and Mr. Iwago. The grammar of "passive voice" is used in his comments. So, the student's grammatical knowledge of making sentences with be verbs can be applied to the passive voice, relating it to what they have already learned. Also, his comments have words or punctuation which indicate examples, this lesson is appropriate for learning how to let readers understand effectively in explaining.

　　Therefore, this lesson can be used to let students nurture the ability to read specific examples to get an overview and main points. This comforts to course of study at high school; (2) Reading a. Enable students to understand key information and grasp the writer's intention about everyday topics with the help of a lot of scaffolding activities around specific words, phrases, sentences and the amount of information in the text.

3. Information about lesson

　　From above these perspectives, in this unit, instruction will focus on the following three points
　　Forming a learning environment where students :
　　① learn together in a way that makes them independent learners.
　　② use quickly their knowledge after they learn.
　　③ can exchange ideas with new members in every class.

217

4. Unit Evaluation Criteria

	Knowledge and skills	Abilities to think, make judgement and express themselves	An attitude that you voluntarily engage in learning
listening	● able to listen to audio and output	● able to guess words from context and output them through dictation	● attempt to guess words from context and output them through dictation
reading	● able to remember words and understand the meaning of sentences.	● able to infer from context the meaning to which an indicator refers	● attempt to work with other students to gain a better understanding

5. Textbook

MY WAY English Communication Ⅰ   SANSEIDO

6. Aims of this lesson

After this lesson, the students should be able to:

① teach each other based on their own opinions

② understand how to use "passive voice"

③ understand the outline concretely through the text

7. Allotment: LESSON2 Iwago Mitsuaki -

1st period: Introduction / P27 Listen up / Talk Together

2nd period: Section 1 P28

3rd period: Section 1 / P29 Grammar

4th period: Section 2 P30   ← **Today's period**

5th period: Section 2 / P31 Grammar

6th period: Section 3 P32

7th period: Section 3 / P33 Grammar

8th period: Activity Corner P36

8. Aims of today's period

After this period, the students should be able to:

① understand how to use "passive voice" with auxiliary verbs.

② read paragraphs while paying attention to indication words.

③ understand what Mr. Iwago wants to convey.

9. Teaching procedure

		Activities		Skill	Remarks
		Teacher (T)	Student (S)		(※ time, ○ tools, ● aim)
導入		1. Greeting 2. Have Ss change sheets 3. Today's schedule and goal	2.Change sheets		※ 14:20 ～ 14:26 2 ● activate Ss 3 ● Give Ss prospective of this class
展開		4. New Words (8words) 　1 pronunciation (5min) 　2 time keeper (1min) 　3 test time (2min) 　4 check time (1min) 5. Dictation 　1 Have Ss listen and answer 　2 explain the answer 　3 explain grammar 6. Jigsaw work 　1 Explain line of 1,5,7,9,10 　2 explain question 　3 make a group of six 　4 have Ss consider the question on group 　5 switch the group 　6 have Ss teach each part 　7 have Ss write answers on the blackboard 　8 explain the answer	4. Memorize new words 　・pronunciation 　・memorize (1min) 　・words test (2min) 　・check time (1min) 5. Dictation 　・listen and answer 6. Jigsaw work ① take note (6min) ② make a group ④ discuss questions (3min) ⑤ switch the group ⑥ teach to other group (3min) ⑦ write answers on the blackboard ⑧ learn from T	S, L W L,W R	4 ※ 14:26 ～ 14:35 ○ handout ● Practice short term memory 5 ※ 14:35 ～ 14:40 ○ handout, speaker ● practice words with listening ● Explain how to use "passive voice" with auxiliary verbs 6 ※ 14:40 ～ 15:00 ① ● Have Ss read text, by focusing on indicator
まとめ		7. Greeting			

218

資料5　A4・1枚でまとめる指導案　⇒第8章

学習指導案

（高等）学校（英語）第1学年

1. 単元（題材）名 Lesson 7 Plastic Polluting Our oceans （Grove English Communication 1 文英堂）

2. 単元（題材）の目標
 ・プラスチックが抱える海での問題について理解し，自身の考えをまとめることができる
 ・単元末に行うスピーチを積極的に取り組むことができる

3. 単元設定の理由
　海洋汚染の原因となっているものが，プラスチックであるということを理解している生徒は多いと推測される。しかしなぜ，プラスチックが海洋汚染の直接の原因となっているのか，ということを理解している生徒は少ないと推測される。今単元を学習していく中で，生徒にはプラスチックが環境に及ぼす影響を理解してもらうと同時に，何をすれば海洋汚染を減らすことができるかを，英語で伝えあい，意見発表の場を設けあえるような機会にしていく。また，教科書本文全体を通して，複雑な文章構造はないため，中学生までに習った文法事項の復習と新たに学ぶ表現などを交え，英語で伝える活動を通して，「主体的・対話的な深い学び」を行わせたい。それらを実践するのに今単元は最適であると考え，模擬授業で扱うことにした。

4. 単元（題材）の評価規準

ア 知識・技能	イ 思考・判断・表現	ウ 主体的に学習に取り組む態度
・プラスチックが及ぼす影響について理解する力を身につけている。 ・Lesson 7で学ぶ，語句，文法を理解し身につけている。	・プラスチックが及ぼす影響について，自分の考えをまとめ，英語で伝えられている。 ・聞いたり読んだりしたことを活用し，自分の考えを論理的に表現している。	・環境問題に関して積極的に学ぼうとしている。 ・ペア・グループワークを積極的に行い，自身の意見を述べようとしている。

5. 単元（題材）の指導計画（8時間扱い）

第1時 （本時）	第2時	第3時	第4時	第5時	第6時	第7時	第8時
導入 /Part1	Part1	Part2	Par2	Part2	Part3	Part3	総括

6. 本時の目標
 ・比較級を用いて，自身の伝えたいことを具体的に伝えることができる
 ・プラスチックのメリット，デメリットを理解することができる

7. 本時の展開 R...Reading L...Listening S...Speaking W...Writing

時間	学習活動・学習内容［4技能］	教師の指導と留意点［評価］
導入 8分	1. 英語で挨拶を行う［S］ 2. 目標の確認を行う 3. 教師の質問に答える［S］ 4. 意見の共有を行う［S,L］	1. 授業の意識づくりを行う 2. 目標の確認を行う 3. 画像を提示し，質問をする 4. どのような意見も否定しない　　　［イ，ウ］
内容理解 19分	1. 本文のリスニングをする［L］ 2. 新出語句の確認を行う（意味と発音の確認をする）［L,W］ 3. 単語の問題を解く［W,S］ 4. 本文内容の確認を行う 　　1）リーディングを行う［R］ 　　2）本文の日本語訳を行う［W］	1. 新出単語を意識させる 2. 音声を流す（イメージしやすいように伝える） 3. ペア，グループで活動をさせる 4. 音源を流す 　　1）新出語句に注意しながら読むよう指示を出す 　　2）プリントの穴埋めを生徒主体で行う 　　　　　　　　　　　　　　　［ア，ウ］
言語活動 19分	1. プラスチックに関する記事を読む 2. グループでプラスチックに関して考える	1. グループワークを行わせる 2. 全体共有を行う　　　　　［ア，イ，ウ］
まとめ 4分	1. 本時の目標の達成ができたかを振り返る 2. 英語で挨拶を行う［S,L］	1. 振り返りシートに記入するよう促す 2. 英語で挨拶を行う　　　　　　　　［ア］

参考文献

Andersen, J. (1983). *The Architecture of Cognition*. Cambridge, MA: Harvard University Press.

Asher, J. (1977). *Learning Another Language Through Actions*. California: Sky Oaks Productions.

Bostwick, M. (2005). What is Immersion?. Retriered October 16, 2006 from Katoh Gakuen English Immersion/Bilingual Program. : http://www.bi-lingual.com/School/WhatIsImmersion.htm

Briton, D., Snow, M. A., Wesche , B. M. (1989). *Content-based Second Language Instruction*. New York: Newbury House Publishers.

Canale, M. (1983). From communicative competence to communicative language pedagogy. In J. C. Richards, & R. W. Schmidt (eds.), *Language and Communication* (pp. 2-27). London: Longman.

Carroll, J. B., & Sapon, S. M. (1959). *Modern language aptitude test*. San Antonio, TX: Psychological Corporation.

Chaudron, C. (1988). *Second Language Classrooms: Research on Teaching and Learning*. Cambridge: Cambridge University Press.

Cummins, J. (1984). Wanted: A theoretical framework for relating language proficiency to academic achievement among bilingual children. In C. Revera (ed.), *Language Proficiency and Academic Achievement*. Cleveton: Multilingual Matters.

Deci, E. L., & Ryan, R. M. (1985). *Intrinsic Motivation and Self-Determination in Human Behavior*. New York: Plenum Press.

Dörnyei, Z. (2005). *The Psychology of the Language Learner: Individual Differences in Second Language Acquisition*. Mahwah, NJ: Lawrence Erlbaum Associates.

Ellis, R., & Shintani, N. (2014). *Exploring Language Pedagogy through Second Language Acquisition Research*. New York, NY: Routledge.

Doughty, C. and Williams, J. (1998). Pedagogical choices in focus on form. In C. Doughty & J. Williams (eds.), *Focus on Form in Classroom Second Language Acquisition* (pp.114-138). New York: Cambridge University Press.

Fries, C.C. (1945). *Teaching and Learning English as a Foreign Language*. University of Michigan Press.

Gardner, H. (1983). *Frames of Mind: The Theory of Multiple Intelligences*. New York: Basic Books.

Gardner, R. C., & Lambert, W. E. (1959). Motivational Variables in Second Language Acquisition. *Canadian Journal of Psychology*, 13, 266-272.

Hymes, D. (1972). Models of the interaction of language and social life. In J. Gumperz & D. Hymes (eds.), *Directions in Sociolinguistics: The Ethnography of Communication*. New York: Holt, Rinehart and Winston, pp. 35-71.

Hymes, D. (1972). On Communicative Competence. In J. B. Pride & J. Holmes (eds.), *Sociolinguistics* (pp. 269-293). Harmondsworth, London: Penguin Books.

Kachru, B. B. (1985). Standards, codification and sociolinguistic realism: The English language in the outer circle. In R. Quirk and H.G. Widdowson (eds.), *English in the World: Teaching and Learning the Language and Literatures* (pp.11-30). Cambridge: Cambridge University Press.

Kaplan, B. R. (1966). Cultural thought patterns in inter-cultural education. *Language Learning*, 16, 1-20.

Krashen, S. (1982). *Principles and Practice in Second Language Acquisition*. Oxford: Pergamon.

Krashen, S.D. and Terrel, T.D. (1983). *The Natural Approach: Language Acquisition in the Classroom*. Pergamon.

Leech, G. (1983). *Principles of Pragmatics*. London: Longman.

Lenneberg, E. H. (1967). *Biological Foundations of Language*. New York: John Wiley and Sons.

Long, M. H. (1990). The least a second language acquisition theory needs to explain. *TESOL Quarterly*, 24 (4), 649-666.

Lyster, R. (2004). Differential effects of prompts and recasts in form-focused instruction. *Studies in Second Language Acquisition*, 20, 51-81.

Naiman, N., Frohlich, M., & Stern, H. H. (1978). *The Good Language Learner*. Toronto, Canada: Ontario Institute for Studies in Education.

Nation, I. S. P. (2001). *Learning Vocabulary in Another Language*. Cambridge: Cambridge University Press.

Nation, P. (2001). *Learning Vocabulary in Another Language*. Cambridge: CUP.

Nation, P. (2008). *Teaching Vocabulary: Strategies and Techniques*. Boston. Heinle, Cengage learning.

Oxford, R. L. (1990). *Language Learning Strategies*. Boston: Heinle & Heinle Publishers.

Piaget, J. (1950). *The Psychology of Intelligence*. London: Routledge.

Rivers, W. (1981) *Teaching Foreign-Language Skills, 2ⁿᵈ ed.,* Chicago: The University of Chicago Press ［天満美智子・田近裕子訳（1987）『外国語習得のスキル―その教え方』研究社］

Rubin, J. (1975). What the 'good language learner' can teach us. *TESOL Quarterly*, 9, 41-51.

Schmidt, R. (2001).'Attention' in P. Robinson (ed.) *Cognition and Second Language Instruction.* Cambridge: CUP. pp.3-32

Schmitt. N., Jiang, X. & Grabe, W. (2011). The Percentage of words known in a text and reading comprehension. *Modern Language Journal*, *95* (*1*) 26-43.

Skehan, P. (1998). *A Cognitive Approach to Language Learning.* Oxford: Oxford University Press.

Swain, M. (1985). Communicative competence: some roles of comprehensible input and comprehensible output in its development. In Gass, S. and Madden. C. (eds.), *Input in Second Language Acquisition* (pp.235-253). Rowley, MA: Newbury House.

Thomson, R. I. (2017). *English Accent Coach*［Computer program］. Version 2.3. Retrieved from https://www.englishaccentcoach.com

Thomson, R. I. (2018). High Variability［Pronunciation］Training (HVPT) ―A proven technique about which every language teacher and learner ought to know. *Journal of Second Language Pronunciation, 4* (2), 207-230.

Ur,P. (1990). *Grammar Practice Activities: A Practical Guide for Teachers.* Cambridge: Cambridge University Press.

VanPatten, B. (ed.) (2004). Processing instruction.: Theory, research and commentary. Mahwah, NJ: Lawrence Erlbaum.

Wajnryb, R. (1990). *Grammar Dictation*. Oxford: Oxford University Press.

Wechsler, D. (1939). *The Measurement of Adult Intelligence*. Baltimore: Williams & Witkins.

Widdowson, H. G. (1978). *Teaching Language as Communication*. Oxford: Oxford University Press.

Wilkins, D.A. (1976). *Notional Syllabuses*. Oxford: OUP.

Witkin, H. A., Oltman, P. K., Raskin, E., & Karp, S. A. (1971). *A Manual for the Embedded Figures Test*. Palo Alto, CA: Consulting Psychologists Press.

石田雅親（2000）『現職英語教員の教育研修の実態と将来像に関する総合的研究』平成 12 年度科学研究費補助金基盤研究（B）研究成果報告書，平成 12 年度文部省科学研究費補助金 基盤研究（B）研究課題番号 12480055

和泉伸一（2009）『「フォーカス・オン・フォーム」を取り入れた新しい英語教育』大修館書店 .

大谷泰昭ほか編訳（1999）『世界 25 カ国の外国語教育』『英語教育』別冊 *47*（14）大修館書店 .

岡秀夫（2018）『英語を学ぶ楽しみ―国際コミュニケーションのために』くろしお出版 .

岡秀夫・赤池秀代・酒井志延（2004）『「英語授業力」教科マニュアル』大修館書店 .

北尾倫彦・長瀬壮一編（2002）『新評価基準表―中学英語』図書文化 .

教育実習を考える会編（2011）『教育実習生のための学習指導案作成教本　英語』蒼丘書林 .

小池生夫編著（2013）『提言：日本の英語教育―ガラパゴスからの脱出―』光村図書 .

小泉仁（2001）「学習指導要領における英語教育観の変遷」『現職英語教員の教育研修の実態と将来像に関する総合的研究』平成 12 年度科学研究費補助金基盤研究（B）研究成果報告書，平成 12 年度文部省科学研究費補助金 基盤研究（B）研究課題番号 12480055, 科研費報告書 基盤研究（B）12480055

神山忠（2009）「みんなに本を―読書に障害のある子どもたちへ：「ディスレクシア」と「図書館」」『みんなの図書館』No.383, 2009.3, p.2-9.

国立教育政策研究所（2014）「学習指導要領データベース」https://www.nier.go.jp/guideline/

小西卓三・菅家知洋・Collins,P. J.（2007）『Let the Debate Begin! Effective Argumentation and Debate Techniques―英語で学ぶ論理的説得術』東海大学出版会 .

三省堂（2016）『グランドセンチュリー英和辞典 英和辞典の引き方ワークシート』https://dictionary.sanseido-publ.co.jp/vod/gcentury_ej4/data/gc4_hw_all.pdf

高島英幸編（2005）『文法項目別英語のタスク活動とタスク―34 の実践と評価』大修館書店 .

東後勝明監修（2009）『英語発音指導マニュアル』北星社 .

バトラー後藤裕子（2011）『学習言語とは何か』三省堂 .

バトラー後藤裕子（2014）「児童の発達段階に応じて学びはどう変化するか」『英語教育』, pp.18-19, 大修館書店 .

前田啓朗・山森光陽編著（2004）『英語教師のための教育データ分析入門―授業が変わるテスト・評価・研究』三浦省吾監修，大修館書店 .

望月正道・投野由紀夫・相澤一美（2003）『英語語彙の指導マニュアル（英語教育 21 世紀叢書)』

　　大修館書店 .

森住衞ほか（2018）『My Way English Communication III New Edition』三省堂 .

文部科学省（2002）「通常の学級に在籍する特別な教育的支援を必要とする児童生徒に関する全国実態調査」www.mext.go.jp/b_menu/shingi/chousa/shotou/054/shiryo/attach/1361231.htm

文部科学省（2005）平成 17 年度「英語教育改善実施状況調査結果概要（中学校）」http://www.mext.go.jp/a_menu/kokusai/gaikokugo/1261354.htm

文部科学省（2005）平成 17 年度「英語教育改善実施状況調査結果概要（高等学校）」http://www.mext.go.jp/a_menu/kokusai/gaikokugo/1261353.htm

文部科学省（2012）「通常の学級に在籍する発達障害の可能性のある特別な教育的支援を必要とする児童生徒に関する調査結果について」www.mext.go.jp/a_menu/shotou/tokubetu/material/1328729.htm

文部科学省（2014）『学びのイノベーション事業実証研究報告書』（第 2 章 ICT を活用した指導方法の開発）http://www.mext.go.jp/b_menu/shingi/chousa/shougai/030/toushin/1346504.htm

文部科学省（2015 年 4 月 28 日）「小学校英語の現状・成果・課題について」教育課程企画特別部会資料 3-4.

文部科学省（2017）「小学校学習指導要領（平成 29 年度告示）」http://www.mext.go.jp/component/a_menu/education/micro_detail/__icsFiles/afieldfile/2019/03/18/1413522_001.pdf

文部科学省（2017）「小学校学習指導要領（平成 29 年度告示）解説 外国語活動・外国語編」http://www.mext.go.jp/component/a_menu/education/micro_detail/__icsFiles/afieldfile/2019/03/18/1387017_011.pdf

文部科学省（2017）「中学校学習指導要領（平成 29 年度告示）」http://www.mext.go.jp/component/a_menu/education/micro_detail/__icsFiles/afieldfile/2019/03/18/1413522_002.pdf

文部科学省（2017）「中学校学習指導要領（平成 29 年度告示）解説 外国語編」http://www.mext.go.jp/component/a_menu/education/micro_detail/__icsFiles/afieldfile/2019/03/18/1387018_010.pdf

文部科学省（2017）『小学校外国語活動・外国語―研修ガイドブック』

文部科学省（2017）平成 29 年度「英語教育実施状況調査」（概要）http://www.mext.go.jp/component/a_menu/education/detail/__icsFiles/afieldfile/2018/04/06/1403469_01.pdf

文部科学省（2017）平成 29 年度「英語教育実施状況調査（高等学校）」http://www.mext.go.jp/component/a_menu/education/detail/__icsFiles/afieldfile/2018/04/06/1403469_02.pdf

文部科学省（2017）「教職課程コアカリキュラム」http://www.mext.go.jp/b_menu/shingi/chousa/shotou/126/houkoku/1398442.htm

文部科学省（2017）「教員養成・研修 外国語（英語）コア・カリキュラム ダイジェスト版」http://www.mext.go.jp/b_menu/shingi/chousa/shotou/126/shiryo/__icsFiles/afieldfile/2017/04/12/1384154_3.PDF

文部科学省（2017 年 3 月 20 日）「学習指導要領改訂の動向について」「英語教員の英語力・指導力強化のための調査研究事業」シンポジウム配布資料 .

文部科学省（2017 年 9 月 21 日）「新学習指導要領に対応した小学校外国語教育新教材について」説明会配布資料 .

文部科学省（2018）「高等学校学習指導要領（平成 30 年度告示）」http://www.mext.go.jp/component/a_menu/education/micro_detail/__icsFiles/afieldfile/2018/07/11/1384661_6_1_2.pdf

文部科学省（2018）「高等学校学習指導要領（平成 30 年度告示）解説 外国語編 英語編」http://www.mext.go.jp/component/a_menu/education/micro_detail/__icsFiles/afieldfile/2019/03/28/1407073_09_1_1.pdf

文部科学省（2019）「教員免許更新制」http://www.mext.go.jp/a_menu/shotou/koushin/

吉島茂・大橋理枝ほか訳編（2004）『外国語の学習，教授，評価のためのヨーロッパ共通参照枠』朝日出版社 .

米山朝二・多田茂ほか（2013）『英語科教育実習ハンドブック』大修館書店 .

索引

TEXT PRODUCTION STAFF

edited by　　　　編集
Minako Hagiwara　　萩原 美奈子

cover design by　　表紙デザイン
Nobuyoshi Fujino　　藤野 伸芳

新・グローバル時代の英語教育
―新学習指導要領に対応した英語科教育法―

2020年1月20日　初版発行
2024年2月15日　第5刷発行

編著者　　岡 秀夫 編著　飯野 厚　稲垣 善律　金澤 洋子
　　　　　祁答院 惠古　小泉 仁　富永 裕子 著

発行者　　佐野 英一郎

発行所　　株式会社 成 美 堂
　　　　　〒101-0052東京都千代田区神田小川町3-22
　　　　　TEL 03-3291-2261　　FAX 03-3293-5490
　　　　　https://www.seibido.co.jp

印刷・製本 萩原印刷株式会社

ISBN 978-4-7919-7218-0　　　　　　　　　　Printed in Japan